As razões
da máquina
antropofágica

FUNDAÇÃO EDITORA DA UNESP

Presidente do Conselho Curador
Mário Sérgio Vasconcelos

Diretor-Presidente
José Castilho Marques Neto

Editor-Executivo
Jézio Hernani Bomfim Gutierre

Superintendente Administrativo e Financeiro
William de Souza Agostinho

Assessores Editoriais
João Luís Ceccantini
Maria Candida Soares Del Masso

Conselho Editorial Acadêmico
Alberto Tsuyoshi Ikeda
Áureo Busetto
Célia Aparecida Ferreira Tolentino
Eda Maria Góes
Elisabete Maniglia
Elisabeth Criscuolo Urbinati
Ildeberto Muniz de Almeida
Maria de Lourdes Ortiz Gandini Baldan
Nilson Ghirardello
Vicente Pleitez

Editores-Assistentes
Anderson Nobara
Jorge Pereira Filho
Leandro Rodrigues

DIANA JUNKES
BUENO MARTHA-TONETO

As razões da máquina antropofágica
Poesia e sincronia em Haroldo de Campos

editora
unesp

© 2013 Editora UNESP

Direitos de publicação reservados à:
Fundação Editora da UNESP (FEU)

Praça da Sé, 108
01001-900 – São Paulo – SP
Tel.: (0xx11) 3242-7171
Fax: (0xx11) 3242-7172
www.editoraunesp.com.br
www.livraria.unesp.com.br
feu@editora.unesp.br

CIP – BRASIL. Catalogação na publicação
Sindicato Nacional dos Editores de Livros, RJ

J93r

Junkes, Diana
    As razões da máquina antropofágica: poesia e sincronia em Haroldo de Campos / Diana Junkes Bueno Martha-Toneto. São Paulo: Editora Unesp, 2013.

    Recurso digital
    Formato: ePDF
    Requisitos do sistema: Adobe Acrobat Reader
    Modo de acesso: World Wide Web
    ISBN 978-85-393-0420-2 (recurso eletrônico)

    1. Campos, Haroldo de, 1929-2003. 2. Literatura – História e crítica. 3. Livros eletrônicos. I. Martha-Toneto, Bueno II. Título.

13-01606   CDD: 809
                                                    CDU: 82.09

Este livro é publicado pelo projeto *Edição de Textos de Docentes e Pós-Graduados da UNESP* – Pró-Reitoria de Pós-Graduação da UNESP (PROPG) / Fundação Editora da UNESP (FEU)

Editora afiliada:

Para Rudinei, Rodrigo e Lígia,
constelações em céu noturno.

*A mais profunda emoção que podemos
experimentar é inspirada pelo senso de mistério.*

Albert Einstein

*Entre a linguagem da poesia e o leitor,
o poeta se instaura como o operador de enigmas.*

(João Alexandre Barbosa, *As ilusões da Modernidade*)

SUMÁRIO

Apresentação 11
Palavras iniciais 15
Introdução 19

1 Texto-síntese e as obsessões do poeta 31
2 O ciclo ptolomaico 57
3 Deus não joga dados. E o poeta? 143
4 O nexo o nexo o nexo o nexo o nex 207

Considerações finais 265
Referências bibliográficas 273

Apresentação

> *— e todos: camões dante e palmilhando*
> *seu pedroso caminho o itabirano*
> *viram no ROSTO o nosso se estampando*
>
> Haroldo de Campos

A literatura me trouxe Diana, uma economista (premiada!) interessada em estudar semiótica. O que, a princípio, poderia parecer circunstancial diante de uma situação nova – filhos crescendo, aulas para crianças e adolescentes, a arte e suas inquietações – mostrou-se vital, definitivo. A paixão pelas palavras inundou os projetos de pesquisa e os planos de vida que passaram a centralizar a literatura como opção profissional. Vieram o mestrado, com o estudo dos clássicos, e o doutorado que incorpora a experimentação poética: estava pronta a bagagem inicial para a viagem que Diana sempre quisera fazer, ainda que os caminhos que levassem a ela tenham sido tortuosos. A professora de Literatura Brasileira de hoje, com pós-doc em universidades estrangeiras, contratada pela Unesp para atuar com ênfase nos programas de pós-graduação, não é a mesma que a literatura trouxe a Araraquara, mas mantém a mesma paixão que a faz navegar.

Diversas são as estrelas-guia que desenham os caminhos dessa navegação: o teórico russo Roman Jakobson, poeta da linguística, que nos ensina, sempre, a perceber o caráter palpável dos signos linguísticos em função poética; o professor João Alexandre Barbosa, eterno orientador da professora e da aluna; o poeta Haroldo de Campos, amigo dos outros dois pensadores estrelas-guia, de quem Diana se tornou a leitora parceira, no amor à viagem e ao poema. Os futurismos e os formalismos, a semiótica greimasiana e os poetas críticos de todos os tempos completam essa constelação que ilumina a navegação e aparece reverberada nos diversos trabalhos da autora, publicados tanto aqui no Brasil quanto no exterior.

Neste livro, fruto da tese de doutoramento, Diana estuda o poema *A máquina do mundo repensada*, de Haroldo de Campos, a partir da perspectiva da análise sincrônica defendida por Roman Jakobson. A escolha teórica é muito acertada porque o poema constitui-se como um espaço dialógico por excelência, e recuperar diacronicamente as referências – desde as mais conhecidas, como Dante, Camões e Drummond, até as mais veladas que esta leitura estabelece – seria descrevê-lo apenas, corroborando a tese da genialidade do poeta Haroldo de Campos. Diana faz mais do que isso: recuperando o movimento em espiral e em elipse da feitura do poema, ela cria um movimento especular de leitura, em que a cada volta da espiral, a cada retorno imposto pela *terza rima*, novos sentidos são engendrados e postos em ação no poema. Então, mais que descrever o sentido acabado do poema, Diana analisa o processo de construção da significação, compondo, com o poeta e com o seu próprio repertório de leitura, novos sentidos a serem incorporados ao movimento poético que o poema institui e abriga. A perspectiva sincrônica escolhida, então, não abole a historicidade, mas convoca a que mais lhe interessa: a das formas, a da consciência da linguagem poética.

A sensibilidade que Diana sempre demonstrara para a percepção da imagem acústica do signo poético trouxe à leitura do poema haroldiano uma espécie de sensorialidade que afasta qualquer possibilidade de abandono do poeta ao Concretismo que o notabilizara. Sem marginalizar aspectos como o preciosismo vocabular ou a contiguidade quase visual estabelecida pelas palavras do/no

AS RAZÕES DA MÁQUINA ANTROPOFÁGICA 13

poema, a análise chama a atenção para o ritmo e os efeitos dissonantes conseguidos pelo engenho com a sonoridade.

Por considerar *A máquina do mundo repensada* como o poema síntese da poética de Haroldo de Campos, capaz de fazer reverberar, em forma de poema, o pensamento teórico-crítico do autor e as concepções próprias sobre tradução, Diana investe nesta análise um movimento vertiginoso que contempla todo o projeto estético iniciado com o Grupo Noigandres.

De leitura obrigatória para os estudiosos da poética de Haroldo de Campos, o livro que agora se publica nasce como referência fundamental aos estudos de poesia brasileira.

Ude Baldan

Palavras iniciais

Este trabalho é fruto das pesquisas apresentadas em minha tese de doutorado, defendida em 2008, no Programa de Pós-Graduação em Estudos Literários da Unesp, *campus* de Araraquara, orientada pela professora Maria de Lourdes Ortiz Gandini Baldan. O título do trabalho foi modificado para esta versão da tese apresentada em livro. O original era *Convergências em A máquina do mundo repensada*, modificado aqui para *As razões da máquina antropofágica* porque acredito que a antropofagia é traço constante e força motriz das convergências estabelecidas pelo poeta não apenas no poema que aqui é objeto de análise, mas em sua obra de um modo geral. No poema em questão, o eu-poético, simulacro do próprio Haroldo de Campos, dialoga com a tradição literária, a religião, os mitos de criação e a moderna física quântica em busca de respostas para a origem do universo.

A leitura do poema de Haroldo de Campos, aqui proposta, pressupõe a leitura de um Haroldo de Campos muito específico, que não é o concretista, porque isso significaria reduzir sua obra a uma fase, tampouco o Haroldo dos últimos anos, pela mesma razão; mas de um poeta dono de um projeto de poesia, orientado pela concretude da palavra poética, vivenciada por ele, famelicamente e em compasso síncrono, como poeta, crítico e tradutor. Ao contrário de alguns tra-

16 DIANA JUNKES BUENO MARTHA-TONETO

balhos sobre o poeta paulista, este se volta para leitura de *A máquina do mundo repensada* procurando mostrar de que maneira o poema é construído e como tal construção reflete o pensamento poético de seu autor, seu estilo, suas obsessões e mitologias: sua utopia. Se este trabalho vem a público é porque há uma história de gritos de galo que o entreteceram e o transformaram nessa teia que se mostra a seguir. Por isso agradeço à Capes, pela concessão de bolsa de doutoramento entre maio de 2004 e outubro de 2006. Aos professores do Programa de Pós-Graduação em Estudos Literários, com quem convivi nesses anos em que estive ligada ao programa e aos funcionários da seção de pós-graduação, em especial, Clara Bombarda, por sua inesgotável atenção.

Sou imensamente grata à minha orientadora, professora Ude Baldan, por abraçar a causa haroldiana com seu habitual entusiasmo acadêmico, tendo dedicado a este trabalho orientação precisa e generosa, pautada pelo respeito às minhas opções teóricas e estimulando-me à reflexão contínua. Agradeço-lhe, sobretudo, a amizade, fortalecida pela poesia, pelas palavras e lições compartilhadas.

A tese e, extensivamente, o material em forma de livro ora apresentado teriam sido outros e, provavelmente, menos inquietantes sem as sugestões de João Alexandre Barbosa (*in memoriam*). Quando o procurei para uma entrevista, ainda no início de minhas pesquisas, em 2004, seu entusiasmo foi de tal modo marcante que me senti realmente segura para enfrentar o objeto "haroldiano". Devo a ele a compreensão da importância de realização de uma pesquisa que valorizasse o pensamento sincrônico de Haroldo de Campos.

Sou muito grata também a Antonio Donizeti Pires pelas valiosas indicações bibliográficas, inúmeras discussões sobre a obra de Haroldo de Campos, além das importantes observações feitas nas bancas de qualificação e na defesa que se prolongam até hoje pela afinidade em relação a certo modo de ler o poético. Agradeço as contribuições dos demais membros da banca examinadora, Donaldo Schüler, Adalberto Vicente e, especialmente, Marcos Siscar, cujas considerações feitas na defesa contribuíram para que eu desse continuidade aos estudos da obra de Haroldo de Campos.

AS RAZÕES DA MÁQUINA ANTROPOFÁGICA 17

Aos amigos Maria Suely Crocci, Marcelo Concário e Edna Beraldo agradeço todo o suporte ao longo do percurso; aos colegas do Departamento de Estudos Linguísticos e Literários do Ibilce/ Unesp agradeço pela convivência que, apesar de recente, estimulou e deu suporte à organização deste material.

Por fim, sou grata àqueles que reinventaram, ao longo do percurso, a cada dia, não a poesia imprescindível de minha vida, porém a poesia *humanamente possível*, aquela da linguagem-dia-de-semana que faz a travessia do cotidiano valer a pena: Rudinei, Rodrigo e Lígia.

Apesar de ser praxe, creio que é fundamental que eu diga que as incorreções e as eventuais ambiguidades do trabalho são de minha inteira responsabilidade.

INTRODUÇÃO

Cada leitor procura algo no poema.
E não é insólito que o encontre: já o trazia dentro
de si.

Octavio Paz (1982, p.29)

Universo haroldiano: um trabalho movido à poesia em acordes sincrônicos

É imprescindível ler a obra de Haroldo de Campos em sua totalidade, ou seja, é imprescindível não esquecer de que o crítico e o tradutor são, ao mesmo tempo e, principalmente, o poeta. Quem melhor situa a importância dessa abordagem em relação à obra haroldiana é João Alexandre Barbosa (in Campos, H., 1979, p.20)[1], no prefácio que escreveu para o livro do poeta, intitulado *Signantia Quasi Coelum: Singnância Quase Céu:*

---

1 Neste livro será indicada a referência a Haroldo de Campos por Campos, H.; a referência a Augusto de Campos por Campos, A., e a referência a Roland de Azeredo Campos, por Campos, R.

[...] há uma relação básica muitas vezes deixada à margem pelos críticos de Haroldo de Campos: a relação entre a linguagem da poesia (frequentemente transformada em linguagem do poema por força da reflexão metalinguística) e a leitura pelo poeta da tradição [...] que está permeada pela tensão entre criação e consciência poética que, muito naturalmente, se desdobra em criação e crítica [...] Poesia, tradução e crítica para mim, neste caso, não são senão *personae* de um criador empenhado em buscar limites (ou as ilimitações?) de uma inserção na história de seu tempo, quer dizer, na linguagem de seu tempo. História e linguagem: passagens.

Essa busca, ou ainda, o estabelecimento de parâmetros definidores da história e da linguagem dá-se, no caso de Haroldo de Campos, pela adoção de uma forma sincrônica de conceber a arte ao longo do tempo. Como pontua o próprio Haroldo, a sincronicidade corresponde "a uma poética situada, necessariamente engajada no fazer de uma determinada época, e que constitui o seu presente em função de uma escolha ou construção do passado" (Campos, H., 1997, p.243); em termos benjaminianos, a poética proposta pelo poeta paulista pode articular historicamente o passado, não para conhecê-lo como ele foi, mas para "apropriar-se de uma reminiscência, tal como ela relampeja" (Benjamin, 1996). A sincronia haroldiana pode ser vista, portanto, como meio para chegar à gramática poética de sua obra; meio sustentado pela tríade: poesia, tradução e crítica.

Na obra haroldiana, as escolhas sincrônicas do passado não são aleatórias; pautam-se pela identificação da *invenção* e da *ruptura*, a partir da retomada do passado literário, atuando como mecanismo instaurador e restaurador deste passado. Ao se preocupar com o resgate de autores deixados à margem do processo de construção do cânone e/ou autores do cânone lidos, segundo esta perspectiva, "ingenuamente", o poeta Haroldo de Campos revitaliza a própria história literária, desestruturando a concepção cronológica da evolução dos estilos literários ao longo do tempo, pela defesa de uma abordagem sistêmica, de modo análogo ao proposto por Jakobson, no artigo "À procura da essência da linguagem" (1999, p.98-117). Trata-se, portanto, de revisitar permanentemente a tradição, pelo seu valor intrínseco, e, ao mesmo tempo, resgatá-la da cristalização, colocando-a em *estado de estar-no-mundo*.

É importante destacar que se, por um lado, a perspectiva sincrônica é o ritmo e a melodia da obra haroldiana, orquestrando o eco de tantas vozes presentes em tudo o que o poeta inventou, recriou, ou sobre o que refletiu, acentuando a tensão existente entre o romper da tradição e sua permanência, por outro lado, a diacronia é o acorde: não é possível ignorar o fato de que Haroldo de Campos leu a tradição, da forma como o fez, a partir da experiência histórica que vivenciou, marcada por acentuadas revoluções e inovações na técnica e na ciência.

A abordagem literária proposta pelo poeta paulista prevê a leitura das obras sincronicamente, atribuindo-lhes importância no presente; também as reorganiza *através* do tempo, porque a perspectiva haroldiana desloca-se ao passado e projeta-se para o futuro, a fim de garantir o dinamismo sincrônico da leitura empreendida – para *conhecer* sincronicamente o passado literário, é importante que o poeta situe-se diacronicamente em relação às obras lidas; se assim não fosse, não poderia fazer, do presente, escolha em função do passado; tampouco poderia almejar a projeção futura das obras do cânone que revitaliza.

Ensina João Alexandre Barbosa (2002, p.15) que há uma ampla diacronia sustentando cortes sincrônicos sucessivos; desse modo, para o poeta Haroldo de Campos, a ruptura tem o dedo indicador apontado para o futuro enquanto três outros a fazem voltar-se para o passado. Em outras palavras, os movimentos literários fundam-se na tensão entre a medida do que guardam (passado) e o alcance do que profetizam (futuro), mediados pelo presente de sua ocorrência: memória e invenção; história e *make it new*.

A relação entre passado, presente e surgimento da invenção artística foi assinalada por diversos autores na modernidade; alguns associam a invenção e a relação passado-presente ao ato de descobrir como se a palavra poética já estivesse aguardando para

22 DIANA JUNKES BUENO MARTHA-TONETO

ser revelada e o escritor, ao penetrar suavemente neste mundo dicionário, "trouxesse consigo a chave". É o caso, por exemplo, de Valéry e Rosa, distanciados pelo tempo e pelo espaço, mas pontos de referência para a leitura do poema de Haroldo de Campos, que os aproxima.

Valéry propõe que toda invenção é uma descoberta, pois só se inventa aquilo que quer ser descoberto, como se a essência da invenção pulsasse latentemente, sem ser notada, até que o poeta, com os olhos voltados para o passado e o pensamento crivado das perspectivas futuras que o presente anuncia, pudesse descobri-la, ou seja, segundo ele, a novidade e a inventividade marcam-se pela possibilidade de articulação entre passado e presente – descoberta da ancestralidade (Valéry apud Genette, 1972, p.250). Guimarães Rosa, em entrevista a Günter Lorenz (1983, p.83), também defende a ideia de que o escritor é descobridor: aquele que é capaz de resgatar, na ancestralidade, as palavras mais vivas; "o bem-estar do homem depende que ele devolva à palavra seu sentido original".

Conhecer o posicionamento de Haroldo de Campos diante dos estudos literários, por meio da leitura compartilhada de sua obra poética, crítica e tradutória, é fundamental para a compreensão desse papel "descobridor", posto que, por meio de suas grandes incursões-navegações pela história literária, revela-se o estado das artes da poesia: para ele, o poema é sempre concreto (não necessariamente concretista), à medida que opera a partir da materialidade da palavra – ideia jakobsoniana do caráter palpável dos signos poéticos, que o orienta sempre.

Na poesia, as palavras usadas e as construções sintático-semânticas são *fim* e não *meio*; por isso, nela, a linguagem é performática. Diz Valéry: "a poesia reconhece-se por esta propriedade: tende a se fazer reproduzir em sua forma, excita-nos a reconstituí-la identicamente", como desafio ao pensamento (Valéry, 1999, p.203). Porque desafia o pensamento, a leitura de poesia impõe, necessariamente, uma re-visão de perspectivas da realidade, uma vez que desencadeia metamorfoses no leitor, na sua forma de se relacionar com o mundo, obrigando-o a reconsiderar códigos, possibilidades lin-

AS RAZÕES DA MÁQUINA ANTROPOFÁGICA 23

guísticas e verdades adquiridas; o texto poético repensa o mundo e mostra que a organização existente na "realidade" não é definitiva. (Eco, 1997, p.232).

Em perspectiva semelhante, Costa Lima (2000, p.25) diz que as obras literárias têm uma vocação para a verossimilhança, porque absorvem o que vem da realidade, surgem a partir da realidade e, simultaneamente, são capazes de modificar nossa maneira de concebê-la; é nesse sentido que as obras atuam como via de mão dupla. No caso de Haroldo de Campos, a mudança da visão da realidade impõe uma transformação no papel atribuído ao passado, pelas obras do presente; a via de mão dupla não vai só da realidade ao texto e do texto à realidade, mas subsiste pela tensão entre o presente e o passado, intra e extratextualmente.

Um estudo sobre a obra de Haroldo de Campos deve privilegiar, por conseguinte, o modo pelo qual a abordagem sincrônica das épocas, estilos e obras norteia as experimentações do poeta e se reflete em seus trabalhos de crítico e tradutor, estabelecendo sua incansável busca da invenção na criação poética, não apenas nas vanguardas históricas, porém na história da literatura de um modo geral: dos antigos aos modernos, passando pelos orientais e pelos textos bíblicos.

A *máquina do mundo repensada*: texto-síntese

Diante dessas especificidades e depois de realizada a leitura da obra do poeta, é possível dizer que o poema que mais profundamente ilumina essa tensão entre a novidade e a tradição e que talvez melhor elucide a perspectiva sincrônica da obra haroldiana é *A máquina do mundo repensada* (*AMMR*). Por situar-se como espaço dialógico, história, utopia, ciência e religião apresentam-se inexoravelmente ligadas pela linguagem (em ação) do poema-palimpsesto: máquina cuja engrenagem procura instituir convergências entre as diversas áreas do conhecimento, rompendo fronteiras, por

24 DIANA JUNKES BUENO MARTHA-TONETO

meio da articulação entre o pensamento poético e outras formas de pensamento.[2]

Ao atribuir aos textos com que trabalhou suas idiossincrasias, enquanto marcava os textos poéticos que criou com as múltiplas características daqueles estudados, de modo a assegurar um diálogo entre o seu fazer artístico e o de seus precursores, Haroldo de Campos construiu uma obra modelar para a discussão da invenção e da tradição, não apenas na poesia contemporânea, mas na arte de um modo geral. Nessa visada, inserem-se sua poética "mallarmaica" e caleidoscópica, suas propostas vanguardistas e revolucionárias, sua ressignificação do *make it new* poundiano, a qual, no caso de Haroldo, é sempre de inspiração oswaldiana: tendo Oswald de Andrade como parâmetro, o poeta paulista admite a metáfora do canibalismo como um modo de inserir o homem em determinada cultura, absorvida através de "devoração crítica"[3] (Bitarães Netto, 2004, p.55). Portanto, a abordagem sincrônica haroldiana é apropriação cultural do universo dos autores que compõem o seu *paideuma* e não apenas a devoração de seus procedimentos linguísticos, estéticos e criativos. De acordo com essa perspectiva é que se pode dizer que o poeta-leitor, Haroldo de Campos, criava seus precursores.

Dentre os diálogos estabelecidos, talvez seja a apreensão daquele mantido com a história (literária, científica, religiosa, humana)

---

2 *Crisantempo* é considerado, por parcela da fortuna crítica da obra haroldiana, como texto-síntese. Entretanto, é preciso ressaltar que ele guarda diferenças profundas em relação ao poema *A máquina do mundo repensada*. *Crisantempo* pode ser síntese na medida em que Haroldo reúne nesse livro várias produções de diferentes períodos e diferentes dicções. Entretanto, em *A máquina do mundo repensada*, seu percurso é refeito no próprio poema, esse sim responsável pela reunião de sua produção criativa, crítica e tradutória: ler o poema é ler a história "poetária" (expressão cunhada pelo próprio poeta) de Haroldo de Campos.

3 Ezra Pound (1970, p.161) propunha uma renovação da tradição, *make it new*, a partir da construção de um *paideuma*. Segundo escreveu em seu *ABC da literatura* (traduzido pelos irmãos Campos e Decio Pignatari), *paideuma* é: "a ordenação do conhecimento de modo que o próximo homem (ou geração) possa achar, o mais rapidamente possível, a parte viva dele e gastar um mínimo de tempo com itens obsoletos".

AS RAZÕES DA MÁQUINA ANTROPOFÁGICA 25

o que mais favoreça a compreensão do poema, tanto no plano do conteúdo quanto no da expressão. Em percurso cosmogônico, à procura da origem do universo e/ou de sua própria origem, o poeta, Ulisses pós-utópico,[4] parte, em linhas gerais, do pensamento medieval de Dante, atravessa o classicismo/maneirismo de Camões, a metafísica de Drummond e a história da física, de Newton a Einstein, construindo um plano de conteúdo que se dá a conhecer a partir de uma organização significante em que materializam, entre outros aspectos, a *terza rima* dantesca, o decassílabo camoniano, uma certa dicção barroca e a modernidade mallarmeana.

O poema tem acento épico, se lido como a trajetória do poeta, *aedo* que conta e canta para viver, para voltar para casa e revelar as respostas aprendidas com a máquina do mundo; nesse sentido, inclusive, o eu-poético é Ulisses e não Aquiles, porque este último quer a glória, quer ser cantado e não cantar. Ao mesmo tempo, o poema tem acento confessional, se for lido como espelho do percurso de Haroldo de Campos. É dividido em três cantos: 152 estrofes, uniformes e isométricas, mais uma coda de verso único; ao todo 457 versos decassílabos (40 estrofes no Canto I; 39 no Canto II e 73 no Canto III).

A retomada da tradição literária e os diálogos com outras áreas do conhecimento acentuam a historicidade do texto haroldiano, porque indicam que o poeta situa-se em relação ao passado, para construir sua leitura a partir das escolhas do presente; tendo o presente como alicerce, Haroldo de Campos dispõe as sincronicidades eleitas para a configuração do poema. Quando analisado em

---

4 São grandes as associações feitas, por alguns críticos, entre o eu-poético de vários poemas de Haroldo de Campos e Ulisses. Merece destaque o Ulisses pós-utópico criado pelo poeta em *Finismundo: a última viagem*, publicado em 1990. É a perspectiva sincrônica aqui adotada que autoriza nomear o eu-poético de *AMMR* de Ulisses pós-moderno, entendendo este termo não como categoria estética, mas (trans)histórica, isto é, um Ulisses cujos dilemas são os do homem da pós-modernidade; também usamos o termo pela sua permanência na obra haroldiana, tanto tradutória quanto poética, atendendo aos preceitos de seu *paideuma* pessoal.

26 DIANA JUNKES BUENO MARTHA-TONETO

AMMR, esse processo sincrônico-diacrônico, ou seja, o retorno ao passado (diacronia) e sua atualização (sincronia), é que permite, nos termos de João Alexandre Barbosa (1979), situar a experimentação poética haroldiana como síntese de múltiplas culturas e *epistemes* históricas, unificadas pela arte poética: poesia, catarse.

O que importa a Haroldo de Campos, em *AMMR*, não é o estabelecimento da origem da tradição em si, mas, em percurso épico e, ao mesmo tempo, com acentos barrocos, ancorados em suas experiências de vanguarda, mostrar que a busca da origem (da poesia, do seu percurso poético, dos autores que o precederam) é uma busca rasurada e labiríntica, nos moldes da biblioteca borgiana. É uma busca que se configura como uma eterna partida de xadrez: depois de começada, não permite o estabelecimento de sua origem.

Se pensarmos em Haroldo de Campos como o grande enxadrista, veremos que a articulação que estabelece em seus textos diz respeito ao jogo em si (poema), à articulação das palavras, signos palpáveis, peças do poema posicionadas em constante tensão, prontas a avançar ou recuar para garantir a duração da partida: reinvenção da tradição. No jogo entre o poeta e a tradição que o acompanha, e o mundo que se abre para afrontá-lo, com as certezas religiosas ou científicas, o poema delineia-se como viagem e como busca; o poeta faz uso de sua poesia como forma de superação (e reinvenção) dos dilemas a que está sujeito. Sem embargo, mais do que dizer que a poesia é a máquina, ou o jogo do enxadrista, pode-se pensar que a tradição é, ela mesma, a máquina – engrenagem – que se movimenta para conduzir o poeta em sua jornada até o fim (e não podemos nos esquecer de que o texto em questão é o último texto criativo publicado por Haroldo).

Esse fim é, porém, marcado pela própria incerteza de sua finitude, já que o final do poema (engrenagem, máquina) impulsiona a leitura para o início, estimulando o leitor a refazer-lhe o percurso: "O nexo o nexo o nexo o nexo o *nex*" (*AMMR*, p.97, 153.1), último verso que não põe fim ao poema e marca-se pela necessidade de preenchimento do sentido, que parece vago, efêmero, ou, talvez, volátil ao obrigar o leitor a refazer-lhe o percurso. O poema

AS RAZÕES DA MÁQUINA ANTROPOFÁGICA   27

não morre por ter vivido, diz Valéry (1999, p.205); como a fênix, o poema renasce das cinzas e incita o leitor a repetir a leitura tão logo esta chegue ao final, "é um vir a ser indefinidamente o que acabou de ser".

AMMR é, nesse espectro, um poema-partida; as jogadas, os movimentos das peças-palavras, a dança deslizante dos tipos negros entre os espaços brancos das páginas, poema-tabuleiro, acontecem em articulação sincrônica, no sentido de que uma jogada-verso retoma, por meio do *enjambement*, o movimento anterior. O passado é revisitado não apenas em termos de conteúdo, mas também sob a perspectiva da expressão. Por isso, se o poema é um jogo de xadrez, o poeta é o enxadrista, o mesmo enxadrista dos primeiros poemas:

Amada

Ouve:
Agora, junto ao mar,
Um enxadrista joga
[...].

O enxadrista

Modera, ó bispo noturno,
a faina em meu tabuleiro
e atende: um poeta nasce
nos bulbos do mês de agosto[5] (*Auto do possesso*, 2008, p.30-1)

O leitor viajante procura refazer os caminhos do poeta viajor e volta dos textos transformado pelo que lê, incorporando à leitura sua própria experiência, o que transforma essa viagem de volta em releitura, de modo que:

---

5 Vale notar que o tema do jogo de xadrez surge sempre na obra haroldiana; além disso, o fragmento acima parece referir-se ao próprio poeta, já que ele é nascido em agosto.

28 DIANA JUNKES BUENO MARTHA-TONETO

[...] procura integrar na leitura de obras do passado a experiência do presente em que se situa o leitor. Experiência do presente não apenas dos significados, por onde a leitura seria não apenas tautológica, mas anacrônica, mas dos significantes a que outras obras deram acesso [...] [o leitor] é capaz de apreender nas obras do passado aquilo que já estava ali em termos de construção [...] que para o leitor do presente funciona como operador responsável pela perenidade dela [...] instaurando os deslizamentos de apreensão, que precisamente repele as tautologias e requer a tensão entre as experiências, aquelas incorporadas à obra e as do leitor. (Barbosa, 1990, p.16)

Qualquer retorno, depois da leitura de um poema, é marcado pela metamorfose, que talvez seja o imperativo categórico do mundo das coisas tangíveis e intangíveis: "transformando, pela leitura, o poema que lê, o leitor é transformado pela leitura do poema; [...] por um lado, o leitor busca a compreensão, por outro a compreensão está na própria busca que é o início de uma viagem" (Barbosa, 1979, p.11). E a busca, é claro, define-se a partir dos horizontes de contemplação/compreensão que o leitor estabelece para o que lê ao descobrir que a poesia é violência sobre a linguagem (Paz, 1982), e ao reconhecer que "as coisas perfeitas em poesia são inevitáveis" (Borges, 2000, p.12).

A cosmogonia dialógica do poema de Haroldo de Campos faz-nos compreender por que Calvino chama os clássicos de talismã, colocando-os em equivalência ao universo (Calvino, 2005, p.13). O clássico é um texto que tem vocação para o diálogo e permanece, justamente, pelo fato de esta vocação projetá-lo para o futuro. Como diz Jacyntho Brandão (1992, p.42), "[...] uma obra clássica não é aquela que sustenta uma verdade absoluta e única e faz calar outros discursos, mas sim aquela que logra dizer de tal modo sua verdade que impulsiona o surgimento de novos discursos, tornando-se um ponto de referência em torno do qual se instaura o diálogo".

Os clássicos reatualizam-se a cada leitura, aceitam o diálogo e diferenciações de pontos de vista. Tal caráter dialógico faz com que voltemos a ele para reafirmar/reconstruir nossa identidade, nossa humanidade, nossa descendência de Ulisses, leituras pulsantes, viagens e travessias; silêncio em versos ou reversos do acaso, da sorte, da vida: ocaso, história, poesia. A historicidade do poema de Haroldo de Campos não só cumpre importante papel dentro de nossa cultura, pois antropofagicamente revitaliza a literariedade dos textos, como também (re)significa a própria experiência histórica da humanidade e sua busca de compreensão e/ou fusão de dois mundos aparentemente distintos, a religião e a ciência; para dar conta disso, apoia-se no dialogismo que os clássicos, com sua vocação para o futuro, legaram-nos.

As engrenagens históricas de *AMMR* convidam a estabelecer o lugar da poesia como mediadora dos conflitos entre religião e ciência: o poeta, o homem de verdades outras, é capaz de fazer brilhar, na cosmogonia do texto, constelações históricas que reluzem ora pela religião, ora pela ciência e sempre pela linguagem em ação do poema que estabelece fundamentais papéis para o repensar do mundo.

Este trabalho divide-se em quatro capítulos, além desta introdução e das Considerações Finais. O primeiro capítulo tece algumas reflexões sobre a poesia de Haroldo de Campos, a partir, naturalmente, de constatações que o poema *A máquina do mundo repensada* permite estabelecer. Nos capítulos dois, três e quatro são discutidos respectivamente o Canto I, o Canto II e o Canto III do poema.

1
TEXTO-SÍNTESE
E AS OBSESSÕES DO POETA

Heliotropismo do passado: convergências em
A máquina do mundo repensada

Difícil imaginar as atitudes humanas sem pautá-las pela história: a escritura do poeta também é produto dos determinismos de seu tempo. No caso do autor de *AMMR*, o tempo é aquele em que já se sabe (ou dever-se-ia saber) que ciência e religião não precisam ser excludentes. É ao longo dos diálogos estabelecidos com a poesia, que pressupõe a existência do divino, e dos diálogos estabelecidos com as mais instigantes descobertas científicas que o poeta tece a historicidade de seu texto, procurando articular um percurso histórico-cosmogônico. No poema, a máquina se abre e, máscara, (des)vela o mundo aos olhos do leitor, trazendo à cena um poeta que narra sua viagem em busca de si mesmo, como revela o verso "busco-me na busca?" (*AMMR*, p.96, 150.3), passando pelos paradigmas da fé e da ciência, interpretando-os a partir do engendramento da matéria (alegórica/metafórica) do significante.

Em artigo de 1978, sobre Haroldo de Campos (e *Galáxias*), o poeta Severo Sarduy analisa a escritura haroldiana, destacando a recorrência do trinômio *metáforas/mobilidade/parábolas*, contrapondo o poeta ao cubano Lezama Lima, que privilegia, em seu

32 DIANA JUNKES BUENO MARTHA-TONETO

texto, *imagem/fixidez/hipérboles*. No que concerne às imagens e às metáforas, a distinção parece clara: as imagens não deixam de ser fixas, impõem-se como hipérboles, ou melhor, fixação hiperbólica do real, uma suprarrealidade, "reino por antonomásia do possível do homem, outorga um daqueles sucedâneos mediante os quais o poeta pode 'representar' aquilo que a realidade lhe lança como desafio misterioso" (Sarduy, 1979, p.120).

As metáforas, por sua vez, são móveis e, no caso de Haroldo, como aponta Sarduy, condensam a matéria verbal por saturação e intensidade; implicam a mobilidade, os deslocamentos contínuos, o rastreamento dos significados pelos múltiplos significantes espalhados no tecido textual. Enquanto condensação e deslocamento, as metáforas haroldianas são, também, metonímicas, pois sempre há o "surgimento, numa dada cadeia significante, de um significante procedente de outra cadeia" (Sarduy, 1979, p.117).

Para Sarduy, em *Galáxias*, esse processo metafórico faz emergir, não a hipérbole, que revelaria os paradoxos individuais por meio dos exageros, constituindo-se em metáforas ousadas (catacreses); porém a parábola, que mais do que revelar ou enfatizar um pensamento, por meio do exagero e da ênfase, deixa entrever a própria história da escritura do autor, sua biografia, seu *telos* geral. Segundo Sarduy (1979, p.123-5), essas parábolas definem-se pela desmesura:

[...] a percepção macroscópica desse livro [*Galáxias*] desenharia uma parábola desmesurada. [A parábola é] figura que abarca e define toda essa produção, em seu progresso rumo à concretude, como um "mundo total de objetiva atualidade", apreendido num instante – como se capta um ideograma – e, não uma série de leituras analíticas, próprias do tempo discursivo e de sua equivalência na sintaxe tradicional. Parábola [em Haroldo] que daria a entender o trabalho da escritura e da vida mesma do autor, que este vai cifrando – em seu corpo [do poema], um hieróglifo invisível e paciente – como uma gigantesca viagem [...] viagem homérica ou joyciana, iniciática, lisérgica espacial, amazônica. [...] A obra de Haroldo de Campos seria como a exaltação e o desdobramento

AS RAZÕES DA MÁQUINA ANTROPOFÁGICA   33

de uma *região* da dicção, de um espaço de fala vasto e barroco como o mapa de seu país: sopro e articulação, alento e pronunciação: nascimento do discurso. O poema como sílaba-germe que rebenta, expande-se no volume da página e expande em direção à concretude.

Sarduy parece estabelecer uma distinção entre parábola e hipérbole no sentido retórico. Segundo Lausberg (1993), a parábola é a expressão completa do pensamento, exatamente como sugere a citação acima sobre Haroldo; a hipérbole, de outro lado, não é a expressão completa do pensamento, mas o uso de imagens e signos, que ultrapassam a realidade e expressam paradoxos; uma atitude artística que se compraz pelo exagero.[1] Tanto uma quanto a outra oferecem um desafio ao entendimento: a parábola é uma mensagem cifrada, hermética, acessível aos iniciados, é vizinha da alegoria e comunica uma lição, um princípio por meios simbólicos,[2] portanto, para compreendê-la, o leitor precisa "entrar no jogo" e refazer as jogadas cujo resultado final aparece no texto. O exagero na construção da hipérbole também a torna hermética e desafiadora, pois a ousadia metafórica que apresenta a distancia do referente inicial e impõe um jogo interpretativo.

O que Sarduy demonstra é que o caráter biográfico, a escritura arqueográfica e a pessoalidade dos poemas haroldianos constroem uma *parábola haroldiana* com "suas ressonâncias bíblicas e mitológicas" (Sarduy, 1979, p.120), por isso prefere dizer que há parábola desmesurada, e não hipérbole: a segunda acaba por submeter-se à primeira. Entretanto essa distinção não se faz necessária, inclusive porque as hipérboles é que dão o atributo de desmesura ao texto haroldiano – ou seja, se as parábolas em Haroldo de Campos são uma *hýbris*, é devido ao uso das hipérboles. O caráter hermético da parábola acentua-se, em Haroldo de Campos, pelo uso da hipérbole como instrumento de sua construção.

---

1 Cf. Lausberg, 1993.
2 Cf. Moisés, 1982, p.385.

34 DIANA JUNKES BUENO MARTHA-TONETO

Mais do que separar essas duas instâncias, vale sublinhar que a riqueza do fazer artístico de Haroldo de Campos consiste em fundi-las, fazendo-as parte de seu *paideuma* teórico e estilístico. Em *AMMR*, a hipérbole reina na expressão dos paradoxos intelectuais e dos dilemas, na expressão dos enigmas ou, pura e simplesmente, no gosto pelo exagero. A parábola também prevalece, porque a escritura do poema revela a escritura de Haroldo de Campos e os preceitos de seu pensamento poético. Aliás, esse processo é perceptível em seus poemas, de um modo geral, haja vista que Sarduy refere-se a *Galáxias*; e nós, à *AMMR*. Isso ocorre porque, como se discutirá mais adiante, mais do que fases, Haroldo apresenta a construção de um projeto ao longo de sua atividade poetária.

Cada texto seu é o último texto; é o acervo de suas parábolas pessoais. Toda a sua obra é um *continuum* em que se faz patente a preocupação com a materialidade da palavra e com a abordagem sincrônica da literatura.[3] Para reforçar: o poema é sempre concreto, embora não necessariamente concretista. Em *AMMR*, a parábola haroldiana é revelada pela voz do *aedo*, que seduz pelos recursos retóricos utilizados para contar – seu canto e sua palavra são seus artifícios e sua licença poética, exatamente como ocorre com os textos antigos. A esse respeito, diz Brandão (1992, p.45):

> No testemunho da palavra antiga podemos vislumbrar que a função de composição está sendo obscurecida para salientar a sua função de proferição [...] poderíamos dizer que, ao lançar sua voz, o aedo costura cantos, ou, noutros termos, costura *epéa*, isto é, vozes.

O que o eu-poético de vários poemas haroldianos faz, inclusive em *AMMR*, é organizar seu canto e sua palavra como ruído

---

3 Por isso, não faz sentido falar do Haroldo concretista, do Haroldo de *Galáxias*, do Haroldo de *A máquina do mundo repensada*. Há um só Haroldo e um só pensamento poético, que vai sendo lapidado ao longo da vida do poeta, justamente, pelo fato de ser projeto poético.

AS RAZÕES DA MÁQUINA ANTROPOFÁGICA 35

de fundo, com acordes hiperbólicos, seduzindo pela proferição de sua palavra; mas, ao contrário do que acontece na épica, a função de composição não se obscurece, pelo contrário, a característica autorreflexiva da poesia na modernidade, à qual se filia a obra haroldiana, e o "heliocentrismo" da mensagem verificado na *máquina do poema* fazem com que as *epéia* (vozes) nos poemas de Haroldo seduzam, também, pelo desafio da arquitetura dos textos, do seu maquinar, ao qual o leitor é submetido.

O jogo é estabelecido pela voz do eu-poético que, além de mostrar a costura das vozes, incita o leitor a descobrir os meandros dessa cerzidura na própria escrita do texto: as vozes e a escritura da tradição, seja ela literária ou não, são a linha do bordado de Penélope que o poeta Haroldo de Campos usa para tecer, na página, a parábola de sua própria escritura. Essa página é a colcha dos estilhaços da tradição e é o tabuleiro do enxadrista; porém, o que a torna desafiadora, de fato, é que, entre uma e outra casa do jogo, há um labirinto que o leitor deve percorrer.

Como o tabuleiro é também bordado, o leitor segue o fio de Ariadne e se deixa tecer ao texto pelos fios da habilidosa Aracne. Em *AMMR*, por exemplo, o leitor, parceiro de jogo, vencido pelo texto, para de se preocupar com a significação global do poema, com sua *finalidade*, e passa a desfrutar o livre trânsito das palavras, que circulam pelo texto em compassada *travessia*; passa a desfrutar cada instância, ou ainda, cada estância: bebe as palavras, prova os seus significantes e partilha a *hýbris* criativa que se abre, como a máquina do mundo, deslumbrante, à sua frente.

Em *AMMR*, a retomada sincrônica da história literária e da história do homem à procura de respostas aos enigmas de sua existência é, então, uma forma de parábola do mundo e das histórias pessoais do próprio Haroldo, corresponde à valorização do passado como instrumento de edificação do presente e projeção do futuro e dá ao poema um estatuto de instrumento a partir do qual se vislumbra o cosmos – passado, presente e futuro coexistem na máquina do poema, pela historicidade que ela encena: mensagem poética telescópica.

36 DIANA JUNKES BUENO MARTHA-TONETO

Isso significa que o passado é marcado de novidade, já que a maneira como o poeta se situa diante de seu próprio presente, atualizando-o em seus precursores, é análoga à que propôs Borges (1982) no ensaio intitulado "Kafka y sus precursores". Nesse trabalho, o escritor argentino destaca que parecia reconhecer a voz e os hábitos kafkianos em autores que antecederam o escritor e que foram lidos por ele (Kafka). Textos estes que apresentam as marcas de um Kafka leitor e crítico, mas distanciados entre si; é a este ponto que o poeta argentino dedica ênfase: em cada um dos textos, que brevemente analisa para sublinhar-lhes uma existência kafkiana, está a idiossincrasia de Kafka, em maior ou menor grau, e que não seria percebida se Kafka não houvesse se dedicado a escrever sobre eles. Diz Borges (1982, p.228, grifos do autor):

O fato é que cada escritor *cria* seus precursores. Seu labor modifica nossa concepção de passado, como há de modificar o futuro. Nessa correlação, não importa a identidade ou a pluralidade dos homens. O primeiro Kafka de *Bretrachtung* é menos precursor de Kafka dos mitos sombrios e das instituições atrozes que Browning ou Lord Dunsany.

No caso de Haroldo de Campos, a maneira como o poeta se situa diante do presente, atualizando-o em seus precursores, (re)construindo-os e os colocando de novo em estado de *estar no mundo*, engendra uma poética da agoridade, a qual, segundo ele, pode ser entendida como poética articuladora de uma poesia plural, crítica do futuro e de seus paraísos perdidos, enquanto se presentifica e se projeta para o futuro toda uma apropriação crítica de passados diversos (Campos, 1997, p.268-9).

Não se trata, portanto, de dizer que o poeta Haroldo de Campos tenha feito uma leitura histórica da poesia em *AMMR*, mas *uma leitura crítica da poeticidade ao longo da história*, construindo, sobre este alicerce, seu posicionamento frente aos dilemas históricos que colocaram o homem diante das (in)certezas da fé e da ciência. Dessa forma, o que legitima o presente no texto haroldiano, como se verá, não é o passado tomado como um conjunto de pontos de referência, ou mesmo como um simples *mecanismo de duração* (Dante, Camões, Drummond ainda permanecem independentemente de o poema de Haroldo dialogar com eles), mas como um processo de tornar tanto o passado literário (Canto I) quanto o científico (Canto II), o presente. Assim sendo, a abordagem sincrônica é *mecanismo de organização* dos questionamentos do poeta, que repensa o mundo como fim, *nex*, e como *nexo* (Canto III) entre passado e futuro, de tal sorte que, quanto mais se espera a ruptura, a mudança, ou, no caso de Haroldo de Campos, a invenção poética, mais se torna essencial voltar-se para o passado para descobrir como ela será.

Por isso pode-se reafirmar que Haroldo de Campos cria seus precursores: como o narrador de *O Aleph* (Borges, 2006), desce até o porão, vai ao passado do edifício literário, para usar uma ideia de Victor Hugo exposta em *Do grotesco e do sublime* (2004), movimenta-se pelas prateleiras da ciência, a fim de resgatar a historicidade dos textos e dos questionamentos sobre a gesta universal, colocando-se, agnosticamente, frente ao dilema religioso-científico que se abre diante dele como algo estranho, fantástico, revelador como a própria máquina do mundo. No caso de *AMMR*, esse questionamento é mediado pela desestabilização do cânone e pela inclusão do discurso científico no discurso poético.

Se, na literatura, o tema da máquina do mundo representa, fundamentalmente, revelação do futuro, de verdades insondáveis, ou do passado, em termos de Física, a máquina do mundo é uma máquina do tempo reversível, que permitiria que nos projetássemos ao passado e ao futuro, simultaneamente; alguma coisa muito próxima do ideal de pensamento de Haroldo de Campos e, aparentemente, de existência tão vaga quanto *Inferno* e *Paraíso*. Assim é definida a máquina do tempo:

> Uma máquina do tempo constitui uma estrutura capaz de permitir a passagem de um corpo material (ou qualquer forma de energia) duas vezes por um mesmo ponto do espaço-tempo. Em linguagem simples, isso significa uma volta ao passado [...] deter-

minada pelas forças gravitacionais, cuja descrição é feita pela Teoria da Relatividade Geral. [Essa viagem se torna impossível na Terra] devido à fraca intensidade do campo gravitacional.

Os cientistas Nathan Rosen e Kurt Gödel foram os primeiros a produzir modelos teóricos [...] nos quais esses caminhos para o passado poderiam existir [...] uma das propriedades mais notáveis desses caminhos, e em total contradição com o senso comum, consiste no fato de que, ao percorrermos uma dessas trajetórias, estando a cada instante nos dirigindo para o futuro, estamos igualmente nos aproximando do passado. [...] o tempo não deve ser representado por uma linha reta infinita como o senso comum faz, mas sim por uma estrutura cíclica. (Novello, 2000, p.114)

Entretanto, para que tal deslocamento acontecesse, seria preciso crer que o tempo jamais se tornasse passado – o que em termos de realidade objetiva é impossível. Os cálculos desses cientistas foram feitos com base na hipótese einsteiniana de que o tempo poderia ser reversível; o próprio Einstein, todavia, percebeu que a física desafiava o que podemos apreender como realidade objetiva. Colocada a questão nesses termos, parece que a máquina do mundo passa a ser permitida apenas na literatura, e, mais especificamente, no texto poético, já que este é tempo e espaço de linguagem:

[A compreensão do poema está na busca] início de uma viagem. Início cujo término previsível é dado pelos parâmetros da linguagem: bússola, astrolábio, estrela.

Neste sentido, o espaço do poema é necessariamente um tempo. Espaço e tempo da linguagem: o poema em que o leitor atua como um viajante para quem os signos não são mais apenas signos, sinais, de alguma outra coisa para fora da topologia cujos limites cartográficos estão dados na página que os acolhe como um espaço privilegiado. Mapear, deste modo, significa exibir as marcas de uma volta – como quem, por um caminho desconhecido, sem saber ao certo o retorno possível, vai deixando traços que possam assegurar a volta. (Barbosa, 1979, p.11)

AS RAZÕES DA MÁQUINA ANTROPOFÁGICA   39

A volta é assegurada pelo caráter intertextual da obra poética (literária). O retorno é possível porque os novos textos vão se somando aos antigos, como manuscritos sobre manuscritos, e desenham as possibilidades de reatualização da tradição não em sentido de repetição pura e simples, mas de retornar, tornar de novo ao antigo que se faz novo, já que o mapeamento, que exibe as marcas de uma volta, possibilita a criação dos precursores sob a perspectiva borgiana já mencionada.

Assim sendo, o retorno é diferente, rasura o original; ao passado, como totalidade temporal, é impossível voltar, tanto na física quanto na religião ou na literatura, porém, nesta última, podemos revisitá-lo pela leitura e podemos, ainda, trazê-lo para dentro dos textos reinventando-o, o que sem dúvida é muito interessante. Ao contrário dos "outros passados", o literário presta-se à modificação pelo diálogo. Em *AMMR*, os traços que asseguram a volta não operam de outra forma senão da maneira apresentada pela máquina do tempo supracitada: quanto mais o poeta se dirige ao futuro, em termos da renovação da linguagem da tradição, mais se aproxima do passado, na mesma proporção – é a pulsão da ruptura e da renovação das formas, arqueografia da inventividade, que projeta o eu-poético haroldiano para o futuro e, simultaneamente, coloca-o em sinergia com o passado, de onde ele apreende, como *paideuma*, aquilo que é relevante para as gerações futuras. Mais uma vez, sincronia.

Nesse sentido, entender as relações entre a máquina do mundo e a máquina do poema e toda a sincronicidade que estas relações revelam implica marcar a viagem diacronicamente, a partir de uma ótica de leitura convocada pela poesia moderna. Como pontua Pires (2006, p.11):

> [...] pode-se dizer que a metalinguagem, um dos fatores de apreciação, valorização e valoração da poesia moderna, é a primeira das condições necessárias à compreensão do poema como máquina, uma vez que esta se alimenta também da poesia: pois a autorreflexividade, a autorreferencialidade, a consciência construtiva, o pensar

40 DIANA JUNKES BUENO MARTHA-TONETO

sobre a linguagem; enfim, o voltar-se sobre as próprias engrenagens, revelando a concepção engenhosa que a norteia, é um dos movimentos preferidos da máquina do poema.

Quando essa máquina poética volta-se sobre as suas próprias engrenagens, acentua-se a sua modernidade e passa a operar a partir do inusitado e do improvável, submetidos, é verdade, a uma ordem, mas uma ordem que rompe com o padrão normalmente tido como organizado, portanto, a máquina do poema não é como as máquinas convencionais e pode ser compreendida, por exemplo, a partir da moderna Teoria do Caos, que mostra os sistemas caóticos exatamente dessa maneira: a ordem, ao invés de limitar a surpresa, impõe-na pelo potencial de inovação que sua aparente desordem revela (Campos, R., 2005, p.176).

No caso da poesia moderna, a ruptura da sintaxe, por exemplo, revela-se caótica na aparência, mas repleta de uma ordem que engendra a surpresa a cada minuto, como se verá ao longo da leitura do poema, notadamente no Canto II, pela discussão das novas teorias da física. A ordem presente nos sistemas caóticos é, em termos de poesia, a luta contra o acaso. Desde os primeiros poemas, Haroldo experimentou essa luta contra o acaso, associando-a ao "Lance de dados" de Mallarmé. Segundo disse em *Depoimentos de oficina* (Campos, H., 2002, p.35), o conjunto de poemas *O â mago do ô mega* pretendia instaurar um caráter crítico e um trabalho lúcido contra o acaso, recuperando Poe, Mallarmé e João Cabral em uma "Fenomenologia da Composição":

> Impressos em branco sobre o fundo preto, esses poemas fazem reverter para o céu noturno, salpicado de estrelas-palavras (Vieira), a página branca de Mallarmé. Céu noturno, branco ao contrário. Propondo-se como uma fenomenologia da composição. (ibidem, id.) [...] Na série *O â mago do ô mega*, através da desarticulação das palavras e da fratura fônica, propus-me a chegar ao *eidos* do poema, à "coisa da coisa", ao "zero ao zênite": um zero vazio e significante ao mesmo tempo, algo como o sujeito zerológico. (ibidem, p.36)

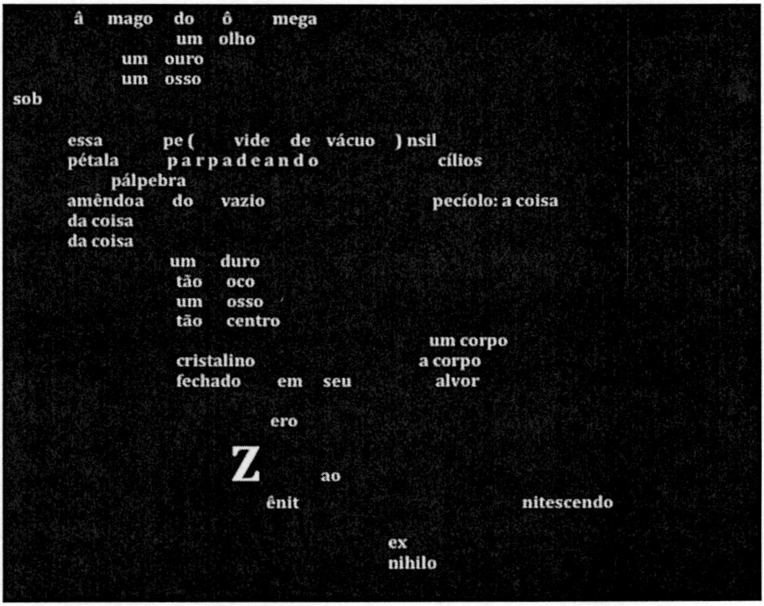

AS RAZÕES DA MÁQUINA ANTROPOFÁGICA   41

```
        â    mago   do    ô     mega
                    um    olho
               um   ouro
               um   osso
sob

        essa       pe (    vide  de  vácuo   ) nsil
        pétala     p a r p a d e a n d o            cílios
        pálpebra
        amêndoa    do    vazio                pecíolo: a coisa
        da coisa
        da coisa
                   um    duro
                   tão   oco
                   um    osso
                   tão   centro
                                              um corpo
                   cristalino                a corpo
                   fechado    em   seu        alvor

                        ero

                    Z         ao
                       ênit                    nitescendo

                             ex
                             nihilo
```

Figura 1 – *O â mago do ô mega*

Os jogos sonoros e a ideia cosmológica (o céu noturno), frutos de uma fenomenologia da composição, que valoriza exatamente e mais argutamente o exercício crítico e metalinguístico, sem abrir mão da invenção, são recriados em *AMMR*. Neste poema, Haroldo de Campos intensifica as experimentações da linguagem porque cria, ideogramaticamente, nas formas cristalizadas pela tradição, palavras compostas e as sujeita à ruptura sintática, às hipérboles, às perturbações e esfacelamentos semânticos, que se tornam, no poema haroldiano, dinâmicas e "caóticas", revelando, por isso, a surpresa da composição, um zênite nitescente. Isso porque, para Haroldo de Campos (1998, p.24-5):

A tradição é uma coisa aberta. [...] A vanguarda literária, tal como a compreendo, envolve uma interpretação crítica do legado da tradição, através de sua ótica integrada no presente e feito contemporâneo. Não artefato para museu (para a contemplação), mas objeto linguístico vivo, para uso produtivo imediato (para a ação).

Tal projeto e a postura diante do que se poderia chamar "tradicional" não são fruto da maturidade, mas uma invariante na obra haroldiana, que foi sendo matizada ao longo de muitos anos, como um recurso de composição poética calcada no *make it new* e na visão de modernidade que sua obra abarca. Por isso foi dito anteriormente que, na obra haroldiana, não há fases, mas construção articulada de um projeto *através* do meio século de trabalho artístico, dedicado à poesia, em amplo sentido. Para que se tenha ideia dessa continuidade, pode-se citar "Lamento sobre o Lago Nemi", que está em *Auto do possesso*, de 1950; segundo próprio Haroldo, este poema é representativo de seu percurso poético. Diz o poeta em *Depoimentos de oficina*:

> É o tema ritual do sacerdote-rei do Templo de Diana Nemorensis, ou Diana do Bosque, junto ao lago Nemi, perto de Roma. Seu reinado, segundo a regra do santuário, duraria até que um rival o vencesse e assumisse o posto hierático [...] Procurei recriar o motivo à luz da dialética mallarmeana do acaso, o azar (le hasard) jamais abolido. Se, de um lado, a forma fixa (três quadras dodecassilábicas, rimando no segundo e no quarto verso de cada uma) e o refinamento léxico poderiam aparentar alguma afinidade com a postura anticoloquialista e antiprosaica dos poetas de 45, de outro a sintaxe rítimo-permutatória que favorece, deliberadamente, a articulação e a desarticulação das frases, engendra o paradoxo e a dissonância, cria um espaço paralógico, desestabilizando de maneira irônica o modelo formal e dando-lhe caráter móvel. (Campos, H., 2002a, p.22-3)

Fica claro pela citação que a sincronia haroldiana funde a modernidade, sobretudo aquela advinda de Mallarmé, e a tradição, para criar o novo. É interessante notar o comentário do poeta sobre

AS RAZÕES DA MÁQUINA ANTROPOFÁGICA 43

a geração de 1945. Segundo ele, a forma fixa era fôrma ortodoxa e, por conseguinte, a tradição não era valorizada, mas desperdiçada. Não é objetivo entrar nessa discussão, a não ser para sublinhar que, pela citação acima, Haroldo de Campos contrapõe a sua maneira de conceber a permanência da tradição, como algo vivo e vivificado pela modernidade, e a "cópia"da tradição pelos poetas de 1945. O debate é amplo e controverso, mas sua rápida menção indica a importância da poética sincrônica na obra haroldiana. Vejamos o poema:

Lamento sobre o lago de Nemi

O azar é um dançarino nu entre os alfanjes.
Na praia, além do rosto, a corda nas mãos.
Chama teu inimigo. O azar é dançarino.
Reúne os seus herdeiros e proclama o Talião.

A virgem que encontrei coroada de rainúnculos
Não era – assim o quis – a virgem que encontrei.
O azar é um dançarino; teme os seus alfanjes.
Amanhã serei morto, mas agora sou rei.

Nu entre os alfanjes, coroado de rainúnculos,
Chama o teu inimigo e a virgem que encontrei.
Na praia, além do rosto, eu agora estou morto.
O azar é um dançarino. Amanhã serás o rei.

Vê-se, portanto, que as formas fixas escolhidas pelo poeta em *AMMR* já eram parte de sua consciência acerca da renovação da linguagem e não significam a rejeição da tradição, muitas vezes associada à experiência concretista, mas sim criação poética tensionada, pelo fato de ser, quando dialoga com a tradição, novidade; e parte da tradição, quando esta é incorporada aos poemas.

Ao recuperar a alegoria da máquina do mundo, pela via trilhada no poema dantesco, Haroldo mantém a ideia cosmogônica, não mais na manifestação gráfica concretista do poema, como acontecia em *o âmago do ômega*, porém na concretude do tema, engendrado pela estrutura significante com que o poeta de campos e espaços presenteia (e presentifica) o leitor, instaurando precursores: os do poeta-leitor e recriador da tradição, tornando precursores do leitor, os leitores antepassados desta mesma tradição. A experiência concreta ensinou o poeta a ver a concretude da poesia, segundo o próprio Haroldo de Campos (1997), tal experiência não o aprisionou, mas fundamentou seu olhar poético. Por isso, toda a experimentação poética haroldiana retoma as bases da poesia concreta, transcendendo-a.

Para Haroldo de Campos, o poema deveria instigar o esforço de compreensão do trabalho laborioso e lúcido feito pelo poeta. A composição fenomenal depende da superação do comum, da criatividade e da reinvenção das jogadas; depende de que o jogador--poeta jogue o inusitado, o inesperado. Portanto, no poema-máquina, no poema-jogo, pretende-se abolir o acaso de um modo muito peculiar: tornando as palavras, ícones negros no branco da página, surpresa engendrada pela argúcia e pela astúcia do poeta (re)criador: um não acaso que se forja acaso, "o poema acontece, o poema se medita", como ele diz em *Teoria e prática do poema*: signos palpáveis, palavras-peças posicionadas em constante tensão.

O poeta, ao repensar a máquina do mundo, deixa circunscritos, em seu poema, arquitextos de vanguarda: novidade exposta *a olho por olho a olho nu*, que está em *Teoria da poesia concreta* (1975), invenção marcada de tradição até o fim, que não é fim, mas *nex*. O *nex*, em latim, fim abrupto, se lido como morte, ou passagem, no sentido religioso, ou insondável, no sentido científico, sugere uma indeterminação que obriga o leitor a retornar ao início de sua *Odisseia*, viagem-leitura, cosmofísica abissal, como sugere Leda Tenório da Motta (2004, p.165). Elíptico percurso, pois o universo é in-finito, nonada ∞: se nasce, morrenasce, exatamente como nos é apresentada a tradição literária por Haroldo de Campos, e exatamente como a tradição literária sobrevive aos séculos.

AS RAZÕES DA MÁQUINA ANTROPOFÁGICA **45**

A máquina do mundo repensada, o estilo e as obsessões do poeta

Uma máquina do mundo, que como *topos* serve de ancoradouro para a máquina do poema, não pode sugerir outra coisa senão universalidade – a alegoria da máquina do mundo é uma tentativa de apreensão do universo, a partir da relação mítica entre o homem e a divindade desde a Antiguidade, permanecendo, como se verá pela leitura do poema, nos paradigmas científicos.

Certamente, são multíplices os aspectos e os pontos de vista que poderiam ser adotados na leitura do poema de Haroldo de Campos, que retoma tão instigante alegoria, remanescente não só na imaginação dos poetas, mas no imaginário da literatura e da ciência[4] como marca de um passado infinitamente perdido e de um futuro inatingível, como o livro de Mallarmé, síntese da existência, justificativa estética para os males do mundo (Borges, 1982, p.229, 339).

Múltiplas são as possibilidades de leitura e muitos são os aspectos de Haroldo de Campos que podem ser identificados por meio dessa leitura. Diante de tantos "Haroldos", portanto, o crítico-leitor *arrisca-se pensador* e procura discutir a orquestração sincrônica do poema, cujos acordes revelam características inerentes às criações haroldianas de um modo geral.

Para Paul Valéry (1999, p.193), o poeta é um pensador porque é por meio da sua linguagem que pensa o mundo; a linguagem é o ponto de partida da organização do pensamento. Como, para o poeta francês, "a poesia é uma arte da linguagem", poesia é pensamento. Mas essa forma de pensamento, adverte Valéry, não é a dos pensamentos puros e sim daqueles desenvolvidos em terreno inóspito, porque coordena múltiplos aspectos: som, sentido, historicidade, poesia, real e imaginário.

---

4 Marcelo Gleiser (2002, p.13-47) destaca que desde os primórdios o céu era visto como manuscrito sagrado. A suas revelações tinham acesso os feiticeiros – eram capazes de ler, no universo celeste (ou na "máquina" que se mostrava diante deles), mensagens escritas pelos deuses ou outras aparições.

A apropriação da realidade pelo pensamento e sua tradução em ações é engendrada por todos os sentidos da existência humana (físicos e sociais) em sua relação com o mundo; no caso da poesia, esse pensamento se traduz em obras e cada poeta atribui plasticidade e materialidade a esse pensamento, por meio de seu trabalho com a linguagem, revelando suas mitologias pessoais ao voltar-se para algum ponto do passado. O poeta é, assim, tomado de certa melancolia diante da inevitabilidade de traduzir o pensamento a que a linguagem poética o obriga, como se estivesse sempre a baixar sobre ele *certa luz crepuscular* e lhe faltasse a totalidade da linguagem – é o que o *nex* do último verso de *AMMR* pode sugerir.

Para estudar aspectos da obra de um poeta, por conseguinte, há que se identificar os matizes de seu pensamento, suas obsessões e suas buscas: "[...] cada poeta tem sua mitologia particular, sua própria faixa espectroscópica ou formação de símbolos peculiar, [por isso], os gêneros derivam do mito da busca" (Frye, p.17). O caso de Haroldo de Campos é muito peculiar, pois sua maior obsessão é encontrar, por meio de sua palavra, mecanismos para redescobrir e reinventar a poeticidade ao longo da história. O poema é a busca. Escreve o poeta em "O portet", publicado em *Crisantempo*:

> preciso
> é ter paciência
> decantar os vinhos
> reler um verso velho que o citrino
> sumo dos limões
> verdecendo acidula
>
> preciso
> é ter ciência
> depurar do limo
> a água que filtra na palavra luz
> o hino do menino char a voz
> a vólucre voz
> o timbre sibilino
> do melro de ouro que calusura a aurora

preciso
é ter ausência
sutileza
tactos
amor (o ato entreatos)
dor prestimor querência
para fazer deste papel
poema
desta que mana do estilete azul
escura tinta esferográfica

preciso é ter
demência
obsessão
incerteza
certeza

escuridão gozoza
graça plena
fogo liquefeito
para fazer da tinta e da madeira
apisoada em polpa
que na cortiça antes portava
como brasão teu nome:
a coisa
o corpo
a coisa
em si
a dupla valva
o lacre sob as pubescentes sílabas
o preciso desenho
que como ao deus de adão de uma costela
dá-me fazer deste papel poema e da insinuada
tinta faz
mulher (Campos, H., 1988, p.17)

48 DIANA JUNKES BUENO MARTHA-TONETO

Para fazer um poema, de acordo com o que nos apresenta o texto de Haroldo de Campos acima, é necessário, portanto, paciência, ciência, sacralidade e pulsão erótica; é urgente abrir-se à experiência extraordinária a que a escritura do poema dá acesso – por isso, fazer poesia, no caso de Haroldo de Campos, implica a obsessão: obsessão para criar e obsessão para buscar a forma perfeita nas formas cristalizadas, fundi-las à sua escritura; obsessão para buscar essas formas nas profundezas, como se fosse possível encontrar um ponto abaixo do zero, acima do zênite. A obsessão haroldiana é de tal modo marcante que acaba por definir seu próprio estilo. Sobre a importância do estilo de um autor, diz Augusto Meyer (2007, p.14):

> [...] o estilo é mais que o homem – a tentativa de superação do homem na expressão do eu idealizado, já em sentido abstrato [...] o Autor transcende o Homem [...] com toda a vantagem de poder transformar-se em essência transmissível por meio da leitura e renascer indefinidamente ao calor da compreensão; só ao nosso lamentável vício psicológico, pois, devemos a tendência para cultivar a biografia do homem, em detrimento da biografia do autor, que é a história da sua obra em sua projeção no tempo.

O comentário de Meyer é importantíssimo, porque pontua a diferença entre a biografia do autor, projeção de sua obra, e a do homem. Neste trabalho, o Haroldo de Campos invocado é sempre o autor,[5] dono de um estilo marcante, engendrado por suas obsessões e mitologias pessoais. É comum haver uma confusão quando se discute a obra de Haroldo de Campos e seu estilo, porque sua personalidade intensa e polêmica e a paixão pela poesia contagiam aqueles partidários de sua visão e aqueles contrários a ela.

Sua personalidade polêmica faz com que alguns críticos, no lugar de entender o autor e a riqueza de sua obra, cujo estilo é mar-

---

5 Para uma biografia de Haroldo de Campos, cf. Nóbrega, 2005.

AS RAZÕES DA MÁQUINA ANTROPOFÁGICA   49

cante, passem a analisar a obra como reflexo do homem, relegando *ao autor* Haroldo de Campos um papel secundário; ou se amplia o alcance de suas produções pelo encanto que sua erudição provoca. Talvez seja por isso que a experiência concretista seja tão discutida – ela guarda maiores afinidades com a personalidade inflamada de Haroldo de Campos; entretanto, é preciso compreender as invariantes da obra haroldiana como características de seu estilo, sem confundi-las com Haroldo de Campos. É, inclusive, por isso que não se pode separar o Haroldo poeta do crítico e do tradutor – como autor, todas essas instâncias presentificam-se em sua obra. Mas o que será o estilo?

> Pensamos no estilo como o modo próprio de dizer da enunciação, depreensível de uma totalidade enunciada. Essa perspectiva faz com que as relações de sentido convirjam recorrentemente para um centro que, longe de mostrar um sujeito empírico, cria o próprio sujeito. Por isso afirmamos que o ato singular do dizer emerge do dito, também em se tratando de totalidade. O centro, o referencial interno, remete, porém, à exterioridade do próprio estilo, pois só por oposição ao externo, o interno significa. O que é, por sinal, a exterioridade do estilo, senão o *outro*, pelo qual se constitui o *um*? Esse *outro*, além do *tu* instituído intersubjetivamente, o que é, senão a própria situação de comunicação? (Discini, 2003, p.17-8)

Como *outro*, o leitor de Haroldo de Campos vê-se diante de um estilo cujo centro referencial interno sofre um apagamento de fronteiras, isto é, o centro não é um ponto, mas um plano por onde passam vetores advindos das mais diferentes dicções: bíblicas, orientais, greco-romanas, provençais, barrocas, modernas e vanguardistas, científicas, filosóficas, enfim, o centro é impreciso. Em *AMMR*, o sentido do texto parece escapar, pela multiplicidade dos diálogos; igualmente, e pela mesma razão, o estilo volatiliza: nunca haverá um só aporte definidor do estilo haroldiano; entretanto, mesmo volátil, o estilo deixa como resíduo, ou ainda, fixa, como

50 DIANA JUNKES BUENO MARTHA-TONETO

"ruído de fundo", as vozes do épico, em especial da *Odisseia*, e do barroco. Trajano Vieira (2006, p.6, grifos meus) assim nos fala sobre o poeta:

> Os leitores das *Galáxias*, de *Finismundo* e de vários outros poemas seus [de Haroldo] sabem o quanto a figura de Ulisses o fascinava, talvez por encarnar o viajor inquieto de horizontes inéditos e imprevisíveis[...] coloco-me entre os leitores que entreveem em suas inúmeras peripécias intelectuais, no complexo mosaico de sua trajetória, o significado maior do texto homérico. *Num certo sentido, Haroldo é o personagem central de sua produção, o Ulisses de uma Odisseia transcultural vastíssima*, com múltiplas entradas e incontáveis saídas [...].

Vieira toca em um ponto crucial – "Haroldo é o personagem central de sua produção". A afirmação traz implicações fundamentais para a análise da obra haroldiana. A fronteira entre o autor e o eu-poético, instituído nos textos, é vaga, imprecisa, praticamente indizível, de sorte que o crítico talvez não incorresse em erro se chamasse sempre o eu-poético de Haroldo. Esse aspecto parece corroborar o que disse Sarduy sobre a parábola no texto de Haroldo de Campos: se a escritura é a parábola pessoal do autor, o *eu* instaurado no texto poderia ser muito bem o próprio autor, equivaler-se-iam. Daí, mais uma vez, a confusão entre ambos ser recorrente.

Tomando emprestado o raciocínio de Meyer, podemos dizer que, se o autor transcende o homem, o eu-poético transcende o autor, não porque a identidade não seja possível, pelo contrário, é absolutamente pertinente; o que se vê narrado nos versos de *AMMR* coincide com a trajetória do poeta, principalmente pelo resgate que ele faz de seus próprios textos. Mesmo assim, o eu-poético parece mais denso, porque reúne fragmentos de outros *eus*, criados por outros autores e/ou pensadores do mundo. Preferiu-se, portanto, pensar que o eu-poético espelha o Haroldo-Ulisses, mas é maior do que ele: é o poeta-Ulisses, convergência de tantos outros poetas, que *extrapola* os limites de Haroldo de Campos. Se assim

AS RAZÕES DA MÁQUINA ANTROPOFÁGICA   51

não fosse, deveríamos dizer que todos os *eus* criados por Haroldo são equivalentes a ele; mesmo que tênues, há distinção entre cada eu-poético revelado em seus poemas, cada um parece equivaler ao autor, ao mesmo tempo que é maior do que ele, porque dissolve-se nos recolhos dos textos náufragos, ou heroicos sobreviventes – o cânone –, a partir dos quais o poeta Haroldo de Campos faz seu *paideuma*: *make* it *new*.

A precisão da imagem poderia conduzir ao abismo, como aconteceu com Narciso; porém, na leitura que será apresentada a seguir, a precisão da imagem serve como bússola, astrolábio, Cruzeiro do Sul – é a referência que não permite que o leitor se afaste da *estreita via*, pois que, ao acompanhar o eu-poético, cujo rosto reflete o de Haroldo, acompanha a obra haroldiana, a sincronia, e segue os precursores de Haroldo, os outros *eus*, não como eles são, de fato, apenas a partir das idiossincrasias que Haroldo de Campos neles cravou.

Em *AMMR*, o poeta-Ulisses manifesta-se plenamente, narra sua viagem, sua busca, tecendo os fios da novidade junto aos novelos da tradição que em profusão faíscam pelo poema e refletem a orientação poético-sincrônica de Haroldo de Campos. Dado o caráter épico do texto, a viagem é sempre um convite à refacção do percurso do eu-poético, espelho de Haroldo, arrolado pelo texto; portanto, um convite à imortalidade, não necessariamente nos moldes dantescos. Em caráter homérico, o poema permanece como espaço privilegiado da narrativa épica que, entre outras coisas, encena os cinquenta anos de "atividade poetária" de seu autor, transculturalmente, antropofagicamente. Não leva ao Paraíso, mas sustenta-se num eterno regresso a Ítaca.

Quando resgata os autores da tradição literária, quando reconfigura as *personae* de grandes nomes da História Sagrada, da ciência, da filosofia, Haroldo de Campos devolve-lhes à luz. Mais do que deixar seus companheiros de viagem a salvo, ao resgatá-los do passado, como procuraria fazer Ulisses, Haroldo de Campos mostra-se um Orfeu bem-sucedido, pois que os traz, de novo, à vida. Sobre isso, comenta Donaldo Schüler (1997, p.23, 32):

A epopeia seduz Haroldo de Campos como tradutor e como criador [...] A sedução que a epopeia exerce sobre Haroldo de Campos não para em *Signância quase céu*. É o que se vê no Odisseu reinventado de *Finismundo a última viagem*. [...] Haroldo tira os poetas do esquecimento. Sem o trabalho dele, alguns deles ainda viveriam na sombra. Não contente com a busca de informações entre os mortos à maneira de Ulisses, Haroldo mostra a eleitos o caminho da luz, devolvendo-os, mais exitoso que Orfeu, ao congresso dos vivos.

Haroldo-Ulisses, para não perder companheiros pelo caminho, terá que os reinventar, mostrando-lhes "o caminho da luz", e ao mostrar-lhes o caminho da luz, atualizando-os, terá que criá-los; terá que criar seus precursores: esta, a sua missão, sua epopeia, o imperativo categórico de seu olhar e de seu fazer poético. Em *AMMR*, o eu-poético reproduz esse comportamento, caminha entoando seu canto e não olha para trás – conta o passado, vê o que os poetas e heróis viram, mas não volta a cabeça para saber se estes o acompanham. Esse procedimento de Haroldo, reproduzido na viagem do eu-poético em busca da explicação para a gesta universal, recupera a ida de Odisseu ao Hades – como um rito de passagem, o poeta vai ao mundo dos mortos, ao porão, porque lá encontrará as revelações de que precisa: o aleph, o passado e as profecias. Desse modo, a cada texto, Haroldo de Campos ritualiza sua viagem e se converte, novamente, no *cosmonauta do significante* (Barbosa, 1979, p.11).

Como espelho de Haroldo de Campos, o eu-poético segue *sempre* em frente, em busca do novo e da novidade; carrega, com seu canto, seu *ur-canto*, como se verá, aqueles que o seguem, não por opção pessoal de cada um, mas porque foram convocados para compor o *paideuma haroldiano*. Amiúde, o eu-poético se confundirá com seu autor e a essa ambiguidade pode-se atribuir o caráter paradoxal do poema, com o qual se defronta o leitor: paradoxo no sentido de experiência extraordinária, *paradóxa*, que é marcada, na epopeia, pelo desejo de aventura (Brandão, 2005, p.34). Em outras palavras: o desejo de aventura pelo mundo da palavra e pela materialidade do signo poético, que sempre marcou a obra haroldiana, reflete-se no eu-poético de *AMMR*. A mitologia haroldiana, contudo, não se resume apenas ao aspecto épico, embora este seja orientador que direciona a percepção da realidade por parte de Haroldo de Campos, mas funda-se também na modernidade mallarmeana, na busca do *livro* como síntese, como fim, e a essa modernidade poderíamos chamar de *antiepopeia*, entendendo *anti* como estar em face de, em posição de diálogo (Schüler apud Brandão, 1992, p.43); ou seja, a modernidade em Haroldo não se opõe à epopeia, porém conversa com ela, absorve o que ela tem de mais poético e palpável.

> Moderna é a busca do infinito, moderno é o mar que sepulta Odisseu sem outra lembrança que o sulco rasgado nas ondas pela quilha [...] A exemplo de *um lance de dados* mallarmaico, o poema de Haroldo traz as marcas do naufrágio. *Finismundo* reúne fragmentos de cantos estilhaçados. O nada devora os elos construídos outrora pelos rigorosos hexâmetros homéricos. O vazio [mallarmaico] que mina os alicerces do poema não lembra só o efeito devastador do niilismo contemporâneo, reflete também o naufrágio de nossas ilusões de grandeza. Conscientes de faltas e falhas cabe-nos construir o que ainda não existe. A decisão nos faz poetas. (Schüler, 1997, p.33-37)

Assim, a decisão fez Haroldo poeta, munido de suas mitologias (clássicas) e de suas obsessões (modernas). Não apenas em *Finismundo*, mas também em *AMMR* é preciso construir o que ainda não existe. Sua busca não poderia ser outra que não fosse barroca o suficiente para colocá-lo, sempre, diante da cisão de mundos, de jogos de luz e opacidade, de metáforas tensas e corpóreas, ora tendendo às hipérboles, ora aos hipérbatos, ora a ambos. Nos textos de Haroldo de Campos, o cultismo e conceptismo fazem-se presentes como produto do trabalho de um *artífice que artificializa* a linguagem; como um ourives, dá vida a formas mortas, mantém vivas matérias-primas brilhantes, sem perder de vista que o "diamante industrial" é que mostra o labor do poeta.

Em um dos primeiros textos poéticos sobre o Movimento da Poesia Concreta, Augusto de Campos (apud Campos, H., 2002, p.34) afirma acerca das características da poesia do irmão:

> Haroldo de Campos é por assim dizer um "concreto" barroco, o que o leva a trabalhar preferentemente com imagens e metáforas, que dispõe em verdadeiros blocos sonoros. Nos fragmentos de "Ciropédia ou a Educação do Príncipe" (1952) merece menção o uso especial das palavras compostas, procurando converter a ideia em ideogramas verbais de som.

Como ressalta o trecho de Augusto de Campos, a leitura de Haroldo exige, normalmente, a apreensão de um jogo sonoro, metafórico e barroco, que procura capturar nas palavras compostas e na ideia ideogramática a essência do poeta. Esse é o caso de *AMMR*, assim como era o caso de *Galáxias*, que recupera o barroquismo da poesia haroldiana anterior à sua publicação.

Se o épico é característica bastante peculiar de Haroldo de Campos, o mesmo não se pode dizer do barroco. O barroco é uma marca da literatura na América Latina e consiste numa tentativa de conciliar mundos, experiências culturais, de produzir uma arte da contraconquista, que valore a mestiçagem e a devoração cultural crítica. Como diz Chiampi (1998, p.3):

> A reapropriação do barroco nos últimos 20 anos deste século, por um setor significativo da literatura latino-americana, tem o valor de uma experiência poética que inscreve o passado na dinâmica do presente para que uma cultura avalie suas próprias contradições na produção da modernidade.

Haroldo de Campos, em *O sequestro do barroco na literatura brasileira*, aborda esta questão de modo instigante, mostrando que ignorar o barroco em nossa literatura é tirar-nos o rastro de origem, pois nascemos barrocos, ocos de origem e de passado, formados, sanguineamente, por diversas experiências culturais. Os textos marcados de barroquismo revelam essa aglutinação. Em *AMMR*, o que vemos é o fusionismo barroco, seu dualismo e relativismo operando numa tentativa de conciliar, pelo menos, duas "verdades" distintas: a científica e a religiosa.

Tanto a épica quanto o barroquismo haroldiano, permeados que são pela modernidade, serão apresentados ao longo da leitura do poema. É possível que ambos merecessem um destaque maior neste momento, porém, estender-se neles significaria adiar, ainda mais, a leitura do poema, por meio da qual tanto um quanto outro aspecto serão recuperados com frequência. A despeito de ambos, muitas outras marcas definem o estilo, as mitologias e disparam as obsessões do poeta Haroldo de Campos, delineando sua obra constelar. E porque é constelar e galáctica, não é possível aprofundar-se nela sem causar acentuados desvios de rota. Por isso, a partir de agora será o percurso do poeta de *AMMR* que norteará este trabalho – para evitar que a sua jornada se dissolva.

2
O CICLO PTOLOMAICO

Algumas palavras sobre o Canto I

O presente capítulo refere-se ao Canto I do poema *AMMR*. Neste Canto, o poeta estabelece diálogos com a tradição literária, sobretudo com Dante, Camões e Drummond. Também ecoam, pelo texto, Homero, Guimarães Rosa, Jorge Luis Borges, dentre outros. Os diálogos não são lineares, surgem simultaneamente no texto; quer dizer, um mesmo significante ou uma mesma metáfora podem remeter tanto a Dante quanto a Drummond, por exemplo. A linearidade da linguagem, porém, impede que se trate de todos ao mesmo tempo.

Assim sendo, a leitura analítica do Canto I é apresentada por etapas: em primeiro lugar, os diálogos com Dante; depois, com Camões e Homero; em seguida, vêm Rosa e Drummond; os outros autores do cânone surgem pontualmente e são comentados conforme aparecem no texto. Essa advertência em relação à leitura é importante, pois o leitor deste trabalho certamente verá, logo nos primeiros versos, as marcas da tradição literária brasileira: adiar os comentários sobre ela tem a função de mostrar o caráter palimpséstico do texto haroldiano, ressaltando que as diferentes obras do cânone vão se sobrepondo ao texto, primeiro em camadas, depois

58 DIANA JUNKES BUENO MARTHA-TONETO

amalgamando-se, para se tornarem um elemento só – a linguagem poética haroldiana.

A cada momento é preciso retomar o caminho para apontar paisagens que "aparentemente" não foram percebidas. Além disso, ao se mencionar a tradição literária brasileira apenas ao final do capítulo, indicando que, desde os primeiros versos, ela esteve presente, sinaliza-se que a referência do eu-poético é a *sua tradição*, como disse Sarduy, a parábola haroldiana retrata um espaço vasto e barroco como o mapa de nosso país (Sarduy, 1979, p.125).

Mais do que na leitura dos outros cantos, apresentada nos capítulos seguintes, procurou-se sublinhar, neste capítulo, a grande importância da organização significante, inclusive porque, ao que parece, no Canto I o poeta começa sua jornada mergulhado na poeticidade que recupera da história literária. Nos demais cantos, a ela somam-se os jogos intelectuais e temas da física, que obliteram, parcialmente, a exacerbação significante, porque desafiam a erudição do leitor.

O Canto I é a dura passagem pelo *Inferno*. Os diálogos são difíceis, as hipérboles transbordam densas e viscosas, violentas, como se para o eu-poético viajor fosse necessário reviver o enfrentamento das feras dantescas, do mar tenebroso de Vasco da Gama, do sertão de veredas como lugar de encontro consigo mesmo e acabasse, por fim, contagiado pela acídia drummondiana. O *movimento de leitura* do Canto I reflete, possivelmente, o desassossego que acompanha o eu-poético, ansioso para encontrar *o seu* caminho.

Quisera como dante, quisera como o gama, quisera como o itabirano são os desejos manifestados por ele; à medida que caminha, percebe que sua travessia se constrói com as pedras e o sal do mar que Dante, Camões, Drummond e os outros deixaram remanescer. Como Dante buscou Virgílio, há, no Canto I, uma tentativa de encontrar guias de viagem. No caso de *AMMR*, encontrá-los significa refazer os percursos poéticos desses mentores, não como estes os fizeram, apenas como um eu-poético haroldiano poderia fazer: fundindo-os à sua linguagem labiríntica.

A máquina do poema é cosmogônica e regida por um Movedor Imóvel: o poeta

O poema *AMMR* é um poema cosmogônico,[1] ou seja, entrevê-se, ao longo da estrutura textual, uma preocupação em explicar a origem do universo. No Canto I, prevalecem as explicações relacionadas à religiosidade, por meio da retomada sincrônica de *A divina comédia* e de *Os Lusíadas*, principalmente, uma vez que a outra forte presença, que é a drummondiana, retoma ambas. A visão dantesca e a camoniana apoiam-se em uma concepção de mundo ptolomaica, que advém, por sua vez, das ideias aristotélicas, amplamente usadas pela Igreja. Antes de Aristóteles e Ptolomeu, porém, Platão (428-347 a.C.) foi o primeiro a propor um mundo regido por um demiurgo.

Platão preocupava-se em descrever, racionalmente, a complexidade dos fenômenos planetários por meio de movimentos circulares simples; o círculo é uma figura geométrica perfeita e os movimentos circulares só poderiam, portanto, ser obra de uma inteligência divina perfeita. O deus platoniano era bem distinto dos deuses antropomórficos dos gregos antigos e sua ação organizaria o mundo, de modo que o universo refletisse essa mente divina (Gleiser, 2006, p.65). Outro aspecto interessante na obra platoniana diz respeito às considerações feitas sobre o Hades, onde as almas se defrontam, segundo Platão e outros pensadores gregos, com o juízo final. Esse aspecto encontra-se no *Timeu* e no Livro X de *A República*.

A descrição da "máquina do mundo" feita por Platão fala de um grande fuso, oito rocas ocas, sobrepostas, seguras por uma Sereia, que entoa um canto de uma só nota. Trata também das três filhas da Necessidade, que cantam o passado, o presente e o futuro, e do ritual pelo qual as almas passam, sendo julgadas de acordo com suas ações. Algumas têm o direito de escolher o que querem ser na outra

---

1 Entende-se aqui cosmogonia como "estudo da origem do Universo"; e cosmologia como "estudo da evolução das propriedades físicas do Universo" (cf. Gleiser, 2006, p.386).

60 DIANA JUNKES BUENO MARTHA-TONETO

vida (pois Platão acreditava nisso). Podem escolher ser qualquer coisa, animal, ser humano, enfim, o que desejarem, segundo seus méritos. Depois de feita a escolha, passam pelas rocas do passado, presente e futuro, para tornarem irrevogável o destino escolhido. Em seguida, atravessam a planície do Letes, bebem a água do rio e perdem a memória. Duas coisas são importantes nessa descrição: em primeiro lugar, as ações dos homens são julgadas e o comportamento correto é bem sancionado; em segundo lugar, a alma é imortal (Platão, 1999, p.345-52).

Depois de Platão, outros filósofos e astrônomos estudaram o sistema planetário, mas foram as ideias aristotélicas que ganharam o maior reconhecimento e aceitação. Segundo Gleiser (2006, p.65), as concepções de mundo de Aristóteles (384-322 a.c.) mantiveram-se por um longo período (do século IV a.c. ao século XVII d.C.), devido a sua abrangência, lógica e simplicidade e, fundamentalmente, pela apropriação de suas ideias pela Igreja Católica, a partir do século XIII. Para Aristóteles, o mundo era regido por um Movedor Imóvel, responsável por comandar os movimentos dos corpos celestes do exterior, ou seja, do ponto mais distante em relação à Terra, a qual permanecia imóvel no centro.

Depois de Aristóteles, Hiparco (190-126 a.c.) aprimorou um modelo de epiciclos,[2] que já havia sido estudado antes do surgimento das ideias aristotélicas, e, por fim, Ptolomeu (85-165 d.C.), com base nas contribuições de seus antecessores para o pensamento astronômico, desenvolveu uma proposta em que complexa maquinaria, rodas e mais rodas, regidas pelo Movedor Imóvel, colocariam o universo em movimento ao redor da Terra, que estaria no centro. Para Ptolomeu, estudar os céus era uma forma de transcendência, pois o céu, segundo a visão ptolomaica, espelhava a inteligência divina (Gleiser, 2006, p.80). Como se sabe, a visão de mundo de

---

2 "O melhor modo para visualizarmos um epiciclo é por intermédio de uma analogia com uma roda gigante [...] ao invés de balançarem suavemente, as cadeiras podem girar completamente, de modo que a cabeça do passageiro descreva um círculo completo [...]. Com a roda principal e a cadeira girando, a cabeça do passageiro descreverá uma curva espiral" (Gleiser, 2006, p.77).

Ptolomeu dominou o pensamento da humanidade por um longo período, notadamente do século II d.c., quando foi proposta, até o final do século XVI, introduzidas apenas algumas modificações pelos árabes e desconsiderando-se um espaço de tempo em que ficou mais ou menos "adormecida" (Gleiser, 2006, p.72).

No poema dantesco, são essas as ideias prevalecentes, acrescentando-se apenas que o universo aristotélico dividia-se em duas partes, uma, sublunar, composta por ar, fogo e água; e outra, celestial, composta por éter, em relação ao qual o movimento mais natural é o circular. Tal divisão de mundos, certamente, foi bastante útil para a Igreja na Idade Média, pois servia de parâmetro para o claro estabelecimento do lugar de Deus e dos homens. É importante pensar, em termos da Comédia[3] de Dante, como exatamente se distribuíam os elementos por esse universo, já que essa distribuição irá delinear a viagem do poeta italiano pelo Inferno, Purgatório e Paraíso.

A cosmologia dos tempos de Dante, tirando proveito das ideias de Aristóteles e Ptolomeu, descrevia o globo terrestre como uma esfera imóvel no espaço, constituída de uma parte sólida (setentrional) e outra marinha (austral), em cujo centro estaria a montanha do Purgatório. O Inferno ficaria abaixo da crosta. O hemisfério superior ia do rio Ganges, na Índia, ao rio Ebra, na Espanha – o que correspondia ao arco solar dos equinócios, da aurora e do ocaso. Ao centro, na posição do Sol ao meio-dia, estava a cidade de Jerusalém, à qual correspondia, no hemisfério inferior, a montanha do Purgatório. Em volta da Terra circulavam as estrelas móveis (a Lua e os planetas) e, acima delas, o céu de estrelas fixas, o éter e Deus.

A viagem dantesca[4] está, portanto, assentada sobre as bases do pensamento aristotélico, como mostra Mauro (in Alighieri, 1998, p.18), mas também se refere à visão platoniana, porque, em seu texto, Dante dialoga com Virgílio e este retoma o modelo de Platão. Tal sobreposição de visões de mundo, por si só, já indica a complexa rede

---

3 O termo "divina" não foi atribuído à Comédia por Dante, mas por Bocaccio.
4 Dante Alighieri viveu entre 1265 e 1321 d.C. A divina comédia foi escrita, provavelmente, entre 1307 e 1321 d.C.

62 DIANA JUNKES BUENO MARTHA-TONETO

de relações sobre a qual o texto haroldiano se apoia: não são apenas os poetas do cânone que surgem, apresentados pelo eu-poético, mas os poetas que os poetas do cânone leram – precursores dos precursores. O Canto I do poema de Haroldo de Campos é chamado de Ciclo Ptolomaico. No primeiro verso do poema, é estabelecido o diálogo com Dante, "quisera como dante em via estreita" (*AMMR*, p.13, 1.1), e, a partir daí, num jogo paronomástico, permeado de palavras compostas, como ideogramas, o poeta laboriosamente articula a linguagem. *AMMR*, ou a máquina que repensa o mundo, para usar expressão de Pires (2006), põe-se a funcionar, invocando a tradição do "sacro magno poeta" (*AMMR*, p.15, 5.3).

O sacro magno poeta e as estrofes iniciais de A máquina do mundo repensada

AMMR é um poema dividido em três cantos, composto de 152 estrofes mais uma coda de um verso único. As estrofes são uniformes e isométricas, e, praticamente, isorrítmicas, já que os ictos apresentam pouca variação, recaindo, na maioria das vezes, na 6ª e na 10ª sílabas, com algumas variações de versos em que os ictos recaem na 2ª ou na 4ª sílabas. São ao todo 457 versos decassílabos: 40 estrofes no Canto I; 39 no Canto II e 73 no Canto III. As rimas finais são preponderantemente perfeitas, embora as toantes também ocorram, em especial, nos Cantos II e III.

Todo o poema é composto em *terza rima*, exatamente a mesma estrutura utilizada por Dante em *A divina comédia*: aba/bcb/... nxn/n, e assim sucessivamente, o que remete ao mistério da Trindade, ou à escalada ascensional de Dante rumo ao Paradiso, passando por *Inferno-Purgatório-Paraíso* (Oliveira, 2004, p.46). Como bem pontua Pécora (2005, p.103), em seu ensaio "Big Bang: sublime e ruína":

> esses versos têm como principal virtude o transporte contínuo da rima – que cria, sucessivamente, expectativas para o seu remate na

AS RAZÕES DA MÁQUINA ANTROPOFÁGICA   63

estrofe seguinte – e, ainda, a forte pontuação lógica de cada uma delas [...]; terza rima é uma forma eminentemente técnica que só funciona com craques; e Haroldo de Campos, evidentemente, é um deles.

Além disso, a *terza rima* atua como suporte da informação estética e cumpre função de lastro; o poeta caminha por um labirinto e o suporte contínuo da rima parece assegurar que ele não se perca, atuando, de fato, como um fio de Ariadne. Não se deve, entretanto, criar a ilusão de que a forma fixa serve aqui como "lirismo comedido"; é antes um mote para deixar vir à tona, hiperbólica e barrocamente, "o lirismo desvairado", "difícil alvorada".[5]

Mais fortemente ainda do que em "Lamento sobre o Lago Nemi", a ordem decassilábica e a estrutura isostrófica do poema são, segundo o próprio Haroldo de Campos, perturbadas pelo hipérbato, que corrompe a fluência normal dos versos, ao enfatizar alguns aspectos que depois são trabalhados fonicamente: "sintaxe de abismo que margeia o indecidível" (Campos, H., 2002, p.64). O hipérbato pode ser observado em suas diferentes manifestações, tais como o uso de sinais parentéticos que intercalam expressões, anacolutos, sínquise, inversão violenta também utilizada por Camões em *Os Lusíadas*. Por fim, deve-se destacar que são frequentes as elipses e as bruscas interrupções dos versos.

O trabalho fônico, nos versos polirrimos, desenha uma multiplicidade de rimas que parecem combinar-se de forma diferente, porém com a sutileza das combinações de um caleidoscópio: o novo a partir do já existente, rotacionando signos palpáveis pelo corpo do poema-máquina. Os olhos e os ouvidos do leitor precisam estar atentos, pois a apreensão do poema não dependerá unicamente da disposição das palavras nos versos e jogos conceptistas, ancorados na *terza rima*, mas também na profusão cultista das "imagens sonoras": aliterações, assonâncias, rimas em eco, leoninas, amiúde, opulentas, que delineiam mosaicos sonoros.

---

5 Cf. Holanda, S. B., 1996.

64 DIANA JUNKES BUENO MARTHA-TONETO

"Quisera como Dante": estas são as palavras iniciais do poema de Haroldo de Campos. Dante é, sem dúvida, um marco para a jornada de um poeta que valoriza o passado como uma das formas de escolha do presente, pelo que o poeta italiano representa em termos de referência e aporte na história literária. Ao retomá-lo, o eu-poético de Haroldo de Campos sinaliza ao leitor o que há pela frente: já que o caminhar do poeta, no poema dantesco, é a questão central, ao invocar Dante, *a travessia* também se transforma na pedra angular do poema haroldiano.

Para Dante, "homem-síntese" do pensamento medieval (Franco Jr., 2000), o homem tem um lugar restrito em universo criado por Deus, essência do bem, da verdade, da justiça. A *Comédia* pode, por isso, ser vista como um livro que se propõe a salvar a humanidade, à medida que mostra a árdua caminhada até o *Paraíso*, lugar a que todo cristão aspira chegar e a deslumbrante experiência que tal chegada propicia. O sentido primeiro da palavra comédia é derivado do grego, *komós*, e significa comunidade – assim, ao escrever *komós*, Dante pretende dirigir-se aos homens para lhes indicar que a salvação só se processa pela graça divina.[6] A beleza da *Comédia* é mostrar que, ao contrário de julgar os homens, o poeta, guiado por Virgílio, compadece-se deles e, *simpático* à sua dor, entende que, talvez, pudesse incorrer nos mesmos erros – o eu-poético dantesco é humano, demasiado humano (Distante in Alighieri, 1998, p.13).

A caminhada do eu-poético, que está no limiar do século XXI em *AMMR*, não se restringe ao resgate da concepção de mundo dantesca, mas à reatualização, em termos sincrônicos, de sua visão de mundo, considerando-a no espaço palimpsesto de seu texto, como possível chave para sua própria procura: o *nexo*, o *nex*.

Muitas são as convergências da obra haroldiana em direção à obra de Dante. Em *Signantia quasi coelum, signância quase céu*, de

---

6 "[o] título deve-se ao fato de a comédia, explica o próprio Dante numa carta a um de seus mecenas, ser um gênero em que a estória começa dura, áspera, e termina bem, ao contrário da tragédia" (Franco Jr., 2000, p.64).

AS RAZÕES DA MÁQUINA ANTROPOFÁGICA 65

1979, o poeta traz a pirâmide dantesca para o seu texto, dialogando com ela e, ao mesmo tempo, subvertendo-a, invertendo-a, como mostra João Alexandre Barbosa no prefácio do livro; mas a forma usada na composição do poema não é fixa. Em *AMMR*, o diálogo é estabelecido também no que concerne à forma, a *terzina*. Além disso, assim como Dante evoca Virgílio, o eu-poético evoca toda uma tradição literária para acompanhá-lo nessa jornada, em que procura estabelecer os limites, ou ainda, os parâmetros de uma viagem. Ao voltar aos textos da tradição em seu poema, Haroldo de Campos reencontra e recria uma imagem poética do mundo, ancorada na história do pensamento humano, que o pensamento poético recria e transfigura. Ao começar por Dante, Haroldo começa como Dante. Diz-nos João Alexandre Barbosa (1979, p.12):

> A esperteza de Dante é ter feito Virgílio o seu guia: o florentino já começa sob a égide da linguagem de uma tradição cujos destroços ele agora consolida [...]. A Comédia é Divina porque foi possível fazer do discurso poético um limite extremo, entre doutrina e crônica, para onde é levado o leitor sem perda de sua consciência crítica. [...] Dante não somente narra a sua viagem mas transforma-a num espaço em que, lendo a tradição greco-latina, produz uma reflexão sobre o seu modo de deslocamento/transposição: a sua linguagem. Viagem e linguagem, portanto, não são mais do que instâncias de uma única operação extrema, aquela que se estende entre Inferno e Paraíso.

AMMR impõe ao leitor a consciência crítica mencionada, já que acompanhamos o poeta em sua viagem-leitura da tradição-travessia, e, portanto, somos também leitores dessa tradição, de sua linguagem; não apenas daquela presente no poema haroldiano, mas daquela pregnante e desveladora de múltiplos significados, acumulados ao longo do tempo, de modo que a História aparece, no texto haroldiano, não apenas como referência e baliza, mas como aparato do próprio tempo da linguagem poética, inesgotável palimpsesto.

O poema de Dante[7] é rico nos jogos sonoros. As traduções de Augusto de Campos, Haroldo de Campos e Ítalo Eugênio Mauro procuram contemplar esse aspecto. Em *AMMR*, tais jogos sonoros especulares estão presentes, em dança paronomástica. Desde as estrofes iniciais, a preocupação em articular os significantes e o significado faz-se presente. Assim inicia o poema de Haroldo de Campos:

1) quisera como dante em via estreita
   extraviar-me no meio da floresta
   entre a gaia pantera e a loba à espreita

O primeiro verso revela, logo de início, o desejo do eu-poético de trilhar um caminho como Dante trilhou, ainda que este caminho seja inóspito, pois é sabido que a viagem dantesca tem um início ruim, mas um final deslumbrante. Entretanto, ao que tudo indica, não é exatamente o que ocorrerá: *quisera* – este é o orientador de leitura que mostra que a jornada do poeta em *AMMR* será diferente, afinal, não se trata do caminho dantesco, mas da travessia do eu-poético haroldiano.

A sonoridade do poema explode em opulências, fazendo ecoar os passos do poeta, ouvidos (*estreita*, *extraviar*-me, *floresta*, *espreita*) em festa sibilante. As rimas internas e as finais garantem esse jogo paronomástico que inclui, também, as rimas toantes em *quisera/floresta* e *floresta/pantera*; o parentesco sonoro entre *DANTE* e *pANTEra*. Impossível não pensar no efeito visual da *Loba* dentro de *fLOresta*, o mesmo valeria para *pantERA* e *floREstA*, porém com inversões.

É preciso ressaltar a heterofonia entre *estreita* e *floresta*, que são toantes, mas com uma diferença quanto à pronúncia aberta ou

---

7 Haroldo de Campos dialoga, especificamente, com os seguintes fragmentos do texto de Dante: *Inferno*, original e tradução de Augusto de Campos (I, 1-60); *Purgatório*, XXIX, 106-120; XXX, 22-27; 55-81; *Paradiso*, XXXIII, original e transcriação de Haroldo de Campos. Sobre esses fragmentos da *Comédia*, cf. Campos, A., 2003, p.189-223; Campos, H., 1998, p.67-160; Alighieri, 2004.

fechada da vogal /e/. Além disso, há assonância do /a/ e do /e/; a sonoridade de *gaia*, em especial, indica abertura e fechamento e pode sugerir o próprio rugido da *pantera*. Toda a estrofe, enfim, é composta de rimas graves, masculinas e interpoladas, sob os andaimes dos decassílabos, orquestrados por *enjambement*, como a própria história da tradição, espiral-movente, proposta pelo poeta. Com pequenas variações das rimas, que poderão ser femininas e agudas em alguns momentos, os decassílabos e o *enjambement* manter-se-ão ao longo do poema. A máquina do mundo põe-se a girar, engrenada (engendrada) pela matéria significante do poema. Os sons da *terza rima* precisam ser solidários para garantir certo equilíbrio, ou ainda, o lastro.

A segunda estrofe, a seguir destacada, não difere muito da primeira no que concerne à estrutura das rimas masculinas, interpoladas e graves, e reitera alguns jogos sonoros da primeira estrofe:

> 2) (antes onça pintada aquela e esta
> de lupinas pupilas amarelas)
> neste sertão – mais árduo que floresta

Observe-se a heterofonia de *antes/esta, neste/floresta*. A abertura da vogal /e/ que estava em *quisEra, pantEra, florEsta* está em *aquEla* e *amarEla*, que rimam consoantemente entre si e toantemente com *floresta* e *pantera*, por exemplo. Vale ressaltar o espelhamento de *nESTe Ser/Tão*, indicando que o sertão pode estar dentro do próprio sujeito poético, intensamente. O som sibilante continua a ser percebido, mas é invadido pela construção barroca de *lupinas pupilas amarelas*, cujo surgimento repentino é reforçado no plano significante, porque aparece como um hipérbato, entre parênteses, a perturbar a caminhada do poeta.

Todo o diálogo com Dante pressupõe um exercício de leitura de texto barroco. E o termo barroco é aqui empregado, não no sentido de pérola deformada, embora as metáforas deformadas e demais procedimentos sugiram isso, mas segundo a acepção desse termo conforme o utiliza Sarduy ([s.d.], p.30), ao indicar que a palavra barroco

68 DIANA JUNKES BUENO MARTHA-TONETO

compõe o léxico do joalheiro, sugerindo não mais o natural imperfeito, mas o artificial, o elaborado com rigor e paciência de ourives. A paciência de ourives, certamente, lapidou a imagem da loba, belíssima e repleta de significado sonoro; o /i/ em *lupinas* e *pupilas* descreve o próprio olhar arguto da loba que explode no *amaRELAs*, espetáculo toante que recupera *pantERA* e alude à f*ERA*; nesse conjunto, além da sonoridade, impera a plasticidade, visível, também, na cor *amarela* da pele da *onça*. Esta é introduzida no verso anterior, em substituição a *pantera*, com o intuito de trazer, para o *topos* brasileiro, a fera dantesca.[8] Sobre as feras, explica Alcir Pécora (2005, p.103):

> No início da primeira parte, *Inferno*, Dante postou três animais a impedi-lo de seguir pelo reto caminho (Vera vereda) e obrigando-o a meter-se na brenha escura: a pantera ([...] sensualidade e lascívia); o leão ([...] soberba); e a loba ([...] avareza e cobiça).

A apresentação das feras está profundamente ligada ao trabalho de arquitetura do poema, como aponta Mauro (in Alighieri, 1998, p.12):

> [...] a arquitetura da *Comédia* se assemelha perfeitamente a de uma catedral gótica traçada com absoluta racionalidade geométrico--matemática, como de resto ocorre sempre quando se trata de arte simbólica. Tudo na *Comédia* é subdividido e organizado com lógica consequência [...].

Como explica Franco Jr., "sua arquitetura literária é simples nas grandes linhas, complexa nos detalhes, rigorosa na composição" (2000, p.64); a tríade das feras ecoa a estrutura triádica do poema. Deve-se dizer que o texto haroldiano é análogo ao dantesco, porque

---

8 Tanto a onça quanto o sertão "lançam a suspeita" de que o eu-poético gostaria de caminhar como Dante, mas caminha como simulacro de Haroldo, levando consigo as referências brasileiras. Esse aspecto, conforme a advertência feita no início do capítulo, será retomado, mais adiante.

AS RAZÕES DA MÁQUINA ANTROPOFÁGICA   69

reproduz as características acima citadas. Ao final da segunda estrofe, o deserto presente no *Inferno* (I, 29), transcriado por Augusto de Campos, apresenta-se, no poema haroldiano, como *sertão mais árduo que floresta*. A terceira estrofe inicia-se pela continuidade à brusca interrupção do verso anterior (aposiopese) e configura também uma exacerbação do hipérbato, pelo uso da sínquese, ou seja, confusão causada na fluência sintática: o sertão é mais árduo que floresta ao trato e é sertão de veredas.

> 3) ao trato – de veredas como se elas
>   se entreverando em nós de labirinto
>   desatinassem feras sentinelas

As mais instigantes paronomásias da terceira estrofe são as vibrantes em *trato* e *entreverando* e, mais suavemente, em *veredas, labirinto* e *feras*. De início, as vibrantes sugerem mesmo o árido sertão, são as *pedras no meio do caminho do poeta*, nas quais ele, embora tropece, sôfrego, tenta prosseguir. Embora as pedras já estivessem presentes nas estrofes iniciais, a introdução do sema /sertão/ é que faz com que o leitor se atente a elas e retome o *estreita, extraviar--me* e *espreita* da primeira estrofe, percebendo, pela redundância da repetição, a aridez do caminho. Como ensina o próprio Haroldo de Campos (1998b, p.22): "realmente, a extrema redundância (repetição), fugindo à normalidade da expectativa, acaba se convertendo em fator surpresa e gerando informação original". Ou ainda, alegórica, porque:

> A alegoria serve para demonstrar (*ad demonstrandum*), pois evidencia uma ubiquidade do significado ausente, que vai se presentificando nas partes e no seu encadeamento no enunciado [...] O que aproxima a alegoria da metáfora é [...] a estrutura comum das operações com tropos no enunciado. (Hansen, 2006, p.31)

Por isso, não se pode deixar de considerar a profusão de aliterações em /p/, não só em *lupinas, pupilas*, mas em *variopinto* e *pêlo*, em /t/ em *floresta, pantera, estreita, neste, sertão, desatinassem, labirinto, sentinela, variopinto, tinto,* e em /b/, com menos intensidade, como um processo de alegorização, pela redundância e porque evidencia a ubiquidade do significado ausente. Tudo isso revela o trabalho criativo, medido, pensado de Haroldo de Campos e traz à tona um outro aspecto muito importante para a compreensão da alegoria: a presença obliterada da sinédoque, pois os ruídos aliterantes são *parte* das feras. Explica Hansen (ibidem, p.36):

> Estatisticamente, o tropo consiste no emprego de um termo estranho à significação do contexto verbal imediato [...] Isso não deveria significar hoje, que o tropo seja um 2° no lugar de um 1°, como pensaram os clássicos perspectivizando a linguagem como se ela tivesse profundidade. No texto que opera com tropos, ocorre uma correlação de campos semânticos simultâneos: não há nenhuma profundidade ou perspectiva profunda no discurso da poesia moderna [...] A alegoria põe em funcionamento duas operações simultâneas. Como nomeação particularizante de um sensível ou visível, opera por partes encadeadas num contínuo, como referência a um significado ausente opera por analogia, através da alusão ou substituição. Isso é possível desde que uma sinédoque [...] tem a extensão de seu campo nocional diminuída ou mesmo apagada.

Ou seja, mais do que metáforas, os ruídos são alegorias. A citação acima lembra, de imediato, a função poética jakobsoniana e o princípio de projeção do eixo paradigmático sobre o eixo sintagmático, fazendo com que toda metáfora e metonímia amalgamem-se no discurso poético. Em um discurso poético barroco como é o de *AMMR*, em que a artificialização e os jogos de linguagem (cultistas e conceptistas) prevalecem, esse aspecto fica ainda mais evidente, como revelam as estrofes mencionadas e a 4ª estrofe, a seguir apresentada:

4) barrando-me *hýbris-leoa* e o variopinto
    animal de gaiato pêlo e a escura
    loba – um era lascívia e a outra (tinto

AS RAZÕES DA MÁQUINA ANTROPOFÁGICA   71

Assim como acontece com a aliteração já destacada, há forte assonância que vem crescendo desde o início do poema e se intensifica na 4ª estrofe entre /os/ e /as/ como se fosse o ruído assustador das feras sentinelas. Feras sentinelas soltas pelas sibilantes de *desatinassem, feras, sentinelas, escura*. Para que o eu-poético possa extraviar-se como Dante, afastando-se da vera vereda, terá de passar pelas feras sentinelas, pelo jogo sonoro que invade o caminho que ele percorre, não só entre sibilantes e assonâncias, mas pelas laterais: *leoa, loba, pêlo, lascívia*, índices de que o caminhar será marcado por novo ritmo.

O eu-poético vai adentrando o árduo sertão, tropeçando nos significantes do meio do caminho até chegar (1º verso da 4ª estrofe) à *hýbris leoa*. No texto de Dante é o leão, simbolizando a soberba, que aparece diante do poeta; em *AMMR*, surge a leoa e entre ela e o leão parece haver uma diferença: é a pulsão erótico-criativa que a leoa evoca. A figura da leoa aparece em outros poemas de Haroldo de Campos, sempre em sentido de *hýbris*, exacerbação, e sempre relacionada à linguagem ou ao poema. É o caso, por exemplo, de "Thálassa, Thálassa", de 1951:

6.
– Tu, Deusa-Leoa
Ó morte de esporões de bronze
– Morte marítima, não essa de Sete Palmos de terra...-
Ergue o tridente de ouro, favorece
Também os alísios do Poema.

Virgem barroca, figura
Na proa dos navios
Sacode a cabeleira abissal perfumada de pólipos
Quando o Mar almirante te empolga e o tatuas no peito
Com o esqueleto de coral de todos os seus mortos.

Sustém a andança do Poema, ó Favorita,
De fúnebre nudez sitiada por eunucos
Enquanto sobre Ti os dátilos claros como digitális
Se abrem
E nada à Tua ilharga o cardume aguerrido dos delfins.

– E Tu, Árvore da Linguagem
Mãe do verbo
Cujas raízes se prendem no umbigo do Mar
Ergue tua copa incendiada de dialetos
Onde a Ave-do-Paraíso é um Íris de Aliança
E a Fênix devora os rubis de si mesma.
Recebe este idioma castiço como um ouro votivo
E as primícias do poema, novilhas não juguladas
Te sejam agradáveis!
Tu, Mãe do Verbo cercada de hespérides desnudas,
Cuja fala é sinistra qual a voz dos Oráculos,
E bífida como a língua dos Dragões.

A Deusa-Leoa surge aqui como protetora dos navios ("na proa dos navios/sacode a cabeleira"), portanto, da travessia dos poetas e, ao mesmo tempo, como copas de árvores, grande e densa, é sua juba incendiada. Essa deusa-linguagem nasce do umbigo do mar e parece cruel, sua fala é sinistra e a ela devem ser oferecidos sacrifícios. Na mitologia grega, há relatos de leoas aladas, com cabeça de mulher; são monstros cruéis e temíveis. Também a figura da esfinge está associada à leoa: um monstro meio mulher e meio leão devora aqueles que não descobrem seus enigmas.[9] Lembremo-nos aqui da aproximação entre enigma e alegoria, entendida esta, como já foi dito, tanto como ornamento, pelos jogos sonoros que reforçam a ubiquidade do significado ausente, quanto como sinédoque do pensamento que surge para desafiar o leitor (Lausberg, 1993). Essa leoa cruel e enigmática, alegórica, só pode ser vencida pela sagacidade intelectual, que a linguagem é capaz de revelar – parece que é possível associar esta fera à Deusa da Linguagem do poema acima e, também, à *hýbris-leoa* de *AMMR*.

---

9 Cf. Chevalier; Gheerbrant, 1994 as informações sobre os significados simbólicos da "leoa", verificados no verbete "esfinge". A esfinge grega é a criatura monstruosa e alada, metade mulher, metade leão, difere parcialmente da esfinge egípcia.

AS RAZÕES DA MÁQUINA ANTROPOFÁGICA   73

No poema acima, a alegoria do mar e dos navios, já discutida, surge com força hiperbólica e não devemos nos esquecer de que o mar é uma das mitologias de Haroldo de Campos. O poeta oferece "as primícias do poema,/novilhas não juguladas" para essa deusa-leoa. Essa oferenda bíblica é exatamente o que permite a Sarduy falar em *parábola* desmesurada em Haroldo de Campos. A leoa também aparece, em associação com a linguagem, no poema abaixo, que está em *Signantia*, livro de 1979:

crisântemos

> escritura solar
> na sala

in)
o bloco de cristal
ex)
vaso

> animal
> leonáceo
> o corpo da
> cor

ex/
im/
plode

> em curvos
> ganchos
> grifos
> amarelos
>
> rufos/jubas
> surda-
> muda
> grafia alumiando

Talvez seja possível associar essa imagem da leoa, recorrente na obra haroldiana, à deusa egípcia Sekhmet, que tinha cabeça de leoa e foi convocada pelo deus Rá para castigar a humanidade por sua desobediência. A deusa, muito cruel e sangrenta, acabou por exterminar várias pessoas e teve que ser embebedada pelo próprio deus Rá a fim de que parasse com a mortal batalha, ou seja, as atitudes da deusa estão sempre na desmedida (Hamilton, 2005, p.247). O poema abaixo, publicado em *Signantia quasi coelum: signancia quase céu* poderia corroborar essa sugestão:[10]

o olho de Ra

diante dele
as coisas
                o aspecto
                cintilado
                das

tira com a mão essa nuvem
catarata azul
de tão
branca

                e ele provê:
                seu pólen
                afogueia
                o não das

                coisas

---

10 Neste poema, como se verá a seguir, a menção de "ruiva" e "verde" e "branca" não deixa de sugerir as mulheres representantes das virtudes teologais dantescas (fé, esperança e caridade), ainda mais porque João Alexandre Barbosa (1979) aproxima os textos de *Signantia quase coelum* à *Divina Comédia*, ou seja, reforça, nesse sentido, não somente a presença da imagem da leoa na obra haroldiana, mas a forte presença dantesca, conforme já se mencionou. *Signantia* foi publicado em 1979 e reúne textos anteriores a esse período.

aguardas
coxiaberta
brunida leoa
de basalto
o aguilhão

libélulas
eletrizam
o ar
citrino

as asas
do arcanjo
sete
se fecham:
cláusulas

no orbe
ruivo
das formigas
impera
formicaleão

nervuras
de folha

o escudo
ágata
do inseto
o lápis tudo
colitera

exfoliando letras
no papel

erecção de signos
natura naturante

aqui se
tinge um
verde de
pupila
   animal

Essa deusa, entretanto, representa também pulsão de sexualidade, paixão e é protetora dos médicos, trazendo a cura pelos males que causou. Diante da erudição do poeta e da reiteração desta imagem como fera, que precisa ser domada, e como o mal que traz a própria cura, a ideia de que a deusa representa a linguagem vem à tona, ainda mais se for recuperado o fragmento de "Thálassa, Thálassa", acima mencionado. O poeta é, portanto, escravo da linguagem e é por ela libertado, a linguagem escrita é *grafia alumiando seu caminho*.

Sob a perspectiva da imagem da leoa e de seu significado alegórico, os poemas apresentados estão em relação dialógica com *AMMR*; reitera-se, destarte, além do cânone, a obra haroldiana e ela se funde aos precursores recriados ao longo da jornada. Não parece difícil perceber o caráter metalinguístico que une os textos: poema, grafia, escritura solar, papel. O enfrentamento dos males que se colocam diante do poeta, em *AMMR*, passa pelo enfrentamento da linguagem; para avançar em sua busca, o poeta terá que domar a *hýbris leoa*, mãe do verbo. Essa leoa surge nos poemas haroldianos marcada de erotismo, como atestam, por exemplo, os seguintes versos: "coxiaberta/aguarda o aguilhão", "ereção de signos", entre outros aspectos. Para Haroldo, o erotismo é pulsão criativa, a linguagem-leoa é a mulher que se oferece e, ao mesmo tempo, resiste às investidas do poeta. O erotismo associado à leoa reafirma a fertilidade da criação e a forte presença do sexo feminino em toda a obra haroldiana (Siscar, 2006, p.173).

AS RAZÕES DA MÁQUINA ANTROPOFÁGICA   77

A multiplicidade e a corporalidade que a leoa assume, em *AMMR*, quando considerada em relação à obra haroldiana, configura, por assim dizer, mais um aspecto barroco desse poema. Para Sarduy (1979, p.62), os textos barrocos requerem um esforço interpretativo; o desafio da compreensão do que ele chama, em primeira instância, de substituição (metáfora) e, em segunda instância, de proliferação (metonímia):

> Outro mecanismo de artificialização do barroco é o que consiste em obliterar o significante de um significado dado, substituindo-o não por outro, por distante que este se encontre do primeiro, mas por uma cadeia de significantes que progride metonimicamente e que termina circunscrevendo o significante ausente, traçando uma órbita ao redor dele, órbita cuja leitura – que chamaríamos leitura radial – podemos inferi-lo [...] No nível do signo a proliferação poderia ser esquematizada do seguinte modo:

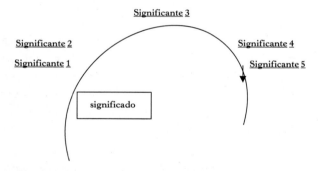

Ou ainda, nos termos de Genette (1932, p.39):

> [...] o que distingue a poesia barroca [e este parece ser o caso de *AMMR*] é o crédito que ela concede às ligações laterais que unem, isto é, opõem, em figuras paralelas, às palavras às palavras e por meio delas às coisas às coisas, sendo que a relação das palavras às coisas só se estabelece ou pelo menos opera por homologia, de figura a figura: a palavra safira não corresponde ao objeto safira, da mesma forma que a palavra rosa não corresponde ao objeto rosa [...].

O barroquismo de *AMMR* requer que os significantes sejam enfrentados como peças que se deslocam no tabuleiro de xadrez, sempre ameaçando o final da partida com um xeque-mate ao leitor, que depende da astúcia de suas próprias jogadas para perceber que a palavra leoa, por exemplo, não corresponde ao objeto leoa. Como metáforas e metonímias, tais significantes deixam rastros, à medida que passam pelo branco da página, rasurando o poema; perseguir suas marcas pelo labirinto do texto assegura, ao leitor, que sua parceria com o poeta subsista na incontornável hesitação entre o jogo e o lance, porque os gestos de leitura nunca encontrarão, de fato, as jogadas do enxadrista; isso garante, de certa forma, a duração do jogo, o *"coup* da poesia". As palavras-peças, como que dotadas de vida autônoma, superam poeta e leitor, e esta *diferença* é que faz com que o poema-partida seja sempre partida: viagem.[11]

A viagem do eu-poético haroldiano é árdua, são pedras que marcam a sua caminhada até a leoa. Esses significantes podem ser associados às *rime petrose* dantescas:

O Dante *pétreo* de Haroldo focaliza uma espécie de realismo das rimas, *realismo dos signos.* "A dama empedernida se converte no poema pétreo; o tema do poema passa ser a reificação, a coisificação do poema enquanto sistema de signos [...] Esse interesse de Dante, que Haroldo de Campos define como *semiológico,* já podia se encontrado na *Vita Nova* [...]. Segundo especialistas, Dante é que introduz o adjetivo *inefável* na língua italiana, e as *Rimas pedrosas*, pela sua natureza áspera, obsessiva, enigmática, testemunham essa ênfase na *inefabilidade.* A relevância desta questão em Dante pode ser verificada no círculo dos traidores do *Inferno,* onde a iconografia pétrea encontra ecos [...]. (Lombardi, 1998, p.12)

Conforme a leitura que Haroldo de Campos faz das *Rimas pedrosas*, as quais ele chama "elaboradíssimas" (1998, p.35), pode-se dizer que existe uma fusão metamórfica entre a mulher e a pedra,

---

11 Sobre o "lance de xadrez" na obra de Haroldo de Campos, cf. Siscar, 2006.

AS RAZÕES DA MÁQUINA ANTROPOFÁGICA   **79**

dama áspera de amor difícil (leoa?). Admitindo, como já foi dito, o jogo erótico que prevalece em vários poemas de Haroldo de Campos quando, em exercício metalinguístico, o poeta se dirige ao poema como se este fosse uma mulher, o elemento pétreo é o próprio poema, poesia-pedra, em que explodem "dissonância acústica e condensação semântica" (Campos, H., 1998, p.21). Para domar essa pétrea fera, postada no meio de seu caminho,[12] o poeta terá que enfrentar outras tantas, enveredando-se pelo "sertão mais árduo que floresta ao trato" (Campos, H., 2000a, p.13, 14). Para Haroldo de Campos, a palavra é dama: pétrea, como revela outro trecho de *Signantia*:

> pedra
> esta dama
> que
>
> zibelinas!
>
> palavras
> palavras
> palavras
>
> cintilo o
> céu
> para um
> esquilo
>
> pedra
> dama
> papel
>
> o
> paraíso
> em para-
> fina

---

12 Drummond ecoa nesse ponto, retornaremos a ele quando estivermos analisando as estrofes finais deste primeiro canto.

Retornando às considerações sobre a 4ª estrofe de *AMMR*, o poeta reúne, portanto, as três feras: a *leoa*, o *variopinto animal* de *gaiato pêlo* e a *loba*, que surgem, um em seguida do outro, no caminho do poeta, a julgar pela coordenação em: *hýbris-leoa, variopinto animal de gaiato pêlo e a loba*. Além dos efeitos sonoros já mencionados, o aspecto crucial dessa estrofe é a aparição da loba e o medo do poeta, que pode ser entendido como susto, dadas as elipses dos substantivos que designam as feras no 3º verso, ou ainda pela interrupção brusca desse mesmo verso, mais uma vez, marcada por sinais parentéticos: *um era lascívia e a outra (tinto)*. A forte sibilante em *lascívia* e o fechamento assonante de *tinto* trazem obscuridade à cena descrita, ou ainda, surrealidade, apropriando-se da sugestão feita por Augusto de Campos, acerca do poema italiano e que parece adequar-se ao poema haroldiano: "A caminhada tinge-se, desde logo, de um toque de fantasia e de surpresa, dir-se-ia hoje uma paisagem surrealista, com a súbita aparição das feras que aterrorizam o poeta" (Campos, A., 2003, p.184).

Todo esse trecho, ou ainda, todo este primeiro canto é repleto de construções hiperbólicas, aspecto que reforça o ponto de vista apresentado na introdução deste trabalho, segundo o qual não faz muito sentido a dicotomia parábola/hipérbole em Haroldo de Campos, porque ambas são, ao menos no caso haroldiano, não excludentes. A hipérbole perturba as ligações naturais entre as coisas porque força a intrusão, aproxima realidades que são naturalmente distantes e acentua, em *AMMR*, o caráter cifrado da parábola haroldiana desenhada no texto. O uso da hipérbole reflete o caráter barroco do texto, sem deixar de sublinhar que a mensagem poética da modernidade incorpora essa característica. Barroco e modernidade aproximam-se pela capacidade de operarem tanto aspectos dilatadores quanto condensadores na linguagem poética, fundindo semelhança e contiguidade, por correlação ou conexão. A esse respeito, pontua Genette (1972, p.240):

[A hipérbole] nos permite talvez sentir melhor uma das afinidades que unem a poética do barroco e da poesia moderna: ambas

AS RAZÕES DA MÁQUINA ANTROPOFÁGICA   81

fundamentam-se naquilo que os marinistas chamavam de *surpresa* e que hoje definiríamos como distância ou *desvio* que a linguagem obriga o pensamento a executar. [...] O espaço que se abre e se fecha [...] mede, por assim dizer o poder hiperbólico da linguagem que é *mandar* (ou ir buscar) tão longe quanto possível alguma coisa que temos que chamar pensamento. Esse *modo hiperbólico* do espírito não terá razões – que o bom senso ignora e que a razão quer conhecer?

A citação destaca a importância da concepção de poesia como operação do pensamento, pois a apreensão do modo hiperbólico do texto requer a compreensão das razões que o bom senso ignora. Em *AMMR*, o desafio, que a razão quer conhecer, e que ao senso comum pode parecer não racional, é, justamente, o esforço da leitura como busca da compreensão, pelo estabelecimento do lastro entre as hipérboles-parábolas e as obsessões, escolhas e mitologias de Haroldo de Campos, figuradas no texto. E é também a percepção da autorreflexividade da máquina do poema, esfinge que lança o desafio da descoberta em que busca e compreensão coincidem. Na 5ª estrofe completa-se o sentido da estrofe anterior (o anacoluto): olho tinto de sangue, metáfora fortíssima que atribui à loba, definitivamente, o estatuto de uma fera terrível; assim como no original dantesco, é a loba que o poeta teme mais.

> 5)   de sangue o olho) cupidez impura:
>   dante com trinta e cinco eu com setenta –
>   o sacro magno poeta de paúra

A loba surge, então assustadora; seu olho tinto de sangue, de cupidez impura e cobiça, assaltam de medo o poeta, que, aterrorizado, vê o olhar tinto de sangue. A despeito das muitas aproximações entre *Signantia* e *AMMR*, o olhar descrito na 5ª estrofe difere daquele presente em "Visão do paraíso", publicado em *Signantia*: "o olho fosfóreo de Dante (se enubla em licorosa luz néon" (Campos, H., 1979).

82 DIANA JUNKES BUENO MARTHA-TONETO

O olhar do poeta, ao encontrar o olhar tinto de sangue da loba, vislumbra a miséria, a danação: sANguE e DANntE são aproximados paronomasticamente. O caráter sombrio é reforçado pela assonância do /u/ e do /i/ (este no segundo verso), suavizada apenas pelo deslumbramento que o poeta maior desperta no eu-poético haroldiano: *sacro magno*. Um dos jogos intertextuais mais bonitos que se estabelecem aqui diz respeito ao cruzamento do que Dante diz no início da *Comédia* "na metade do caminho desta vida" e ao fato de Haroldo ter o dobro da idade do poeta italiano quando escreve *AMMR*, indicando talvez que, se Dante estava *"nel mezzo del cammin"*, ele, Haroldo, já estava no final: "Dante com 35 e eu com 70". Ao contrário de Dante, em que certezas há muitas – o Paraíso, por exemplo; ao poeta, que já passou do meio do caminho, restam a dúvida e a angústia.

Segundo Bignotto (2005, p.88), entretanto, a riqueza da *Comédia* está no fato de que Dante permite-se a angústia; espera encontrar o caminho correto, está em busca desse caminho, mas, ao ser barrado pelas feras, não as enfrentou diretamente, não as derrotou e, com isso, legou-nos um guia pelos caminhos acidentados de nossa existência; para além da interpretação acalorada dos grandiosos significados do texto dantesco, "o primeiro item da bagagem de Dante que devemos reter ao iniciar a viagem [é]: o poeta que nos fala e o faz de um lugar que todos conhecemos: o da fraqueza e da fragilidade de nossa condição" (ibidem, p.88). Nossa possibilidade de sentir amor e também cupidez.

A dúvida e a angústia manifestadas na 5ª estrofe obrigam a retomada de *cupidez impura*, para atribuir à expressão um outro significado. Cupidez pode estar aqui fazendo referência à inveja[13] que o eu-poético haroldiano, ou o próprio Haroldo, pois a identidade entre ambos é aqui muito grande pela menção da idade ("Dante com 35 e *eu* com 70"), sente de Dante. Além da diferença de idade, Dante tem a fé que o orienta, ao passo que o poeta de *AMMR* tem

---

13 Esta acepção é possível segundo o *Dicionário latim-português*. Cf. Cretella Jr.; Cintra, [s.d.], p.304.

AS RAZÕES DA MÁQUINA ANTROPOFÁGICA   83

as incertezas do milênio, a agnose. Dante tem o medo e o reconhecimento de sua pequenez diante do que é maior do que ele; o poeta de *AMMR*, a acídia.

Se a loba representa a avareza, a cobiça, a inveja, conforme as interpretações dadas ao texto de Dante, há que se considerar, porém, que, no imaginário do povo romano, é um mito de origem,[14] e, nesse sentido, sugere o passado como busca de algo definidor do futuro. Se pensarmos na *Comédia* como viagem *além-túmulo*, torna-se fácil perceber que o futuro das almas depende de suas ações passadas; essa relação entre passado e futuro, Dante toma emprestado da *Eneida*, livro VI:

> Nesse livro Eneias empreende sua viagem ao reino da morte. E em tal viagem ele demonstra que o porvir é exemplificado no passado e, ligando o passado e o porvir, demonstra que a unidade e a grandeza de Roma devem-se à constante renovação, nela, de pai para filho, das virtudes características de uma estirpe. (Ungaretti, 1996, p.175)

Segundo Ungaretti, é provável que esse livro da *Eneida* tenha induzido Dante a empreender sua viagem além-túmulo; todavia, esclarece o autor que os paradigmas que orientam o pensamento dos dois magnos poetas são bem distintos. Virgílio apoia-se no modelo cosmogônico de Platão; o de Dante é ptolomaico e aristotélico. Se Haroldo de Campos, ao recuperar Dante, recupera também a religiosidade cristã da *Comédia*, não podemos deixar de pensar, dada a citação sobre Virgílio acima referida, que Haroldo, ao recuperar Dante, recupera um Virgílio, cuja visão de mundo não estava presente de modo explícito na obra dantesca; entretanto é a partir de Dante que ela, possivelmente, se coloca em evidência, justamente pelo seu apagamento: o poeta paulista cria os precursores

---

14 De fato, alguém que conheça minimamente a história romana, mas não saiba quem foi Dante, talvez não se dê conta da alegoria das três feras e facilmente associará a Loba àquela que amamentou Rômulo e Remo.

de seus precursores e o passado e o porvir virgilianos não podem deixar de ser vistos sob a ótica da poética sincrônica apregoada por Haroldo que, dentre as virtudes resgatadas dos grandes mestres, exalta a inventividade. Aqui vale sublinhar a historicidade do texto haroldiano comentada anteriormente, historicidade esta que é, literalmente, citada na 6ª estrofe, já que o eu-poético haroldiano menciona o final do milênio, deixando subentendida a necessidade do resgate da tradição:

6) transido e eu nesse quase – (que a tormenta
da dúvida angustia) – terço acidioso
milênio a me esfingir: que me alimenta

7) a mesma – de saturno o acrimonioso
descendendo – estrela ázimo-esverdeada
a acídia: lume baço em céu nuvioso

Nas estrofes acima, acentua-se a grande instabilidade sintática causada pelas inversões violentas, pela confusão dos hipérbatos, sempre recorrentes, pela interrupção brusca dos versos entre uma e outra estrofe e que reforçam, no plano da expressão, a dúvida, a angústia e a acídia sugerida no plano do conteúdo, inferno dantesco já visitado por Haroldo de Campos (*Signantia quasi coelum*, 1979, p.107):

das aparas
(apsaras)
do meu paraíso

o inferno
avesso de fagulhas
queda
plúmbeo
cair

fundo de agulha

AS RAZÕES DA MÁQUINA ANTROPOFÁGICA 85

As estrofes 6 e 7 de *AMMR* apresentam-se como um quebra-cabeças, um desafio ao pensamento que a linguagem manda resolver, como já dissemos: "e eu/de saturno acrimonioso descendendo/a me esfingir/nesse quase terço acidioso de milênio/que me alimenta a acídia/que a tormenta da dúvida angustia/lume baço em céu nuvioso/estrela ázimo-esverdeada". Essa organização é uma das possibilidades, há outras, que definiriam, evidentemente, outra leitura. Chama a atenção a descendência de Saturno. Como se sabe, Saturno (Cronos) foi derrotado por seu filho Júpiter (Zeus), que, dessa maneira, impediu-o de continuar devorando seus próprios filhos; esse mito teria sido uma maneira encontrada para falar da vã tentativa de pôr termo à nossa impotência diante da passagem do tempo. Depois disso, diz a lenda, Saturno, resignado, vai para o Lácio e dá origem à formação de um novo povo, os *ítalos*. Portanto, Dante é descendente de Saturno Acrimonioso (áspero) e o poeta em *A máquina do mundo repensada* também o é.

Entretanto, somos levados a considerar esse fragmento do Canto I em intertextualidade com um poema de Haroldo, publicado em *Crisantempo*, que se chama *"saturnum in aquário ascendentem"*, inspirado, por sua vez, segundo o autor, no horóscopo do filósofo neoplatônico renascentista Marsílio Fisino (Campos, H., 1997, p.351). A ascendência saturnina é sombria e marcada pela inevitabilidade de que o tempo corre, sem tempo de esconder-se nem mesmo de si. Saturno devorador.

A jaça no diamante
O incêndio da caraça
O tempo que não passa
(ou passa e como
passa

o inferno de Dante
(ou melhor o limbo
dos lêmures nunca-vivos
a graça sem-graça

a falta de um chalaça
o *trauerspiel*
no ano 2000
de um pierrô senil

o ciclo
depressivo
o ciclo-
tímido
o tumor benigno
o rictus saturnino
a face de medusa
as graias de um só olho
a sorte madrasta
a puta absoluta
o ministro sem pasta
o quanto basta:

não mais não mais que
destrambelho ó
tu que vens soprar-me a tuba
(tu mais a tua cornamusa)
olhifofórea verbiconfusa
ó musa ó musa

Nesse poema, que alude explicitamente ao *Inferno* dantesco, assim como no fragmento de *AMMR* analisado aqui, o eu-poético revela-se saturnino e sombrio, amargo e, por que não, um tanto drummondiano, verbiconfuso. O terço do milênio esfinge o poeta; como enfrentá-lo, como superar os enigmas da existência? De mãos pensas? Como enfrentar os mistérios – a esfinge que também não deixa de ser uma *hýbris-leoa* de pedra a propor enigmas àquele que tem sede de conhecer?

Todas essas indagações que surgem a partir da dualidade saturnina são, segundo o olhar barroco dirigido a tal dualismo, da ordem

AS RAZÕES DA MÁQUINA ANTROPOFÁGICA   87

da melancolia. É Walter Benjamim que associará, a partir de Fisino e outros, a melancolia a Saturno em seu *Origem do drama trágico alemão* (2004). A melancolia existe porque é o meio de expressão da dualidade de *Cronos*, ora o senhor da Idade do Ouro, ora o rei destronado e humilhado, criando e devorando os filhos ao mesmo tempo que está condenado a ser infértil, por um lado vencido com truques simplórios; por outro, o velho deus da sabedoria. Segundo Benjamim (2004, p.189):

> É no contexto desta dialética que se desenrola a história do problema da melancolia. Essa história alcança seu clímax com a magia do Renascimento. Enquanto as ideias aristotélicas sobre a ambivalência da disposição anímica melancólica, tal como as antíteses medievais da influência de Saturno, abriam caminho a uma representação demonológica [...], para o Renascimento, que a levou a cabo, com um radicalismo nunca atingido pelos Antigos, a reinterpretação da melancolia saturnina [é feita] no sentido de uma doutrina do gênio.

O gênio surgiria se houvesse a libertação da melancolia sublime, que usaria as energias espirituais de Saturno, sem cair na loucura, o que parece ter sido feito pelos grandes nomes do Renascimento, por exemplo. A obra de Dante antecipa muitos aspectos do barroco, embora, em seu texto, a dualidade resolva-se pela subida ascensional e visão do Paraíso; o barroco, que pelo ruminar dessa dupla possibilidade do devir humano atribui à existência saturnina um tom melancólico, que perpassa o poema haroldiano, desde a primeira palavra, do primeiro verso: *quisera*.

Em termos da *Comédia*, pode-se ainda destacar que é a ascendência saturnina responsável por gerar tanto homens presos aos aspectos materiais da existência, quanto a valores religiosos e contemplativos. A dualidade leva à acídia, a qual ocupa o quinto elo dos pecados capitais, num círculo em que prevalece o frio glacial, bem conivente com a atmosfera sombria, recriada pelas assonâncias reinantes na estrofe 7 de *AMMR*.

Nesse sentido, a leitura do poema impõe-nos pensar que a sonoridade sibilante da 6ª e da 7ª estrofes de *AMMR*, que antes sugerira o rugido das feras, agora, diante da atmosfera enigmática que esfinge o poeta, sugere o esvaecer do tempo: *nesse, angustia, acidioso, esfingir, saturno, descendendo, estrela, acídia, baço, céu;* e, de certa forma, a efemeridade do tempo, revelada pelo aspecto sibilante que esbarra, ricocheteia, como talvez dissesse Haroldo, na sonoridade do /z/: *transido, quase, acidioso, mesma, acrimonioso, ázimo, esverdeada, nuvioso.*

Na 7ª estrofe, o aspecto de "pão embolorado" da estrela (ázimo-esverdeada), a tristeza e a aspereza, o brilho fosco e o céu cheio de nuvens marcam a caminhada pelo *Inferno.* Como no texto de Dante, de repente surge Virgílio, para guiar o poeta; no texto de Haroldo, justamente, a partir da 8ª estrofe, quando se tem a sensação de que uma certa dicção itabirana está a se impor sobre eu-poético, surge Camões. Ele lhe servirá de guia por algum tempo e fará amainar a pulsão "indagativa"; esta, todavia, retornará, amiúde, já que, como Benjamim (2004, p.168) mostrou em *Hamlet*, o poeta de *AMMR* tem uma ascendência saturnina:

> O mistério da sua personagem (Hamlet) está contido na *travessia*, lúdica, mas por isso mesmo equilibrada, por todas as estações desse espaço intencional, do mesmo modo que o mistério do seu destino está contido numa ação totalmente em sintonia com o seu olhar [...] o que pode satisfazê-lo é seu próprio destino. Só numa vida de príncipe como esta a melancolia se resolve, encontrando-se consigo mesma. O resto é silêncio, pois tudo o que não foi vivido está destinado à ruína neste espaço assombrado pela palavra, meramente ilusória, da sabedoria [...] Hamlet [tem] uma ascendência saturnina e traços de acídia.

Do fragmento acima, dois são os aspectos que merecem ser sublinhados, posto dizerem muito da própria orquestração dialógica de *AMMR*: a travessia é vivência que pode evitar a ruína. Em sua busca, o que vale ao poeta é a travessia, é viver, pelo verbo, a ex-

AS RAZÕES DA MÁQUINA ANTROPOFÁGICA 89

periência vivida e vívida da tradição; só assim a palavra deixará de ser assombração e peso dos mortos, mas libertação e contemplação sincrônica do que para sempre permanece vivo, como se a operação do poeta fosse a de um demiurgo que dá, aos textos envelhecidos, à luz, ou a vida eterna, no espaço da página de seus próprios poemas. Ao encontrar Dante em sua travessia, o eu-poético encontra, também, a visão de mundo dantesca, o medo, a sombra, o desejo da ressurreição como prêmio ao cumprimento de uma vida terrena livre de pecados e delitos, o que é bastante difícil. O caminhar dantesco pelo *Inferno* é soturno, pois revela, como já foi dito, a fragilidade do homem.

É possível que o eu-poético haroldiano sinta, a esta altura de seu percurso, o desejo de arriscar outros rumos. O enxadrista de campos e espaços parece mesmo jogar junto ao mar. Navegar é preciso, mas as rotas são árduas; como seguir um poeta tão denso, tão intenso em tabuleiro palimpsesto, palimp(incerto)?

O mar e a fábula primeira

Na *Comédia*, Dante sente muito medo da loba; e é quando sente que ela o persegue, e que nada poderá fazer, que surge Virgílio e põe-se a guiá-lo, coisa que fará até o *Paraíso*, quando surge Beatriz. Da mesma forma, podemos pensar que após a descrição da cena com a loba ocorre um outro "set" no poema *AMMR* e o eu-poético, desiludido diante de tamanha paúra, volta-se em outra direção (*mas quisera também como... herói lusíada*), convocando Vasco da Gama e, consequentemente, Camões.[15] Com pertinência poderíamos dizer que esse desvio de rota (8ª estrofe) coloca-o em outro caminho e ele é conduzido, então, pelo grande poeta lusitano, que cumpriria, a partir desse ponto do poema, o papel de Virgílio, não apenas por ser um grande poeta, mas o maior da língua portuguesa, o mestre, o que faz transformar o amador (poeta que opera a linguagem) em

---

15 Camões (1524 ou 1525-1580). A primeira edição de *Os Lusíadas* é de 1572.

coisa amada (o próprio poema). O encontro com Camões não poderia dar-se de outra forma, a não ser convergindo para o pensamento.

> [...] a arte em Camões é mimética: sua liberdade de invenção é restrita pelos preceitos retóricos que funcionam como limites convencionais de seu arbítrio poético [entretanto] o ato da invenção poética de Camões fornece ao destinatário e ao leitor os preceitos evidenciadores da construção e do artifício, por isso lhes fornece também os meios de dissolver a ilusão do efeito que congela a experiência poética na forma rígida de um fantasma. Camões sempre pensa a poesia como o artifício que resulta de operações técnicas: para ele, o poema é, literalmente *poiema, produto*, controlado racionalmente por preceitos [...] Como a pintura em Leonardo, a poesia em Camões é *cosa mentale* [...] domínio intelectual das contingências pelo qual o instante se eterniza na forma proporcionada para além do que a morte determina. (Hansen, 2005, p.165-71)

O desafio ao pensamento explica, portanto, o enigma e a esfinge da 7ª estrofe. A esfinge é símbolo do inelutável, do enigma opressor; de outro lado, simboliza um marco definidor do início de um destino, que é, simultaneamente, marcado pelo mistério e pela necessidade da inquirição – *cosa mentale*.[16] Não há razão para o sentimento de *cupidez impura* em relação a Dante, porque, ao contrário do eu-poético dantesco, o haroldiano é movido pelo desejo de aventura; a esfinge desafia-o e o faz, por isso, voltar-se para outro lado, buscando um guia mais ousado para poder continuar a sua viagem. O eu-poético haroldiano tem a sede do conhecer; impelido por dilema fáustico, deixará um pouco apagadas as referências dantescas e voltar-se-á para o mar.

Em *Os Lusíadas*, o mar é lugar onde se inscreve (se escreve) a história do povo português, que se dá a conhecer através do laborioso pensamento do poeta, cuja palavra é revelação divina e, também, pulsão erótica. Na poesia camoniana, prevalece a força

---

16 Para mais detalhes, cf. Chevalier; Gheerbrant, 1994, p.389.

AS RAZÕES DA MÁQUINA ANTROPOFÁGICA 91

unitiva e intelectual de Eros, que une todos os seres por seus laços de concórdia (Hansen, 2005, p.175).

Em Haroldo, as operações do pensamento são o mote; o poeta é pensador e, quando o pensamento poético vem recoberto, ou é revelado, pela imagem do mar, este é criação, berço das metáforas representativas de seu pensamento, de suas obsessões poéticas, ancoradas no estreito vínculo entre poesia e pensamento: mar polifônico, por onde ecoa Haroldo, criador de seus precursores, também por meio da reelaboração do par poesia/pensamento desses precursores, que a voz do eu-poético de *AMMR* faz ecoar.

No texto chamado *Sobre finismundo: a última viagem*, o poeta Haroldo de Campos caracteriza melhor os caminhos dessa busca, ao dizer que o problema que está na raiz de seu trabalho é justamente "o enfrentamento constante que o poeta acaba tendo com o fazer poético" (Campos, H., 1996, p.13). Haroldo não acredita em inspiração, mas pensa o poema como construção, "confluência dialética entre racionalismo e sensibilidade" (ibidem, p.14) e essa confluência precisa, também dialeticamente, enfrentar o desafio (a necessidade, a urgência) de fazer o novo e compreender que a poesia engloba uma prática e uma história.

Portanto não é à toa que, em "Poesia e pensamento concreto", João Alexandre Barbosa (2000) aproxima a máquina haroldiana de Camões e, por intermédio dessa aproximação, une a máquina haroldiana ao maquinar do mundo camoniano. O poema é a máquina e é por meio da poesia do poema que se estabelecem intersecções entre a obra haroldiana e aquelas com as quais ele dialoga não apenas em *AMMR*, mas ao longo de toda a sua atividade de poeta, *através* da orquestração das obras passadas, afinal, como diz Valéry, "o valor de uma criação não está no seu aspecto de novidade, mas, ao contrário, na sua Antiguidade profunda: o melhor dentro do novo está naquilo que corresponde a um desejo antigo" (apud. Genette, 1972, p.250). Por isso, ao reinventar Camões em seu poema, Haroldo revela mais uma de suas mitologias, sua fábula primeira (ou uma delas), parábola cifrada na obra do poeta, presente, também, em *Galáxias*:

Multitudinous seas: Esta celebração do mar-livro começa por um verso de Shakespeare [e] termina com polüphloisbos ("polissonoro") aplicado por Homero[...], é também invocado de passagem da tradição épico-marinha da língua portuguesa, que remonta a Camões, maneirista, pré-barroco. (Campos, H., 1994, p.118)

Se Camões é precursor de Haroldo, ao colocá-lo em *AMMR* o poeta propõe-se não apenas a repensá-lo, mas, como fez com Dante, propõe-se a repensar seu mundo. O universo camoniano ancora-se, também, numa concepção cristã, fundamentada nas ideias de Ptolomeu, pois, a despeito das inovações na ciência e na técnica, as ideias de Copérnico, de Kepler e Galileu não estavam totalmente difundidas nem eram universalmente aceitas. Esse universo cristão, entretanto, divergia muito do universo cristão dantesco, já que o Renascimento cultural e artístico, o humanismo e as grandes navegações marcam a obra do poeta magno da língua portuguesa, a quem o poeta de *AMMR* se dirige a partir da 8ª estrofe do poema.

A 7ª estrofe deve ser mais uma vez relida. O tom saturnino dantesco deve ser deixado para trás, porque, a partir do encontro com Vasco da Gama, a mitologia grega, seus heróis e audazes guerreiros surgirão. Um exemplo disso refere-se à própria figura de Saturno. Sua menção na 7ª estrofe, se lida do ponto de vista do diálogo com Camões, antecipa a alusão à *Ilíada*. Como em Haroldo de Campos tudo é medido, tudo é sincronia e diálogo, o termo *saturno* e o termo *lume baço em céu nuvioso* remetem, a despeito das referências já mencionadas, à sua tradução do Canto I, de *Ilíada, a ira de Aquiles*, especificamente os versos 397 e 398, em que Aquiles suplica à sua mãe que peça a Zeus para interceder por ele; para isso, diz a ela que lembre ao poderoso deus os favores devidos: "[...] pois te ouvi frequentes/vezes dizer, no paço de meu pai, que a sós,/sozinha, ao filho de Saturno {Zeus}, nuvem-turvo/poupaste a afronta" (Campos, H., 1994, p.59). Impossível não pensar, portanto, em Troia, principalmente porque, no poema de Haroldo, é a alusão a Troia que surgirá, em uníssono, com *Os Lusíadas*.

AS RAZÕES DA MÁQUINA ANTROPOFÁGICA   93

8) – mas quisera também como o de ousada
     fronte vasco arrostando – herói lusíada –
     a adamastor: gigântea levantada

9) pavorosa figura – e não descria da
     sua força o nauta diante do titã
     mas com ele entestava qual na ilíada

10) héctor ao colossal ájax no afã
     de subjugá-lo em lide desigual
     (e o mar açoita a nave capitã)

Se todo o encontro com Dante foi marcado pela aridez do caminho e pelas feras, o encontro com Camões assume um feitio diferente. É diferente porque são historicamente diversos os momentos em que cada um desses poetas viveu e, portanto, se Dante fica tomado de paúra, Vasco da Gama, herói lusíada, enfrenta o gigante Adamastor destemidamente, já que a posição camoniana é humanista e pressupõe que o homem é capaz de *arrostar*, sozinho, suas dificuldades (Leitão in Camões, 1980, p.27).

Chama a atenção na 8ª estrofe, além da inversão, a sonoridade de *FRonte VaSco aRRoSTanDo*, que se destaca pela força dos sons fricativos, vibrantes e sibilantes, além dos linguodentais; se observadas em relação ao final do verso anterior ("como o de ousada"), marcado pela assonância fechada de /o/, as aliterações e assonâncias da 8ª estrofe implicam uma mudança de "cenário" no poema. Vale lembrar que até a 7ª estrofe a atmosfera era sombria; ao surgir o Gigante Adamastor, que poderia ser equiparado às feras, o eu-poético haroldiano abandona a atitude dantesca de "contornar"as animálias para assumir a postura do Gama diante da tenebrosa criatura: somente *a ousada fronte vasco arrostando* poderá enfrentar o gigante, não só pelo que é Vasco da Gama, mas também pela força que os significantes do poema doam a ele. Diante de sua coragem, levanta-se o Gigante, prevalecem as nasais e o tom fantasmagórico, monstruoso em *gigÂNtea levANtada*, além da sonoridade seca das

94 DIANA JUNKES BUENO MARTHA-TONETO

linguodentais /t/, /d/. O gigante ergue-se do mar *BaTenDo* na água.[17]

Como é ousado, Vasco da Gama não se intimida diante da *pAvOrOsA fIgUrA*, ainda mais amedrontadora pela abertura de /a/ e /o/, seguida da sombra imposta pelo /i/ e pelo /u/ de *figura*. O lusíada enfrenta o gigante destemidamente (é o herói humanista atualizando o grande épico homérico) e explodem as aliterações sugerindo o embate do ousado herói lusitano com o monstro (*Descria, nauTa, DianTe, enTesTava ilíaDa*); tudo isso atualizado pelo canto do *aedo*, ou seja, do eu-poético haroldiano. O final da 9ª estrofe introduz mais um diálogo com a tradição; este, porém, não é apenas haroldiano, mas Haroldo recria o diálogo de seu precursor Camões com o texto homérico, já que um dos elementos dialógicos do Canto V de *Os Lusíadas* é o episódio da luta de Heitor e Ájax na *Ilíada*,[18] que inicia com a derrota de Heitor, mas é seguido pela vitória do troiano, destemido, protegido pelos deuses. Além de recriar o diálogo camoniano, Haroldo de Campos, mais uma vez, em *AMMR*, retoma sua própria atividade de poeta-crítico e poeta-tradutor dos textos homéricos.

Na 10ª estrofe, as assonâncias indicativas da luta persistem em *héctor, colossal, ájax, afã, subjugá-lo* e mostram a intrepidez de Vasco da Gama; a bravura precisa resistir ao *mar que açoita a nave capitã*, não apenas pela matéria significante, cujas paronomásias indicam ainda o embate, mas pelo caráter alegórico do mar como criação, segundo aponta Hansen: "É lugar-comum muito usual [na retórica clássica] o da travessia por mar [...], também significando o destino pessoal ou o ato mesmo de compor um poema" (Hansen, 2006, p.32). Mas o mar, ou sua travessia, quando tratados por Haroldo, vão além do alegórico; articulam dois momentos de viagem, a homérica e a camoniana, a história literária e seu nutrimento; mar,

---

17 Interessante notar que essa sonoridade é recorrente no Canto V de *Os Lusíadas*, que narra, justamente, o surgimento do Gigante Adamastor.

18 Para um comentário detalhado dos diálogos de *Os Lusíadas*, cf. Camões (1980), edição organizada por Emanuel Paulo Ramos.

AS RAZÕES DA MÁQUINA ANTROPOFÁGICA 95

navios e naufrágios podem ser entendidos, se retomarmos as ideias de Sarduy sobre as parábolas em Haroldo de Campos, como mitologias pessoais, como resgate de sua escritura. Ao comentar o poema *Finismundo a última viagem*, diz Haroldo de Campos (1996a, p.15):

> O risco da criação [precisa ser] pensado como um problema de viagem e como um problema de enfrentamento com o impossível, uma empresa que, se por um lado é punida com um naufrágio, por outro é compensada com os destroços do naufrágio que constituem o próprio poema.

Quando *o mar açoita a nave capitã*, há o risco do naufrágio, há o risco do poema. É o que acontece em *Finismundo*, onde é narrada a última viagem de Ulisses. Em *AMMR*, o poema é fruto de outros poemas-náufragos. Por isso, nele, o poeta procura a resistência ao naufrágio, como maneira de fazer subsistirem os poemas legados pela tradição; procura tirá-los da condição de náufragos para colocá-los na condição de sobreviventes a todo tipo de intempérie. Mas, ao salvar a linguagem dos poemas, pela superação do mar bravio, ou do sertão que nele se entrevera, entendidos como alegoria da dificuldade da criação, não pode (e não quer) impedir seu próprio naufragar.

Está amarrado ao mastro para ouvir o canto das sereias e seus companheiros de viagem são os destroços do cânone que leva dentro de si, de sua poesia. Assim preso, não pode evitar que o navio se parta; ainda bem, porque cada resto do casco é um pequeno espectro, que permite ao leitor o repensar do mundo pelo poema haroldiano. *AMMR* é destroço, mosaico, ou um coral onde se depositam alguns séculos da tradição, que o poeta viajor faz refletir no céu, como novidade, invenção, explosão estelar. Entre o escafandrista que vai às profundezas e o astronauta que vive em busca do devir, está a "errância reluzente"[19] do cosmonauta do significante de *AMMR* e sua poesia da agoridade.

---

19 A expressão está em Siscar, 2006, p.171.

96 DIANA JUNKES BUENO MARTHA-TONETO

Da mesma forma que o Gama supera todos os óbices para garantir a glória maior da nação lusitana, o eu-poético de *AMMR*, ao que parece, deseja essa coragem para seguir sua jornada, colocando adiante a máquina poética, instrumento através do qual Haroldo de Campos vai cifrando sua parábola. Desafio ao pensamento, a construção inteligível que se sobrepõe ao sensível é um imperativo categórico, imposto pela concepção de poesia como atividade intelectual na modernidade e também na reinvenção desse mecanismo, por meio do diálogo estabelecido com Camões, outro poeta pensador, como o qualifica Hansen (2005, p.172). Se Gama obedecia ao real mandato e enfrentava tudo pela glória de Portugal, o eu-poético, herói épico, gostaria também de, mantendo-se fiel aos imperativos da criação que o regem, e vários foram os aspectos metalinguísticos destacados, obter o prêmio pelo enfretamento das dificuldades: gostaria de ver a máquina do mundo.

11) – quisera como o nauta fiel ao real
mandato no medonho oceano a rota
franqueando qual no breu brilha um fanal

Na 11ª estrofe, o Canto V de *Os Lusíadas* ainda é o mote do diálogo estabelecido com Camões; não só os feitos de Gama mas sua incondicional obediência conduzem-no ao sucesso nos mares "nunca d'antes navegados". Nessa estrofe, são retomados os sons vibrantes e fricativos, presentes também na 8ª estrofe, e que sugerem a maneira como o capitão português conduzirá seu navio, abrindo vias no oceano: *rota/franqueando qual no breu brilha um fanal*. A sonoridade recria não apenas o marulho das águas do mar sob o navio, mas também a imagem do sulco no oceano; o caminho que o navio vai deixando para trás é associado ao brilho de um facho de luz em meio à escuridão. Imagem semelhante, embora não idêntica, aparece em *Galáxias*, sob a luz do sol:

multitudinous seas incardinadine o oceano oco e regougo a proa
abrindo um

AS RAZÕES DA MÁQUINA ANTROPOFÁGICA   97

sulco a popa deixando um sulco como uma lavra de lazúli uma
cicatriz
contínua a polpa violeta do oceano se abrindo como uma vulva
violeta
a turva vulva violeta do oceano óinopa pónton cor de vinho ou cor de
ferrugem conforme o sol batendo no refluxo de espumas o mar
multitudinário

Percebe-se, no fragmento acima, o elemento erótico e feminino, associando o mar à pulsão criadora (lembremo-nos de que as
raízes da Mãe do Verbo prendem-se ao umbigo do mar): brilho do
fanal que singra a "vulva-oceano" e abre-a, rompe o himeneu, e faz
brotar linguagem. A criação haroldiana é busca da linguagem, uma
pulsão erótica. O erotismo presente em *AMMR* deve ser lido em
perspectiva dialógica com as demais obras de Haroldo de Campos,
ou ainda, deve ser lido em perspectiva sincrônica, para resgatar da
"tradição" do próprio autor aquilo que deve permanecer: a cada
momento, seus poemas vão incorporando seus próprios textos e
construindo significados subjacentes, que funcionam como uma
pista para a origem dessa busca. São ao mesmo tempo uma rasura
nessa origem, uma vez que não podemos determiná-la com precisão, porque suas origens remontam ao passado literário, histórico,
científico.

Seguindo sua jornada em companhia de Vasco da Gama, ou
melhor, inserindo o seu caminho no caminho de Vasco da Gama, é
concedido, ao eu-poético, ver a máquina do mundo, apresentada,
então, a ambos. Nos primeiros versos da 11ª estrofe, as paronomásias, assonâncias e laterais, *nAutA, fiEL AO reAL, mandAto,
medOnho, oceAno, a rOta*, sugerem uma circularidade que, se lida
em conjunto com a estrofe seguinte, parece corroborar a hipótese de
que a máquina do mundo vem se aproximando, a girar.

Mais uma vez, o espaço gráfico do poema, medido, quadricu-
lado, parece abrigar as jogadas de um jogo de xadrez, pois, a cada
momento, uma jogada-verso antecipa ou predetermina jogadas-
-verso posteriores, de modo que signos em rotação são retomados,

não apenas pelo *enjambement* frequente, mas também pelos rastros dos significantes que parecem deslizar de um verso a outro, ora linearmente como as torres, ora diagonalmente como os bispos, ora aos saltos como os cavalos, ora como todos eles, ecoando aqui e ali, em mosaicos. Eis a máquina:

> 12) – quisera tal ao gama no ar a ignota
> (camões o narra) máquina do mundo
> se abrira (e a mim quem dera!) por remota

> 13) mão comandada – um dom saído do fundo
> e alto saber que aos seres todos rege:
> a esfera a rodar no éter do ultramundo

Na estrofe 12, a abertura assonante vista nos dois versos da 11ª estrofe cede, aos poucos, lugar para as nasais que também estavam presentes em *mandato e medonho*. Nesse caso, a nasalização presente em *gama, camões, mundo, mim, quem mão comandada, um dom fundo ultramundo*, e que circula pelo poema, evoca a própria imagem da máquina a girar: *a esfera a rodar no éter*, que aliás, diga--se de passagem, está em Camões, Canto X, estância 80. O final da 11ª estrofe pode ser lido como o movimento da nau sobre o mar e pode, também, ser o anúncio epifânico da máquina que irá surgir, a partir do verso seguinte.

O poeta de *AMMR*, que enfrentou as rimas pedrosas no início do poema, parece chegar a um momento de tranquilidade, talvez sugerida pela reincidência dos significantes nasais e das assonâncias, que, nesse trecho, não mais remetem às feras ou a Adamastor, mas indiciam um prenúncio do deslumbramento que está por vir.[20]

---

20 "É sabido que qualquer signo pode equivaler a qualquer signo: o critério de substituição não se reduz ao semântico referido a um 'sentido próprio', denotativo ou exterior, que o discurso refletisse. Diferenciais, os signos se equivalem – haja vista a metáfora moderna, que é literal, ou seja, sem termo primeiro. Estatisticamente, o tropo consiste no emprego de um termo estranho à significação do contexto verbal imediato" (Hansen, 2006, p.34). Feitas essas

AS RAZÕES DA MÁQUINA ANTROPOFÁGICA 99

Na 13ª estrofe, Haroldo de Campos retoma Camões, Canto X, estância 76:

> Faz-te mercê, barão, Sapiência
> Suprema de, co'os olhos corporais,
> Veres o que não pode a vã ciência
> Dos errados e míseros mortais. (Camões, 1970, p.336)

Vemos aqui o surgimento de Deus, a "Sapiência Suprema", que rege todos os seres. Mas há, ainda, um aspecto interessante a ser retomado, dessa mesma estância do Canto X, que são os versos finais:

> Segue-me firme e forte, com prudência,
> Por este monte espesso, tu co'os mais.
> Assim lhe diz e o guia por um mato
> Árduo, difícil, duro a humano trato. (ibidem, p.336)

Tais versos fazem-nos lembrar das estrofes 2 e 3 de *AMMR*, em que o poeta apresenta o sertão mais árduo que floresta ao trato. Mais uma vez, o leitor tem a sensação de estar sendo levado pelo enxadrista, já que, ao retomar, por via da 13ª estrofe, o texto camoniano, depara-se com um fragmento de *AMMR* que havia sido apresentado no início do poema. Se assim é, poderíamos refazer a leitura apresentada, complementando-a. O eu-poético atravessa os óbices necessários e, dada a abordagem sincrônica, prevalecente no poema, a floresta dantesca é o árduo mato de *Os Lusíadas*.

Considerando-se a analogia com o xadrez, pode-se imaginar que o espaço da página é o tabuleiro da tradição, onde foram inscritos os vários poemas ao longo dos séculos; elucida-se assim o conceito de sincronia haroldiano, operante em *AMMR*: Camões, certamente, retoma Dante e retoma Homero, que é retomado por

---

considerações, sabemos que, a cada momento, o plano de expressão pode, por meio dos mesmos tropos, dos mesmos significantes, engendrar significados diferentes.

100 DIANA JUNKES BUENO MARTHA-TONETO

Virgílio, com quem Dante dialoga explicitamente. A disposição dos elementos da tradição em *AMMR* não é ingênua, tampouco aleatória, mas revela a maquinaria do poema, suas engrenagens, como se as estrofes fossem etapas de uma linha de montagem e cada etapa representasse uma parte da construção do produto final; o produto final, consequentemente, engloba as etapas iniciais.

O que, entretanto, diferencia o poema dessa linha de montagem "fordista" é que as peças não são originais, não são fabricadas pelo poeta, mas ele as negocia numa bolsa de valores, que ele mesmo institui; a originalidade na arte é, retomando Valéry, fazer o novo marcado de profunda ancestralidade. A novidade e a invenção do texto haroldiano residem no fato de ele dar novos usos a essas peças ancestrais, atualizando-as, para o leitor, por meio de sua poética engajada, sincronicamente articulada, como a esfera a rodar no éter do ultramundo.

> 14) claro-amostrando os orbes e o que excede
> na fábrica e no engenho a humana mente
> (a cena se passando numa séde)

> 15) sidérea de esmeraldas e irrompente
> chuveiro de rubis que a poderosa
> mão divina ao redor – sumo- sapiente –

Nas estrofes 14 e 15, a máquina vem se abrindo ao Gama. Os orbes "são esferas ou céus que, na concepção ptolomaica, se encontravam a seguir às esferas do Ar e do Fogo, concêntricas, com a Terra no centro" (Ramos in Camões, 1980, p.575), sua compreensão absoluta vai além da compreensão humana, como diz Camões, Canto X, estância 80. A máquina está além da compreensão humana porque é comandada por Deus; é, nesse sentido uma dádiva.

Aqui cabem algumas considerações. Dado que o universo camoniano é o universo cristão, essa divina visão assemelha-se à visão de Dante no *Paraíso* e equivale a uma dádiva. O que significará a máquina para o poeta? Se o poema é máquina, como estamos admi-

AS RAZÕES DA MÁQUINA ANTROPOFÁGICA 101

tindo, que Deus o abrirá e mostrará para o poeta? Seu próprio ato criativo?

Em seu artigo *Haroldo de Campos: a hýbris de um viajante*, Pereira (2005) mostra que, ao retomar a tradição, o poeta comete uma *hýbris*, transgride o original, transcende-o, extrapola-o; ao se tornar criador, o poeta ultrapassa a tragicidade do conceito de *hýbris* posto que não haverá dano pelos seus atos. Na posição de criador, sua *hýbris* é relativizada:

> A *hýbris* se apresenta materialmente no texto, na tentativa de ir além do que já existe, na ânsia do poeta de tornar-se, apesar de homem, Criador. Mas o artista é aquele que cria. A tensão trágica [...] deixa de existir quando o homem é também um artista, ou seja, quando cria, como os deuses, um novo universo. A *hýbris* do artista não é trágica. Neste caso, o próprio conceito de *hýbris* é relativizado, uma vez que a criatura é também o Criador. (Pereira, [s.d.], p.2)

O poeta é, portanto, o criador da máquina do poema, alimentada, pela prática intertextual, sob a dimensão já aqui apontada de crítica e recriação, metalinguisticamente:

> Em suma, pode-se dizer que a metalinguagem, um dos fatores de apreciação, valorização e valoração da poesia moderna, é a primeira das condições necessárias à compreensão da máquina do poema, uma vez que se alimenta também de poesia: pois a autorreflexividade, a autorreferencialidade, a consciência construtiva, o pensar sobre a linguagem; enfim, o voltar-se sobre as próprias engrenagens, revelando a concepção engenhosa que a norteia, é um dos movimentos preferidos da máquina do poema. (Pires, 2006, p.111)

Claro está que, nesse sentido, destaca-se o trabalho do poeta como artifício laborioso do pensamento. Ao se dispor a repensar a máquina do mundo, Haroldo de Campos, forçosamente, faz moverem-se as engrenagens da máquina do poema que articulam a poesia e o pensamento do próprio poeta. E, para sublinhar, mais uma

102 DIANA JUNKES BUENO MARTHA-TONETO

vez, chegando mesmo a correr o risco da exaustão, esse pensamento
é engendrado a partir da leitura que o poeta faz da tradição, como
atestam as estrofes a seguir:

16) fizera constelar: e qual a rosa
toda se abre ao rocio que a toca e qual
desfolhada alcachofra antes zelosa

17) o entrefólio desnuda tal-e-qual
ao bravo gama a máquina se oferta
do mundo – e expõe-se ao olho de um mortal

A máquina abre-se como uma rosa que vai desabrochando, aos
poucos, à medida que as assonâncias surgem nos versos da 16ª estrofe e permanecem menos intensas na 17ª estrofe: *qual, rosa toda
se abre ao rocio que a toca e qual/desfolhada alcachofra zelosa*. Há,
ainda, o parentesco sonoro entre *rocio* e *rosa* e *toda* e *toca*, que rimam
toantemente. Esses jogos sonoros, a homofonia e a paronomásia,
como no resto do poema, exacerbam: *entrefÓLIO* e *OLHO, gAMA
A MÁquina*. A sobreposição de sons e a metáfora da rosa remetem
à ubiquidade da tradição no poema, que se vai abrindo e fazendo do
texto um arquitexto. Como a figura da rosa, a alcachofra, cujo centro e disposição das folhas lembra a descrição da máquina feita em
Os Lusíadas (no Canto X, 81 "este orbe que, primeiro, vai cercando/
os outros mais pequenos que em si tem), remete, também, à analogia
entre história literária e a alcachofra feita por Calvino (2005, p.105):

A realidade do mundo se apresenta a nossos olhos múltipla,
espinhosa [mato de árduo trato?], com estratos densamente sobrepostos. Como uma alcachofra. O que conta para nós na obra literária é a possibilidade de continuar a desfolhá-la como uma alcachofra infinita, descobrindo dimensões de leituras sempre novas.

Também Dias ([s.d.], p.10), referindo-se ao poema de Haroldo
de Campos, diz que, ao oferecer a imagem da rosa e da alcachofra,

AS RAZÕES DA MÁQUINA ANTROPOFÁGICA   103

o poeta reinveste de significado uma antiga interpretação para a origem do universo dada pela filosofia chinesa: "o universo é um corpo dotado de uma erótica [...] a natureza cósmica é movida por uma alquimia erótica em permanente processo". Além disso:

> Ao ser tocada a "rosa", metáfora de núcleo enigmático, é como se esse toque se estendesse à própria linguagem, fabricadora dessa máquina poética que se abre à leitura: há um roçar criado concretamente entre os signos, tocados por recorrências sonoras e paronomásias (rosa/zelosa, se abre ao rocio, toca e qual//tal e qual, desfolhada/entrefólio). Enfim: está deflagrado o mistério do universo no poema, acionado pela operação com a palavra. (ibidem, p.10-1)

A pulsão erótica surge aqui, mais uma vez, associada à linguagem, à criação e com força feminina; entretanto, a rosa-alcachofra abre-se porque se rende ao *irrompente chuveiro de rubis*, que a mão divina faz constelar: o elemento masculino desencadeia a revelação, a palavra, a rosa. E, para inverter a expressão drummondiana, rosa lâmina que atravessa o povo, o homem, a história, e não ao contrário: rosa e lâmina; masculino e feminino: fonte motriz da máquina poética. Como diz Octavio Paz, o falo e a vagina são símbolos que emitem símbolos, metáfora da comunicação. A linguagem que experimenta os limites da perfeição comunicativa entre os corpos também é a linguagem de um modo geral, pois, se a linguagem, qualquer que seja, é a forma mais perfeita de comunicação, "sua perfeição não pode ser outra coisa senão erótica" (1979, p.21). A rosa que se abre diante do chuveiro de rubis é uma forma de concepção da arte poética que se volta sobre suas próprias engrenagens, ou melhor, sobre seu próprio corpo.

A essa altura do poema, o poeta passa a introduzir Drummond e o leitor tem a sensação de que começará a caminhar por uma certa estrada de Minas; mas há uma interrupção, inicia-se uma digressão e volta-se a falar da máquina camoniana. Na verdade, essa interrupção sugere uma concomitância da visão de Camões e da visão de Drummond (que o retoma); ao descrever a máquina apresentada por Tétis, de certa forma, o poeta de *AMMR* descreve a máquina que se abre a Drummond. A beleza dos orbes do empíreo surge no poema, ancorada em metáforas e jogos paronomásticos; essa exuberância reforçará, ainda mais, o desconcerto de mundo de Drummond: diante de tão magnífica revelação, o poeta não se deslumbra, mas segue de mãos pensas, levando consigo *aquele orgulho, aquela cabeça baixa*. Não é tempo ainda da máquina itabirana; voltemos ao grande herói lusíada:

> 22) mas se o gama a esquadrinha e nela (a déia
> tétis o guiando) a vista logo inflama
> de espanto e fundo abisma e afina a idéia

> 23) com aquilo que se vê em cosmorama
> o empíreo esplendoroso e os sucessivos
> céus nele orbitando à lata luz que os flama

Vasco da Gama surge, na 22ª estrofe, guiado pela Deusa Tétis e observa atentamente (esquadrinha) o espetáculo que lhe é apresentado: a grande máquina do mundo. Vê o empíreo, o mais alto dos céus, morada de Deus; o empíreo é o *Paraíso* cristão; ao seu redor, posto que ele é fixo, orbitam os outros céus. É exatamente o mesmo modelo de mundo de Dante, por sua vez, inspirado na ideia dos epiciclos e do "grande movedor imóvel" aristotélico; as várias esferas sucediam-se às esferas dos elementos ar e fogo, concêntricas com a do elemento Terra.

Gama afina a ideia com aquilo que se vê em cosmorama. Cosmorama pode significar tanto o lugar de onde se vê, como a série de vistas de vários países, observadas por meio de aparelhos óticos. O texto camoniano não se refere a esse aparelho, mas remete a uma visão do universo que possibilitava visão semelhante. Como ocorre ao longo de todo o poema português, as divindades greco-latinas e as cristãs coexistem; porém, nas estâncias 82 e 85 do Canto X ocorre a inevitável ruptura entre essas duas concepções (pagã e cristã),

AS RAZÕES DA MÁQUINA ANTROPOFÁGICA   105

para que vença a Divina Providência; os deuses greco-latinos servem para fazer versos, o Sumo Deus é que tudo comanda:

24) e o móbile primeiro donde ativos
fazem-se o sol e os corpos sub-pendentes
do cristalino céu noveno – os vivos

25) estelantes luzeiros resplendentes
em áureo cinturão de esmalte vário
encadeando os sinais sempremoventes

26) do zodíaco (límpido bestiário
que a grupos constelantes dará nome:
grande ursa cinosura o lampadário

A descrição acima é do sistema ptolomaico: no primeiro móbile, a presença do Sol, e por obra dele o dia e a noite; depois, as estrelas e o *áureo cinturão* que faz referência ao zodíaco e às constelações extrazodiacais,[21] que serão nomeadas nas estrofes abaixo. Os sinais do zodíaco, sempremoventes, sugerem o movimento do Sol pelos signos, que são sua casa; sempremoventes também são os sons de /s/ e /z/ e as leves assonâncias em /u/ e /i/, principalmente, que acompanham a ideia de móbile, melhor dizendo, a ideia de mobilidade metafórica, atributo da poética haroldiana, segundo Sarduy, como destacado anteriormente.

No que concerne à construção do poema, a sonoridade, que entra em choque algumas vezes, ou que chega à exaustão pela exacerbada repetição, cria a surpresa e faz com que o leitor note tanto a harmonia fônica quanto a fratura fônica, como se, pelo choque, os significantes se anulassem reciprocamente (Campos, H., 2002, p.36).

27) de carvões do feio drago – de renome
tendo ainda um gineceu: cassiopéia – a ela
mãe de Andrômeda – a morte não consome

---

21 Cf. Leitão, 1980.

28) que a turba das nereidas (por vencê-la
a bela) quis punir... à convidante
máquina atento ao nauta coube vê-la

29) por dentro acumulada num instante
e exultou: em geográfica cinese
iam-se as partes do mundo em desfilante

Vasco da Gama vê o mundo em desfile e, nesse desfile, as glórias da nação lusitana. A retomada de *Os Lusíadas* é praticamente literal. Na estrofe 27, tal qual no texto de Camões, surgem as constelações extrazodiacais,[22] e a máquina do mundo continua a abrir-se a Vasco da Gama, em *geográfica cinese* (agitação). A agitação pode ser acompanhada, no plano dos significantes, pelas inversões sintáticas que continuam a ocorrer, porém aqui, ao contrário da perturbação inicial, parece-nos que os hipérbatos sugerem a circularidade dos movimentos da máquina do mundo, circularidade esta sugerida pela estrofe 30, que apresenta as terras percorridas e conquistadas pelos portugueses.

Se a máquina do mundo dantesca (a visão do Paraíso), ou ainda, o próprio percurso *Inferno, Purgatório, Paraíso* ecoam a descrição do universo aristotélica e o Hades do Canto X de *A República*, a

---

22 As constelações são parte da narrativa mítica: Cassiopeia, rainha da Etiópia, mãe de Andrômeda, julgava ser a mulher mais bela do mundo, mais bela do que as nereides. Estas, inconformadas com tamanha audácia, pediram a Posseidon que castigasse todo o reino da Etiópia por tal afronta. O deus dos mares mandou então um feio drago para assombrar o reino. Diante de tal ameaça, sugeriram ao rei que acorrentasse Andrômeda, sua filha, a um rochedo e a oferecesse em sacrifício ao monstro. Perseu libertou Andrômeda, mas sua mãe, Cassiopeia, foi transformada em uma constelação, para expiar a culpa por seu desmedido pronunciamento. Aqui vale notar um aspecto interessante: tanto os feitos heroicos quanto as punições davam ao mito a oportunidade de transformar o universo em representações desses mitos. As constelações que a ciência estuda carregam os mitos; mesmo que estes se percam, resta o nome e essa nomenclatura une, inexoravelmente, o homem contemporâneo aos homens primitivos. Mais ainda: a nomenclatura e os mitos que se escondem por trás das constelações fazem dos gregos antigos nossos contemporâneos.

AS RAZÕES DA MÁQUINA ANTROPOFÁGICA   107

valorização de toda construção humana que há em Camões busca a máquina do mundo na *Ilíada*. A máquina do mundo que aparece no poema homérico é obra de um deus, é verdade, mas um deus ferreiro, *criador*. A nereide Tétis (não a deusa, que mostra a máquina para Camões) era mãe de Aquiles. Ao ver seu filho desolado e sabendo da invencibilidade de Heitor, também cantada pelo poeta de *AMMR*, roga a Hefestos, o ferreiro dos deuses, o artesão laborioso, que faça armas invencíveis para seu filho (*Ilíada*, Canto XVIII, p.257-265). Hefestos as fabrica com grande habilidade; *forjando e domando o ferro a força* faz o escudo que protegerá Aquiles. Nesse escudo está a máquina do mundo; diante de suas armas, Aquiles se deslumbra, pois não são elas factíveis por humanos e "nenhum ousa mirá-las de frente" (*Ilíada*, Canto XVIII, p.267). No escudo de Aquiles vê-se o universo, as regiões do mundo, assim como na descrição camoniana. Quando toma posse dele, o herói toma posse do universo.

Não é à toa que Camões procure as referências de sua máquina na *Ilíada*. Segundo Brandão (in Appel; Goettems, 1992, p.53), ela pode ser considerada um poema cósmico, na medida em que os feitos descritos envolvem todas as esferas do universo (deuses, homens, natureza), que se comportam de modos distintos, subjugados à ira de Aquiles. O escudo de Aquiles não comporta só a descrição do cosmos, equivale a ele; assim, a habilidade de Hefestos para forjar o escudo equivale à realização do poeta: o poema é o cosmos. A evocação do escudo de Aquiles acentua o caráter épico do texto haroldiano e sua potencial disposição para ordenar o cosmos *AMMR*, porque:

> É nesse produto final [o poema], no canto cheio do poder divino da ordenação do cosmos, que se instauram os elementos caracterizadores do que entendemos por épico: na relação de Zeus com a memória, dos fios com a trama, do mundo com o herói – o que poderia ser perfeitamente resumido na relação do *epos* que tece com os *épea* que urdem, ou no diálogo da voz do poeta com outras vozes. (Brandão, ibidem, p.54)

108 DIANA JUNKES BUENO MARTHA-TONETO

Como foi dito na introdução, o diálogo do poeta com outras vozes é reflexo da vocação para o futuro que os clássicos têm. Em *AMMR*, não há limites de tempo e espaço para a viagem do eu-poético, que salta, de uma a outra estrofe, para diferentes épocas: sua palavra ordena o cosmos, marcando-o de simultaneidade. Só por isso é que consegue estar onde Gama esteve. Cada parcela da tradição visitada pelo eu-poético corresponde a um fragmento do escudo de Aquiles, que é, também, a máquina do mundo camoniana. O poema haroldiano é a conciliação desses pedaços esparsos e dispersos no tempo, aparentemente distanciados uns dos outros, de modo que *AMMR* repensa o mundo em termos de cosmologia e cosmogonia do universo literário.

Das terras do mundo percorridas, o poeta em *AMMR* destaca, talvez por uma razão de sonoridade mesmo, Benemotapa, termo que se refere ao soberano de terras africanas, hoje situadas em Manica e Sofala, Moçambique, e Trapobana, que fica no Ceilão. A paronomásia entre *BeNemOTAPA* e *TrAPOBANA* e a relação anagramática entre elas, ou mesmo o deslocamento da ordem das consoantes, é circular — todo o plano de expressão gira, circunavega, conforme gira a máquina do mundo diante dos olhos de Vasco da Gama e do poeta de *AMMR*.

> 30) rodízio ao olho expondo-lhe a geodese
> patente e já mapeada: desde beno-
> motapa à trapobana e à catequese

> 31) por tomé em narsinga e ao do sereno
> santo miraculoso atroz martírio
> e à glória que do céu ganhou em pleno —

Os feitos lusitanos acontecem por desejo de Deus, já que os portugueses são servidores da fé e, como São Tomé, santo e mártir, levam a catequese às terras conquistadas. Camões é o poeta do povo português e o poeta da epopeia moderna. De fato, como aponta Hansen (2005, p.168):

AS RAZÕES DA MÁQUINA ANTROPOFÁGICA 109

O mito Camões tinha o carisma da heroicidade e da incompreensão e significava a epopeia que engrandecia o povo português, dando uma contribuição decisiva para a gênese da modernidade. Simbolizava tanto a nação quanto a humanidade; permitia reivindicar para Portugal um papel decisivo na construção do progresso humano, ao mesmo tempo que a denúncia da apagada e da vil tristeza do seu mundo sugeria comparações críticas com o presente.

O poema camoniano retoma a missão do povo português, retoma as cruzadas, a necessidade de levar a cristandade para o mundo pagão e, mais ainda, de fazer valer a cristandade em solo lusitano. Muito mais do que da ordem da historiografia, a ritualização do passado era uma invenção do poeta-gênio (Hansen, 2005, p.168) para enfrentar seu desconcerto do mundo, por meio da fé, da invocação da sapiência divina; a apologia a São Tomé, santo e mártir, diante de Vasco da Gama, mostra que a fé no *Paraíso* divino deve orientar as ações do homem, devem ser meio para evitar seu desconcerto.

32) pois à máquina de astros que a seu giro
orbes sobre-regula o marinheiro
– almirante rendeu-se qual se um tiro

33) de mágico pelouro por inteiro
o pasmasse: já o poeta drummond duro
escolado na pedra do mineiro

O marinheiro-almirante rende-se à máquina do mundo que gira, orbita, diante do navegante; a revelação é de tal modo epifânica que essa rendição acontece como se um *mágico pelouro* (bala feita de pedra) disparasse um tiro, artifício interessantíssimo usado para introduzir, novamente, o significante pedra no poema, mas, desta vez, para falar explicitamente de Carlos Drummond de Andrade e de seu duro mundo. Duro mundo pedra, sertão, presente também em Euclides, Graciliano Ramos, Cabral e, evidentemente, Rosa.

Na estrofe 33, o diálogo com a tradição brasileira parece ser estabelecido de fato e este é um ponto muito importante para a leitura do Canto I do poema de Haroldo de Campos, escritor sempre preocupado em ler o cânone pela adoção de um processo brasileiro de produção e crítica literárias: do Brasil para o mundo. É nesse sentido, talvez, que a ideia haroldiana do cânone pode parecer próxima daquela defendida por Fábio Lucas (199?, p.19):

A missão do escritor, parece-nos, consiste em reconquistar seu lugar no grande curso da cultura. A formação de um cânone moderno dependerá muito da disposição entre os escritores de adotar um processo brasileiro de literatura. Isso significa: primeiro conhecimento de nosso passado literário, pois é na continuidade que o cânone se cristaliza; segundo, prática de intercâmbio cultural com outras nações, de tal modo que as agregações externas sejam enriquecimento e não servidão; terceiro, despojamento da consciência ingênua, que se deslumbra com a presença do estrangeiro, a ponto de atribuir qualidade àquilo que não passa de diferença.

Deve-se, entretanto, ressaltar que, para Haroldo de Campos, há que se ter cuidado com essa continuidade e com a cristalização do cânone, não petrificar, mas tornar as experiências passadas permeáveis de modernidade; além disso, para Campos, o despojamento da ingenuidade significa tanto a aversão à servidão e à cópia quanto ao ufanismo romântico, ultrapassado, que rejeita tudo o que é estrangeiro, e que possa significar invenção; a diferença é, nesse sentido, qualidade, porque enriquecedora da experiência, justamente pelo hiato que promove. Hiato que deve ser incorporado antropofagicamente. Essa devoração antropofágica atua, segundo a ótica haroldiana, como assimilação de cultura, em termos valorativos:

A antropofagia é uma devoração cultural, é uma maneira de devorar os outros valores, mas de uma perspectiva brasileira, modificando as relações, dando novas ordens nas coisas. Isso é muito importante. Não é uma transposição, mas é uma renovação das

AS RAZÕES DA MÁQUINA ANTROPOFÁGICA **111**

ligações entre os fatos. Você junta, como dizia o Osvaldo na tese dele, Sócrates, Tarzan e as odaliscas de Catumbi. São tipos de relação feitas num contexto totalmente diferente do europeu. (Campos, H., 2003, p.E3)

Por isso, não importa tanto a posição ideológica de um autor, mas a maneira como ele pensa a literatura e como seu pensar sobre literatura pode servir ao princípio antropofágico e sincrônico de Haroldo de Campos.[23] Princípio este que *nascemorre* na literatura brasileira, que faz, também, papel de máquina do mundo. Esta visão do universo, este contato, é experimentada pelo eu-poético de *AMMR* porque ele procura criar o contato que foi criado pelos seus precursores:

O contato com o mundo significa a violação árdua [...] Desvendar o enigma do universo [...] não é um ato que se faz de imediato e com facilidade. Eis o que nos ensinam os poemas. Há que construí--lo como uma peregrinação lenta e que envolve riscos, como o de ser enredado nos ardis fabulosos e ceder ao feitiço feminino que amortece a consciência (Camões), o de não se sentir preparado

---

23 Nesse sentido, por exemplo, importa menos que Borges fosse reacionário do que sua posição acerca do escritor e seus precursores; importa menos que Maiakóvski fosse comunista do que sua posição sobre arte revolucionária; importa menos que Pound tivesse ideias controversas sobre os regimes de extrema direita do que sua posição acerca do *paideuma*. Para Haroldo de Campos, o verdadeiro enriquecimento vem pela incorporação dos aspectos desse cânone que são ricos para a literatura nacional, ou ainda, universal, independentemente do compromisso ideológico dos escritores. Diz Haroldo de Campos: "[...] é claro que eu tenho uma influência muito definida, [...], do Pound. Mas há também diferenças, algumas vezes até bastante grandes. E não estou falando do lado político, que isso é evidente. Falo do lado estético. Pound nunca compreendeu o barroco" (Campos, H. 1998b, p.20). Por aí se vê que a antropofagia haroldiana é capaz de reconhecer, mesmo entre grandes distanciamentos ideológicos e estéticos, o valor da obra de determinado poeta para a composição do seu próprio *paideuma*: "Então eu posso dizer que tenho um paideuma meu [...]" (ibidem, p.22).

para acolher este saber (Drummond) ou de se reconhecer devedor de caminhos já trilhados por outros (Haroldo de Campos). (Dias, [s.d.], p.12)

Ao evocar a tradição literária brasileira, em *AMMR*, o poeta volta-se para seu umbigo, umbigo do mar de onde brotam as raízes da árvore da linguagem, como no poema "Thálassa, Thálassa": deusa-leoa da sua linguagem, da sua linhagem, rosa, ou uma flor--palavra, como ensina a *Antiode* cabralina:

> [...]
> Flor é a palavra
> flor, verso inscrito
> no verso, como as
> manhãs no tempo.
>
> Flor é o salto
> da ave para o voo;
> o salto fora do sono
> quando seu tecido
>
> se rompe; é uma explosão
> posta a funcionar,
> como uma máquina
> uma jarra de flores. (Cabral, 1997, p.69)

A flor que se abre é poesia, porque é palavra: palavra, "explosão posta a funcionar como uma máquina". *A máquina do mundo repensada* é a poesia-máquina do mundo repensada a partir do *paideuma* haroldiano, que desde os primeiros versos revela o *nonada* – sertão, que é um nada "prenhe como um mar", tanto quanto o canavial de João Cabral de Melo Neto (ibidem, p.207). Prenhe de linguagem poética, em meio à qual o leitor pode se perder ou se encontrar, posto que esta máquina equivale também ao universo. É, como diria Rosa, um elemento metafísico.

AS RAZÕES DA MÁQUINA ANTROPOFÁGICA   113

A máquina poética, o sertão, o duro mundo

O sertão

A obra de Guimarães Rosa passou a definir novos rumos para a literatura brasileira, em especial a partir da publicação de *Grande sertão: veredas* (1956), embora toda a sua obra seja marcada pelo experimentalismo e por um profundo respeito às múltiplas possibilidades de uso da língua: "incluí em minha linguagem muitos outros elementos, para ter ainda mais possibilidade de expressão".[24]

Para tentar compreender os diálogos com a tradição brasileira, é importante retomar a primeira estrofe do poema e, talvez, ter em mente o que diz Guimarães Rosa: "o Brasil é um cosmo, um universo em si"; desse modo não será difícil perceber que, pensando o Brasil como um cosmo, os acentos rosianos já preenchiam de sertão a máquina-poema de Haroldo de Campos desde o início.

1) quisera como dante em via estreita
extraviar-me no meio da floresta
entre a gaia pantera e a loba a espreita

2) (antes onça pintada aquela e esta
de lupinas pupilas amarelas)
neste sertão mais árduo que floresta

3) ao trato – de veredas como se elas
se entreverando em nós de labirinto
desatinassem feras sentinelas

O que é árduo é o sertão de difícil trato, como as pedras drummondianas; se entreverando em nós, como o sertão de veredas rosiano: "Rosa é invocado nas expressões 'neste sertão' (2.3) e 'veredas se

---

24 As citações de Guimarães Rosa, feitas nesta seção, dizem respeito à entrevista que ele concedeu a Günter Lorenz (1983).

entreverando' (3.1), 'a verdade não há'" (Campos, H., 2002, p.69). Retomando-se as rimas petrosas dantescas, mencionadas ao longo da leitura das estrofes iniciais, é possível estabelecer uma mesma relação entre a pedra e a poesia em Carlos Drummond, talvez mesmo seja a poesia no meio do caminho, pedra, a esgotar as fatigadas retinas do poeta, que, mais ou menos vinte e cinco anos depois da publicação de "No meio do caminho", debate-se em seu *Claro enigma*. Mas, ainda que as rimas petrosas remontem a Drummond, a imagem do sertão é por demais rosiana, segundo a indicação do próprio Haroldo de Campos: como nós e labirintos, tal imagem parece fazer parte do pouco, ou muito, de Riobaldo e de sertão que temos, já que "Riobaldo é o sertão feito homem" (Rosa, 1983, p.95).

Do ponto de vista da literatura brasileira, e do imaginário brasileiro, o sertão tem um significado muito marcado como lugar caracterizado pela aridez, em amplo sentido, e também como um *topos* desconhecido, descomum, desmesurado, sentidos dados a ele por Guimarães Rosa, como pontua Marchezan (2006, p.3). Este autor também nos mostra a proximidade entre esta ideia de sertão rosiano e a ideia do sertão como o "dificultoso", apresentada por Camões no Canto X de *Os Lusíadas* (134):

> A gente do Sertão que as terras anda
> Um rio diz que tem miraculoso,
> Que, por onde ele só, sem outro, vai,
> Converte em pedra o pau que nele cai

Mistério e dificuldade. O sertão rosiano que surge nos versos acima destacados retoma o sertão camoniano, mas é muito mais do que ele, pois equivale ao universo, ainda que do ponto de vista da nossa tradição literária. Parece claro, então, o estabelecimento de um diálogo entre uma tradição de poesia, espaçotemporalmente indefinido no longínquo da tradição, e a delimitação de um espaço de onde este diálogo se estabelece (neste sertão) marcado pelo demonstrativo este, que tanto aproxima o eu-poético do sertão como indica que é do sertão que ele passará a falar logo adiante.

AS RAZÕES DA MÁQUINA ANTROPOFÁGICA 115

Conforme diz o próprio Guimarães Rosa, em entrevista a Günter Lorenz (1983, p.86), a internalização do sertão é a possibilidade de "libertar o homem" e "devolver-lhe a vida". O sertão deve ser entendido do ponto de vista metafísico como o terreno "da eternidade e da solidão [...], onde o exterior e o interior já não podem ser separados [...] no sertão o homem é um *eu* que ainda não encontrou um *tu*, por isso ali os anjos e o diabo manuseiam a língua [...] o sertanejo está ainda além do céu e do inferno" (ibidem, p.86). Há, nessa citação de Rosa, aspectos que elucidam bastante as escolhas do poeta em *AMMR*. É certo que a estreita via, o mato denso e árduo ao trato surgem na *Comédia* como também em *Os Lusíadas*; mas, pelo que afirma Rosa, esse *topos* insólito e, ao mesmo tempo, equivalente ao universo vale pelo seu sentido de travessia: *o homem está em busca de;* o sertanejo, que é aquele que vem do sertão, ou ampliando, aquele que *atravessa* o sertão, que está além do céu e do inferno, portanto, está no eterno, no nada, *nonada;* uma vez que céu e inferno são entendidos como lugares limítrofes na concepção de mundo ptolomaica, dominante no Canto I de *AMMR*, estar (ainda) além dessas duas instâncias é estar em algo que não se define, ou que escapa à compreensão exatamente como escapa à compreensão o infinito – o fim ou o nexo do universo:

> Eu creio firmemente [na ressurreição do homem e no infinito]. Por isso também espero uma literatura tão ilógica quanto a minha, que transforme o cosmo num sertão no qual a única realidade seja o inacreditável [...]. No sertão cada homem pode se encontrar ou se perder, as duas coisas são possíveis. (Rosa apud Lorenz,1983, p.93-4)

Pires (2007, p.10) mostra, ao analisar o conto "O recado do morro", de Guimarães Rosa, que à ideia do sertão vincula-se o tema da cosmogonia: "o sertão é o mundo" de *Grande sertão: veredas* e surge em "O recado do morro" de modo que:

> [Em] "O recado do morro" o escritor privilegia o sistema planetário antigo, aristotélico-ptolomaico e teocêntrico (o mesmo explo-

rado por Dante e Camões), para configurar, no sertão mineiro, um mundo atemporal, bastante particular, cuja construção revela, na argamassa, vários elementos de várias tradições. Por outro lado, sua visão do homem que habita esse espaço é claramente antropocêntrica e universal, ainda que esse homem seja apenas parte de um mundo uno, essencial, perfeitamente idealizado. É como se o autor, com a recusa do heliocentrismo de Copérnico, recusasse também os dilemas advindos com a modernidade e suprimisse a História e o tempo linear tão característico do Cristianismo e do conceito de progresso que avassala o mundo ocidental pelo menos desde o século XVIII. Assim, sua literatura revolucionária se insere na revolução às avessas preconizada por Octavio Paz como típica da poesia da modernidade, sempre às voltas com a magia e o tempo cíclico.

Talvez seja este sertão de "O recado do morro" que coincida com a cosmogonia ptolomaica do Canto I de *AMMR*. De qualquer maneira, o poeta de *AMMR*, ao revestir o início do poema de uma aura mitológica, proporcionada pela presença do labirinto, perceptível no plano significante, por exemplo, pelo espelhamento de *veredas se entreverando* (Dias, [s.d.], p.6) e por fazer do sertão esse labirinto, reitera a visão de Rosa; nesse sentido, talvez haja mais encontro do que desencontro, já que as veredas (veras veredas) se entreveram, como raízes, no eu-poético de *AMMR*, e parecem competencializá-lo a desenvolver seu percurso, sua busca, que, por sinal, parece extremamente coincidente com aquela presente na obra rosiana: não se trata de observar a máquina do mundo abrir-se, nem de recusar-se a vê-la, nem de admirá-la, mas de penetrá-la; como em Rosa, penetra-se no mundo:

> Em Guimarães Rosa o mundo se abre como problema. Ele é perplexidade e mistério. Às vezes pode ele raiar numa "verdade extraordinária": a alegria cósmica, de que o amor é apenas uma das expressões. Outras vezes o mundo se fecha no seu círculo de enganos. É assim que o mundo é aberto por Guimarães Rosa como um leque de perspectivas. (Lima, 1983, p.513)

AS RAZÕES DA MÁQUINA ANTROPOFÁGICA   117

A atitude diante do sertão em *AMMR* é, portanto, de dúvida investigativa. É o mergulho em busca da compreensão, como diz o próprio Haroldo de Campos (2002a, p.66):

> Minha perspectiva, não respondendo a uma fé inicial (como a de Dante e Camões), nem a um ceticismo desilusionado e radical (como em Drummond), é agnóstica, ou seja, em vez de "incuriosa", animada pela *curiositas*, pelo desejo de, na dúvida, explorar os possíveis que a hermenêutica do enigma oferece: não crendo, nem descrendo, mas duvidando e inquirindo, no sentido de buscar (até onde factível) o conhecimento.

Essa postura parece complementar a consideração feita por Guimarães Rosa, segundo a qual "no sertão um homem pode se perder ou se encontrar", o que importa, na verdade, é a travessia, é penetrar no mundo, na própria máquina do mundo, que pode ser, para o eu-poético de *AMMR*, a linguagem poética, o sertão que vai se entreverando nele. Para Costa Lima (1972, p.54) é preciso entender o sertão rosiano sob duplo dimensionamento: um é o do sertão como o território do medo, da desmedida, das interrogações irrespondíveis; o outro é a dimensão libertadora do sertão, utópica que inverte a imagem do que ele é de fato: ou seja, a utopia é justamente o sertão e suas interrogações não têm resposta; esse irrespondível é marcado pelo sertão-noite, pelo sertão treva, pelo sertão linguagem.

A compreensão do sertão coincidiria, para Costa Lima (ibidem, p.57), com a busca de um núcleo que unificasse a sociedade, como espaço geográfico, mas também como um insondável que existe para ser revelado: máquina do mundo. Entender o sertão é entender a sua linguagem cifrada: "não são bem enigmas que se propõem, mas sim irrespondíveis interrogações. [...] Os iniciados na linguagem cifrada do sertão-noite serão os tradutores de sua mensagem para aqueles que restam circunscritos à linguagem mediana e restrita da primeira dimensão" (o sertão como lugar geográfico).

118 DIANA JUNKES BUENO MARTHA-TONETO

A forma como o poeta em *AMMR* considera o sertão (se entreverando em nós) mostra que ele está imerso nele: o sertão é a própria máquina do mundo, é a máquina do poema e, consequentemente, a linguagem que o constrói, por vias pedregosas e labirínticas, o eu-poético é conduzido pelo jogo de som e sentido dos significantes:

> Sou precisamente um escritor que cultiva a ideia antiga, porém sempre moderna, de que o som e o sentido de uma palavra pertencem um ao outro. Vão juntos. A música da língua deve expressar o que a lógica da língua obriga a crer. (Rosa, 1983, p.88)

A preocupação com a construção do plano significante do poema é sempre uma constante na obra haroldiana, desde a fase que antecede a experiência concretista e sua orientação verbivocovisual. Vale, para *AMMR*, o que diz Donaldo Schüller (1983, p.370) sobre *Grande sertão: veredas*, ao ressaltar a maneira pela qual os significantes nascem e são carregados de novos significados, como se a obra fosse se constituindo num significado único ligado a um único significante, que, no caso de *AMMR*, parece ser construído a partir dos jogos de palavras e dos jogos sonoros.

Um exemplo muito interessante do uso da sonoridade e do caráter dialógico que essa sonoridade assume em *AMMR* está nas seguintes estrofes:

1) quisera como dante em via estreita
extraviar-me no meio da floresta
entre a gaia pantera e a loba a espreita

2) (antes onça pintada aquela e esta
de lupinas pupilas amarelas)
neste sertão mais árduo que floresta

3) ao trato – de veredas como se elas
se entreverando em nós de labirinto
desatinassem feras sentinelas

AS RAZÕES DA MÁQUINA ANTROPOFÁGICA   119

4)   barrando-me hýbris-leoa e o variopinto
animal de gaiato pêlo e a escura
loba – um era lascívia e a outra (tinto

A análise da sonoridade já foi destacada no início deste capítulo, mas é importante retomar a ideia de que as sibilantes podem sugerir muitos significados, como, por exemplo, o ruído das feras – o que corrobora o plano de conteúdo apresentado. Essa sibilante está em *sertão* e seu uso recorrente também ocorre em *Grande sertão: veredas*, em diversas passagens, mas em uma, especificamente, aproxima o sertão de satã e, consequentemente, do *Inferno*, que é justamente onde está o poeta em *AMMR* quando surgem as feras sentinelas. Diz Augusto de Campos (1983, p.345) sobre o livro de Rosa:

O tema *sertão*, numa passagem que é um dos momentos ápices do livro, é reduzido, fenomenologicamente, ao fonema S, ao mesmo tempo que se estabelece uma associação reveladora: SER-TÃO-SATÃ (este último vocábulo como que sotoposto àquele):

– e então, eu ia denunciar o nome, dar a cita... *Satanão! Sujo!* e dele disse somentes – S... – *Sertão... Sertão...*

As mesmas revelações ótico-acústicas e reverberações timbrísticas, apontadas por Augusto de Campos, a propósito do livro de Rosa, podem ser encontradas nessa passagem de *AMMR*, justamente quando o sertão e o *Inferno* são temas. Também nas estrofes de *AMMR* destacadas acima prevalecem os hipérbatos, já analisados e que sugerem o próprio labirinto em que se encontra o eu--poético. Esse recurso também é usado por Rosa em *Grande sertão: veredas* e muitos outros textos e cumpre uma função importante no estabelecimento do vínculo entre os significantes e o significado.

As inversões, por violentas que sejam, não constituem mero capricho do escritor. Desarticulam o discurso lógico, autonomi-

120   DIANA JUNKES BUENO MARTHA-TONETO

> zam a palavra, visualizam. Os conjuntos seccionados são pequenos, interrompidos sempre por vírgulas e pontos. [...] É um passo além no aproveitamento do anacoluto. Pode corresponder à técnica da música de Webern: não há desenvolvimento melódico. Razão psicológica. São os pensamentos que apenas se esboçam e são cortados por outros. Estilisticamente é a aceitação do caos. (Schüler, 1983, p.375)

É evidente que esses recursos estilísticos não são exclusivos dos textos rosianos ou haroldianos, mas estão presentes em muitas obras, a maior parte delas marcada pelo barroquismo. Entretanto, é interessante notar que Haroldo de Campos retoma seus precursores em suas estéticas também. As peças vão deslizando pelo tabuleiro de xadrez, diagonalmente, como os bispos; o que, aliás, vai muito bem neste primeiro Canto, tão marcado pela lógica ptolomaica da Igreja Católica. As peças vão deslizando pelo tabuleiro de xadrez, aos saltos, como os cavalos, levando o leitor a um ou outro ponto da tradição, como se articulasse *"flash backs* e *travelings* para incursões em tempos e espaços diversos daquele em que se situa"* o poeta. (Campos, A., 1983, p.327).

Captar, pela melopeia e logopeia, os rastros deixados pelo poeta em *AMMR* não é tarefa simples, mas causa entusiasmo a descoberta dos diálogos e as marcas da tradição no texto haroldiano, complexo xadrez de estrelas, de constelações, xadrez de galáxias em aura mítica. Trata-se, aqui, de entender o sertão como espaço de convergências de linguagem. Não é à toa que é a *hýbris leoa* da linguagem que barra o poeta. Toda a referência do sertão é metalinguística, no caso de *AMMR*, assim como parece ser em Dante e Camões (é preciso decifrar o mato de duro trato); assim como é em Rosa, conforme aponta Costa Lima (1972, p.59):

> Conviver com as possibilidades da linguagem/reduzir-se à linguagem da comunidade. Não que o autor houvesse recuado a uma variante do culto romântico da natureza. É sim que ele vê a comunidade humana como núcleo formado por uma rede protetora, que, de tanto defender o homem, termina por torná-lo incapaz de distin-

AS RAZÕES DA MÁQUINA ANTROPOFÁGICA   121

guir as vozes da natureza-sertão, isto é, do sertão-noite. Com isto, como dissemos, recupera a ideia da linguagem como nomeação, declaradora tanto do cristalino como do opaco, tanto da pergunta em situação de conversa, quanto da indagação sem possibilidade de resposta.

Ora, esse tratamento dado à linguagem corresponde a uma renovação das formas, uma maneira de ensinar ao homem a linguagem dos poetas, ao invés de fazer o poeta falar a linguagem comum. O leitor de *AMMR* não é um leitor qualquer; talvez isso aconteça porque o leitor comum, dada a prisão imposta pelas formas canonizadas, vê-se impossibilitado de ouvir as vozes do sertão-noite; é incapaz de aceitar a convivência com a opacidade da linguagem, como o indecifrável. Claro que parece aqui que o poeta é um iniciado, a poesia é a linguagem iniciática por excelência, porque sua palavra é fundadora de uma realidade: a poética. Daí poder-se falar na aura mítica que perpassa todo esse canto e que parece engendrar não apenas uma mitopoética, mas uma cosmopoética. Repensar a máquina do mundo é repensar os mitos fundadores do universo e a compreensão do universo é acessível àqueles que aceitam seus desafios.

Essa aura, típica das narrativas míticas, tem como peculiaridade o sertão (não apenas o dantesco ou camoniano, mas o rosiano, principalmente); e a onça, fera sentinela, que nele habita. Como destaca Leda Tenório da Motta (2004, p.167):

> Tudo nessa dicção introduz o próprio significante, trazendo-o para perto de nossa cultura: onça pintada envelhecida (mas não velha, e confundir uma coisa com a outra redundaria num palpite tão infeliz quanto pensar que as telas de Van Gogh são sobre girassóis e não sobre o amarelo [...]) (o poema) pede para ser percebido como uma outra forma, senão como a suprema forma – o poema sendo deslumbrante – de reflexão estética e de provocação.

Essa reflexão estética, a que alude Motta, é vista por alguns críticos como "preciosismo forçado e abstrato" (Franchetti, 2000,

DIANA JUNKES BUENO MARTHA-TONETO

D3). Esse comentário cabe, sem dúvida, ao texto e é marca do (extremo) barroquismo, talvez, narcisismo, haroldiano, por isso o tom da crítica de Franchetti soa, plausivelmente, mais disfórico do que eufórico e bastante pertinente. A meu ver, porém, a provocação e a ironia refletem-se, justamente, na "pomposidade" proposital do léxico e no uso da forma fixa. O preciosismo é, segundo entendo, intencionalmente e tensionalmente "forçado e abstrado" – visa à tensão da leitura ao dirigir-se para um leitor-parceiro-de-jogo que perceba (ainda que não apreenda na totalidade) a profundidade dos diálogos estabelecidos por Campos em *AMMR*; um leitor capaz de captar (e apreciar) os jogos plantados no plano de expressão do poema. Como flores de narciso – são os restos da imagem do poeta, de seu ROSTO, que as palavras do poema espelham e refratam (*AMMR*, 36.3, p.30, grifo nosso):

36. – e todos: camões dante e palmilhando
seu pedroso caminho o itabirano
viram no ROSTO o *nosso* se estampando

Como pontua Dias (Dias, mimeo, p.2):

É como se essa metalinguagem, menos que oferta, se fizesse como um repositório de um saber que só se abre a leitores especiais, convocados também a uma espécie de percurso iniciático por esse texto singular. Noutros termos: a engenhosidade dessa máquina--poema só se oferece a quem puder dominar o projeto mais íntimo da sua engenharia.

Dominar o projeto mais íntimo é captar os jogos cifrados, ou, no caso específico do sertão e das feras, talvez seja seguir os rastros dessa onça-pintada. Desde que é o sertão rosiano que se entrevera também no leitor, a onça-pintada parece sugerir a onça de *Meu tio o Iauaretê* (Rosa, 1976) por dois aspectos fundamentais: o da transformação do onceiro em pantera, e que em *AMMR* surge como a transformação da pantera em onça-pintada, aproximando-se das

AS RAZÕES DA MÁQUINA ANTROPOFÁGICA   123

nossas referências; e o outro aspecto é a linguagem do *Iauaretê* que reproduz em onomatopeias e expressões cunhadas do tupi a "linguagem das onças":

> Então já se percebe que, neste texto de Rosa, além de suas costumeiras práticas de deformação oral e renovação do acervo da língua [...], um procedimento prevalece, com função não apenas estilística, mas fabulativa, [...] que dará à própria fábula a sua fabulação, à história o seu ser mesmo. Para ver como funciona o processo, basta atentar para o fato de que o tigreiro [...], enquanto conta, para seu hóspede desconfiado e que reluta em dormir, histórias de onça, está também falando uma linguagem de onça. (Campos, H., 1992, p.60)

Também em *AMMR* as assonâncias e as aliterações cumprem função onomatopaica e sugerem os ruídos das feras, como já foi dito; porém, toda a construção do plano de expressão do poema, analisada até aqui, e os meios pelos quais engendra o plano de conteúdo, mais do que função estilística, parece também cumprir essa função fabulativa mencionada por Campos, fornecendo à máquina poética "seu ser mesmo". No caso específico da linguagem rosiana, é como se Haroldo adotasse, parcialmente, o mesmo procedimento que há em *Grande sertão: veredas*. Na obra rosiana, a linguagem "identifica-se, isomorficamente, às cargas de conteúdo que carrega, e passa a valer, ao mesmo tempo, como texto e pretexto, em si mesma, para a invenção estética" (Campos, A., 1983, p.321).

Quem repensa a máquina do mundo não é apenas o poeta, mas também o leitor – é diante dele que a máquina se abre e gira, a cada volta, novos significados são revelados, novas descobertas são feitas. Se numa primeira rotação é Dante e Camões que vemos diante do poeta, na segunda rotação vemos Rosa e o sertão. Mas o sertão não é apenas rosiano, está também em Cabral, o engenheiro – o perseguidor da forma perfeita – e está em Graciliano e suas fortes imagens. Está em Euclides. Se a poesia em *AMMR* equivale ao universo, está nas entranhas do poeta tanto quanto o sertão "se entrevera em nós", ele mesmo, o universo, linguagem.

A máquina e o *Relógio do Rosário*

Neste ponto da leitura do poema, não é mais possível adiar o encontro com a máquina do mundo drummondiana. Mais uma vez, é crucial voltar ao início do poema para seguir pegadas. O final do Canto I é drummondiano; as referências são explícitas. O que ocorre, entretanto, é que este Drummond faz-se presente em todo o Canto I, desde o início. De fato, parece que a atmosfera drummondiana invade as primeiras 40 estrofes de *AMMR*. Na estrofe 18, por exemplo, Drummond é retomado, entretanto, a "narrativa" é suspensa e volta-se a falar de Vasco da Gama.

O adiamento não é tenso, mas tem efeito retardador. Em *Mimeses*, Auerbach (2004) discute a *Cicatriz de Ulisses*. Trata-se do episódio da *Odisseia* em que Ulisses, chegando ao palácio de Ítaca, é recebido para o lava-pés por Euricleia, a escrava. Penélope está no mesmo aposento, mergulhado na penumbra. Euricleia apalpa a cicatriz e se enche de alegria, mas Ulisses não deseja que Penélope saiba, ainda, de sua presença. Segura, então, a escrava pelo pescoço e ela deixa cair seu pé na bacia. Entre o reconhecimento e a continuidade da cena, estão interpostos fatos os quais, rememorados na cena narrativa, informam ao leitor o que ocorreu, como foi que Ulisses se feriu e, mais do que isso, impedem o fim, a derradeira cena.

Auerbach ressalta que esta suspensão do tempo não é feita para provocar tensão, mas para que nada seja deixado na obscuridade; é, pois, um retardamento. Ao que parece, esse procedimento surge em *AMMR*, por diversas vezes; em relação a Drummond, é bastante explícito. Não quer o poeta provocar tensão no leitor, mas ele mesmo, mnemonicamente, parece reclamar e suspender a presença drummondiana, que se vai impondo aos poucos no texto. O caminho é da circularidade, é a volta, o retorno, exatamente como na *Odisseia*, e já se mencionou aqui o quanto a épica seduz Haroldo de Campos e o quanto *Ulisses* é parte deste cosmonauta do significante.

Há, ainda, outro aspecto muito interessante desse retardamento. O retardamento significa a manutenção da narrativa e, portanto, de Ulisses. Chegar em Ítaca e reassumir seu lugar significa a morte

AS RAZÕES DA MÁQUINA ANTROPOFÁGICA **125**

de Ulisses, seu fim, já que é, para se usar aqui um termo rosiano, a travessia que importa. O que significaria para *Odisseu* a volta, o reconhecimento, o enfrentamento do tempo que passou ausente? O que significa para o eu-poético de *AMMR* o duro mundo drummondiano? A morte, no primeiro caso? A agnose depois dos diálogos mantidos com Dante e Camões, no segundo caso?

Haroldo, muito perspicaz a esse aspecto, traça, em seu *Finismundo a última viagem*, o panorama de uma última viagem de Ulisses; nela, dá ao herói a possibilidade de morrer por tentar, de certa maneira, ir além do desmedido, o que é uma *"hýbris da hýbris"*: o Ulisses de Haroldo quer ultrapassar as colunas de Hércules e chegar ao *Paraíso* terrestre, por isso arrisca uma última viagem, mas fracassa ao tentar, luciferinamente, *ultrapassar o signo*, os limites permitidos aos mortais.

No caso de *AMMR*, o leitor já sabe que ao final estará Drummond (como já se sabe que Ulisses retornará). As primeiras palavras já sugerem isso. Encontrar Drummond, e o Drummond de *Claro enigma*, é voltar para casa, depois de tanto navegar e trilhar as veredas do sertão que se entreveram no eu-poético. Assim como Ulisses tinha a certeza de Ítaca, o poeta de *AMMR* tem a certeza de Drummond, ao menos neste Canto I. Da mesma forma que Ítaca, marcada pelos anos, não será a mesma, o Drummond (re)encontrado não será o mesmo, mas aquele sombrio e desfeito do ímpeto das primeiras experiências poéticas: desfeito do ímpeto, mas não da ironia, como se verá adiante.

O poeta de *AMMR* parece não se acomodar com esse (re)encontro entre ele e a tradição, não é a velhice que manterá o eu-poético nos versos de métrica decassilábica, mas seu impulso de navegante o obrigará a armar novamente o barco e sair: se é para morrer, que seja pelo poema e por todas as reinvenções (decassilábicas) possíveis. O impulso do eu-poético haroldiano é de vanguarda, sempre, dos primeiros poemas ao último. Com o Canto I encerra-se o ciclo ptolomaico, e tem início uma série de indagações.

No final, Drummond. No início, Drummond. Ler o Drummond presente em *AMMR* implica, pois, voltar às primeiras es-

126 DIANA JUNKES BUENO MARTHA-TONETO

trofes, recomeçar a viagem a partir de outra estrada, ou da mesma, já que o poeta mineiro também revisita Dante e Camões. Como aponta Haroldo de Campos (2002a, p.63):

> Assim como, no Canto X do poema camoniano, há uma retomada intertextual do Canto XXXIII (último) do "Paradiso" e de toda a *Commedia*, Carlos Drummond de Andrade, no seu admirável poema "A máquina do mundo" (*Claro enigma*, 1951), dialoga com ambos esses textos exemplares. Nesse dialogismo poético, não apenas comparecem o Dante e o Camões cosmológicos, mas ainda a "Cantica Infernal" da *Divina comédia* (a "estrada de Minas pedregosa", replica à "selva selvaggia e aspra e forte", em que Dante se vê de súbito perdido, já que "la dritta via era smarrita"; responde também, ao "percurso árduo, difícil, duro a humano trato" que, em Camões, descreve a viagem aventurosa do Gama "por mares nunca dantes navegados"; (C. 1 v.3; C. X, 76, v.8).

Mais uma vez, assim inicia *AMRR*:

1) quisera como dante em via estreita
    extraviar-me no meio da floresta
    entre a gaia pantera e a loba à espreita

2) (antes onça pintada aquela e esta
    de lupinas pupilas amarelas
    neste sertão mais árduo que floresta

Ao que parece, o poeta já vinha caminhando no sertão, *neste sertão mais árduo que floresta*, ou era ele mesmo o ser, tão mais árduo que floresta. O uso do pretérito mais-que-perfeito em *quisera* reforça tanto o desejo quanto a impossibilidade de o poeta caminhar como Dante, já que, no lugar da floresta, há o sertão (rosiano, como vimos) que se entrevera; no lugar da pantera, a onça-pintada e a loba, cujas lupinas pupilas são amarelas como a pele da onça. Parecem ecoar, nessas duas primeiras estrofes, o *e como eu palmilhasse,*

AS RAZÕES DA MÁQUINA ANTROPOFÁGICA **127**

primeiro verso de *A máquina do mundo* de Drummond: a estrada de Minas é pedregosa e, ao ler os versos inicias de *AMMR*, vê-se que o poeta também está em pedregoso terreno – o sertão.

É interessante notar que, fazendo novamente esse percurso em busca do Drummond, lido por Haroldo em *AMMR*, tem-se a sensação de que o poeta vem andando e, ao mesmo tempo, falando *"quisera como Dante... mas estou mesmo é no sertão"*.[25] Em *AMMR*, os significantes da estrofe 3 podem sugerir, metonimicamente, o eco dos passos do poeta em atrito com o áspero caminho, como faz Drummond (Bosi, 1988, p.85). Diz o poema haroldiano:

> 3.1 ao trato – de veredas como se elas
> 2. se entreverando em nós de labirinto
> 3. desatinassem feras sentinelas

Trato, entreverando, veredas, labirinto remetem à estrada pedregosa drummondiana, principalmente se levarmos em conta os seguintes versos extraídos de *A máquina do mundo*, de Drummond (2006, p.127):

> E como eu palmilhasse vagamente
> uma estrada de Minas, pedregosa,
> e no fecho da tarde um sino rouco

---

25 Faz lembrar, ainda, do retirante de *Morte e vida severina*: como o Severino, o eu-poético situa-se em relação ao seu lugar no mundo, suas ascendências, sua casa, não a Serra da Costela, magra, mas o denso *Sertão de Veredas*. De fato, é como se fosse mesmo um retirante daquilo que ele considera aridez da história literária diacrônica e buscasse, ao refazer uma parcela do percurso da tradição, a fertilidade da abordagem sincrônica, anunciando, ao leitor a quem *se filia*, sua casa; desfiando as contas do rosário chegará ao fim, *nex*, ou nexo, cuja interrupção mais do que prova de que é difícil defender, só com palavras, a vida, mostra que talvez o mesmo valha para a obra, cuja existência depende do leitor. *AMMR* é, de certo modo, como vários poemas de Haroldo também o são, um auto de Natal, nasce um poeta (como a flor de narciso) das sementes (não das cinzas) das imagens captadas da tradição.

se misturasse ao som dos meus sapatos
que era pausado e seco; e as aves pairassem
no céu de chumbo e suas formas pretas

lentamente se fossem diluindo
Na escuridão maior, vinda dos montes
E de meu próprio ser desenganado

O som dos passos na estrada pedregosa revela a amplitude da retomada sincrônica feita por Haroldo de Campos em seu texto, que revela, também, a lentidão pela matéria significante, em cuja estrutura prevalecem os sons vibrantes, obrigando a lenta leitura. É necessário destacar, em ambos os poemas, as sibilantes que contribuem para a construção acústica dos passos pelo árduo caminho e o uso do mesmo tempo verbal, pretérito imperfeito do subjuntivo, também em ambos os poemas, aprofundando a atmosfera de indecidibilidade.

Na sexta estrofe, o poeta de *AMMR* mostra estar imerso em circunspecção e é nesse sentido que surge, pela primeira vez, de modo mais explícito, Drummond; enfrentar Drummond é enfrentar o enigma, o duro mundo, a falência das utopias, ou, simplesmente, o enfrentamento dos fatos. *A máquina do mundo* de Drummond é "circunspecta, espia, atenta em todas as direções, e, como a Esfinge, reclusa na sua essência pétrea, é capaz de olhar e, muda, significar" (Bosi, 1988, p.88). No poema haroldiano, é a acídia, que o esfinge:

6.1 transido e eu nesse quase – (que a tormenta
2. da dúvida angustia) – terço acidioso
3. milênio a me esfingir: que me alimenta

Há um quê de *spleen* nessa estrofe, um tom baudelairiano, que está também na abertura de *Claro enigma* (1950), cuja epígrafe, apesar de ser de Valéry, remete ao mestre Baudelaire: *Les événements m'ennuient*. O que se vê em *Claro enigma* não é só o tédio, mas a impossibilidade de ação pela frustração das utopias perdidas, o que obriga o poeta a seguir com mãos pensas. Como diz Leda Motta:

AS RAZÕES DA MÁQUINA ANTROPOFÁGICA   129

E também é em Baudelaire que o poeta assume a condição de sujeito "esquerdo", ou de pássaro de gigantescas asas que não pode caminhar na terra. Restando-lhe, assim, um ideal [...] que inclui [...] principalmente o paraíso artificial da técnica poética, que tem tudo a ver com *Claro enigma*. Novos recursos mais majestáticos ou emplumados com que ressaltar "o belo mundo malgrado ele próprio". (Motta, 2002, p.158,159)

Na 7ª estrofe, o céu de chumbo presente no poema drummondiano também é recuperado por Haroldo de Campos:

> 7.1   a mesma – de saturno o acrimonioso
> 2.   descendendo – estrela ázimo esverdeada
> 3.   a acídia: lume baço em céu nuvioso

A tristeza que pode ser apreendida nos versos de Drummond parece, também, encontrar eco neste fragmento em que a *acídia* reflete-se no *céu nuvioso*, cuja coloração, como se sabe, é plúmbea. Por ocasião da discussão dos diálogos com Dante e Camões, já se estabeleceram muitas intertextualidades a partir da imagem saturnina. Todavia, ao enfrentarmos a "esfinge" do *Claro enigma* drummondiano, outro Saturno vem à mente, mais carregado de implicações sincrônicas, no que concerne à descendência e à tradição. Para rememorá-lo, é necessário convocar outro poema do livro de Drummond, *Morte nas casas de Ouro Preto*, do qual se destaca a estrofe final:

> E dissolvendo a cidade.
> Sobre a ponte, sobre a pedra,
> sobre a cambraia de Nize,
> uma colcha de neblina
> (já não é a chuva forte)
> me conta por que mistério
> o amor se banha na morte.
> (Drummond)

130 DIANA JUNKES BUENO MARTHA-TONETO

O que chama a atenção na estrofe drummondiana (e no poema como um todo) e faz com que se retorne à 7ª estrofe de *AMMR* não é apenas a colcha de neblina que equivale ao *lume baço em céu nuvioso*, mas o fato de, sub-repticiamente, aparecer uma melancolia histórica, um saudosismo de uma Minas próspera e conturbada; Minas dos inconfidentes. O que evoca essa memória é *a cambraia de Nize*, ou seja, apenas o vestígio da musa do poeta inconfidente, Cláudio Manoel da Costa, *Glauceste Satúrnio*. Como aponta Vagner Camilo:

> [...] são reminiscências, vestígios, restos da amada e antiga cidade mineira agora reduzida, enfim, a ruínas [...] Vestígios [...] também de sua história, cultura e mitos (através da referência à peça íntima da musa do nosso não menos melancólico árcade *Glauceste Satúrnio*, que aí viveu no período mais próspero e conturbado). Mas, acima de tudo, são lembranças da efemeridade, transitoriedade e insignificância das coisas, seres, memória e história, todos sujeitos ao mesmo destino *natural*. *Memento mori*. (Camilo, 2005, p.298)

A leitura do poema haroldiano assume outra feição ao se incorporar a ela mais esta rede de significação, agora pelo lado da tradição brasileira. De qualquer modo, é a melancolia *gris* que prevalece sob todos os aspectos; um cenário em ruínas do qual o eu-poético haroldiano evita tratar pelo retardamento. A 8ª estrofe introduz, assim como acontece na 18ª, Vasco da Gama, o herói que enfrenta o mar. De novo, analogamente à *Cicatriz de Ulisses*, é preciso rememorar os feitos heroicos, as lutas bem-sucedidas antes de enfrentar a acídia do milênio, não por uma questão de tensão, mas pela necessidade de "ruminar nossas verdades", como sugere outro verso de Drummond em *Claro enigma*.[26]

Este Drummond melancólico vive o luto das ilusões perdidas, principalmente porque a própria poesia parece ser incapaz de veicular novos ideais; ao poeta em crise, caberia rever a crise de versos

---

26 *Um boi vê os homens.*

AS RAZÕES DA MÁQUINA ANTROPOFÁGICA   131

e formas poéticas, para buscar na tradição maneiras de restaurar ou reinstaurar o mundo,[27] ou, como diria o próprio Drummond sobre essa fase, reinstaurar a compreensão do estar-no-mundo. Impossível não lembrar aqui de João Cabral de Melo Neto, *Sobre o sentar/--estar no mundo*, a respeito da qual diz Wisnik:

> [no poema] a atitude filosofante, sugerida pela expressão (sob cuja rubrica, aliás – "Tentativa de exploração e de interpretação do estar-no-mundo –, Drummond reuniu, em antologia pessoal, parte fundamental de sua poesia), é enquadrada ironicamente na atitude de quem se senta na tábua-de-latrina,/assento além de anatômico, ecumênico,/exemplo único de concepção universal,/onde cabe qualquer homem e a contento. A poesia de João Cabral não postula o "mundo" [...] com sua potência própria, visa, entre outras coisas, a não se deixar emaranhar no emaranhado (do mundo). (Wisnik, 2005, p.23)

O mundo drummondiano, entretanto, vive em busca da apreensão daquilo que lhe escapa; a apreensão da totalidade é sempre deslizante: "pelo compromisso inarredável da totalidade que acusa continuamente a sua própria impossibilidade de cumprir-se, fortalecendo-se, no entanto, disso mesmo", é que a poesia de Drummond se constrói (ibidem, id.) e se constrói o ceticismo do poeta, tão bem revelado pelo "recorte" que o poeta de *AMMR* apresenta ao leitor.

18) ao capitâneo arrojo em prêmio aberta
– drummond também no clausurar do dia
por estrada de minas uma certa

---

27 O ambiente da literatura brasileira dessa época era marcado por um retorno às formas clássicas. O livro de Drummond não era um fato isolado, mas se inseria num contexto maior, em que prevalecia a mentalidade classicizante; entretanto, esse fato não é suficiente para aproximar univocamente Drummond da geração de 45 (Camilo, 2005, p.34), já que sua aproximação com a tradição dá-se, como mostra Achcar (apud ibidem), pelo desejo de reforçar a perpetuação da arte em relação à efemeridade da vida.

132 DIANA JUNKES BUENO MARTHA-TONETO

19) vez a vagar a vira que se abria
circunspecta e sublime a convidá-lo
no âmago a contemplasse (e se morria

20) a tarde e se fechava no intervalo):
maravilha de pérola azulada
e madrepérola e nácar – de coral o

21) seu núcleo – primo anel – aléf do nada
de tudo razão (que à teodicéia
e à glosa escapa e à não razão é dada)

Já havia sido feita a leitura da 18ª estrofe até o primeiro verso, devido ao diálogo estabelecido entre este e *Os Lusíadas*. Interrompe-se a narrativa da visão de Vasco da Gama para introduzir Drummond, porém, não é o momento ainda de enfrentar Drummond, e o tom drummondiano é suspenso, novamente, na 22ª estrofe. Um aspecto interessante a ser notado nessas interrupções é que elas atuam como *flash-backs*, um ir e vir, como cenas de um filme e como se o poeta buscasse o fio narrativo, segundo uma lógica mnemônica, que o faz retomar e avançar sua viagem, criando o efeito de *travelings*, como diz Augusto de Campos, a propósito de *Grande sertão: veredas*, para caracterizar o tom joyciano do romance de Rosa; seu comentário parece encaixar-se bem em *AMMR*:

[...] poder-se-ia dizer que Guimarães Rosa se utiliza de *flash--backs* e *travelings* para incursões em tempos e espaços diversos daqueles em que se situa o personagem-narrador (Riobaldo). Este [...] "retoma o fio da narração", "emenda", "desemenda", "verte", "reverte" num "figurado" complexo, para o qual chama a atenção do interlocutor: *esta minha boca não tem ordem nenhuma. Estou contando fora, coisas divagadas.* (Campos, A. in Coutinho, 1983, p.327, grifos e destaques do autor)

Embora o poeta de *AMMR* não se declare "falando fora de ordem", as coisas surgem divagadas, como assinala o uso de *quisera*

AS RAZÕES DA MÁQUINA ANTROPOFÁGICA   133

e dos recorrentes hipérbatos: *isso é como um jogo de baralho, verte, reverte,* diria Riobaldo. Em meio a essas divagações do poeta é que a máquina drummondiana surge entre a 18ª e 21ª estrofes. Vinha Drummond andando por uma estrada de *Minas certa/vez,* como sugere a ambiguidade sintática criada pela ruptura no final do 3º verso da 18ª estrofe, ou uma estrada de *Minas certa vez...* ambas as coisas, de fato. O tom sombrio é assegurado pelas assonâncias em /u/ *Drummond, clausurar* e, sobretudo, em /i/, sugerindo, talvez, mais angústia, pela duração mesmo da vogal, como se pode notar em *dia, minas, vira, abria, sublime, circunspecta, convidá-lo, morria;* a atmosfera soturna é completada pela aliteração da vibrante em *vez, vagar, vira,* que continua na estrofe seguinte em *fechava* e *intervalo.* A sucessão de "ia" não deixa de sugerir a caminhada do poeta, que *ia* pela estrada.

Enquanto a máquina convida o poeta à contemplação, *a tarde se morria e se fechava.* A reflexividade dos verbos morrer e fechar complementa a gravidade da cena: a tarde morre-se, a ela mesma; e se fecha, anoitece dentro e fora do poeta. Na 20ª estrofe, como acontece no poema drummondiano, o surgimento da máquina impõe-se, o poeta a vê, ela se oferece (só depois disso ele a recusa). Em *AMMR,* o poeta descreve o que enxerga: soberbas pontes, monumentos erguidos à verdade. Também em *AMMR,* a visão é luminosa e a abertura dos sons sobrepõe-se à dicção noturna anteriormente acentuada: *maravilha, pérola, azulada, madreperla, nácar, coral.* Como em Drummond, no poema haroldiano, a máquina abre-se gentil, em calma pura (sem a exacerbação de *claro-amostrando, orbes, capitâneo arrojo,* que indicaram a máquina camoniana algumas estrofes antes).

Na 21ª estrofe, a descrição prossegue, e há clara referência a Borges *primo anel – álef do nada.* Tal como no conto de Borges, o *Aleph* evocado pelo poeta, em *AMMR,* escapa à glosa. Diz Borges (o narrador do conto):

> Cada coisa (o cristal do espelho, digamos) era infinitas coisas, porque eu a via claramente de todos os pontos do universo. Vi o

populoso mar, via a aurora e a tarde, via as multidões da América, vi uma prateada teia de aranha no centro de uma negra pirâmide [...] vi no Aleph a terra [...] senti vertigem e chorei, porque meus olhos haviam visto esse objeto secreto e conjetural cujo nome usurpam os homens, mas que nenhum homem olhou: o inconcebível universo. (Borges, 2006, p.170, 171)

Francisco Achcar (2000, p.86, 87) também aproxima a visão drummondiana do conto de Borges, ou melhor, destaca em ambos a negação da visão, embora por razões aparentemente opostas. Borges nega o *Aleph* para vingar-se de Daneri (nome que guarda relação anagramática com Dante Alighieri), um poeta que quer compor um poema cosmogônico e era seu rival no amor de Beatriz. Já em Drummond, a negação parece vir pela desilusão, pela "incuriosidade". Entretanto, o *Aleph* borgiano parece, como diz Umberto Eco, piscar para o leitor, e na ironia à *Comédia*, o que Borges quer dizer que esquece é algo que não se pode esquecer: a tradição. Mais do que uma provocação a Daneri (nome abreviado de Dante, uma diminuição) é a afirmação de que não pôde resistir à descida ao *Inferno*, que é, no caso de seu conto, a descida metafórica ao porão da tradição literária, ou o acesso à visão do universo.

Em Dante, os caminhos para a máquina, para a revelação são pétreos, em Borges também: "Existe esse Aleph no íntimo de uma pedra?" (Borges, op. cit., p.174). Que pedra será essa senão o próprio poema; em seu centro, o universo, a pétrea palavra poética, que é dantesca, é haroldiana, é borgiana e é, sem dúvida, alguma poesia no meio do caminho do itabirano. Não é por acaso, inclusive, que em *A máquina do mundo* Drummond retoma seu famoso e polêmico poema de 1928, especialmente no verso 16: *pelas pupilas gastas na inspeção*.

A retina fatigada vê flores pétreas hesitantes – poesia que não mais nasce, como em *A flor e a náusea*, mas que, reticente, abre-se e se fecha em si mesma e na tradição que, como *um sino rouco*, precisa (e teima) em ecoar, ao longo de toda a máquina drummondiana, já que nesse poema os diálogos com Dante e Camões são explícitos.

AS RAZÕES DA MÁQUINA ANTROPOFÁGICA   135

Depois da volatilização da aura drummondiana, entre a 22ª e a 33ª estrofes, induzida pela retomada da visão de Vasco da Gama em *Os Lusíadas*, o poeta em *AMMR* volta a falar do itabirano, dessa vez de modo definitivo, até o final do Canto I.

33) de mágico pelouro por inteiro
     o pasmasse: já o poeta Drummond duro
     escolado na pedra do mineiro

34) caminho seco sob o céu escuro
     de chumbo – cético entre lobo e cão –
     a ver por dentro o enigma do futuro

35) incurioso furtou-se e o canto-chão
     do seu trem-do-viver foi ruminando
     pela estrada de minas sóbrio chão

Sombrio e cinzento, o poeta narra, em *AMMR*, o percurso de Drummond. Nas estrofes 33, 34 e 35, a assonância /u/ faz baixar severa a luz crepuscular sobre o poema, talvez melhor fosse dizer luz do crepúsculo, ou ainda, penumbra, *céu escuro de chumbo*. Entre o lobo e o cão, entre *fraga e sombra*, o poeta já não se reconhece, não é mais o mesmo, aprendeu, calcado na estrada palmilhada, que há não só um tempo, mas um espaço (a estrada de Minas) de *homens partidos*. O jogo entre a penumbra do /u/ e a secura do /k/, permeados pela nuance da sibilante, reproduz o estado de alma do poeta, *drummond duro*; o fechamento da vogal antecipa a recusa da visão da máquina, também anunciada por: *escolado, cético* e, inclusive, *drummond duro*.

O comportamento melancólico descrito pelas estrofes drummondianas de *AMMR* é entrevisto pelo tom plúmbeo, dada a paisagem ao redor do eu-poético. Essa melancolia, como mostra Benjamim (2004, p.156), é essencialmente associada a Saturno – o mesmo Saturno acrimonioso que está presente ao longo do Canto I desde os versos iniciais, conforme destacado; o mesmo Saturno que

136　DIANA JUNKES BUENO MARTHA-TONETO

marca a dualidade, a tentativa barroca de conciliação de estados de alma contrários.

Também o cão é símbolo da melancolia, pois de um lado a raiva, cuja mordedura levaria à acídia, que poderia, por sua vez, causar sonos tenebrosos, é-lhe característica; de outro, o faro e a resistência permitem associá-lo ao incansável inquiridor, ao pensador meditativo (ibidem, id., 161, 168). A dicotomia entre lobo e cão sugere a duplicidade canina apontada por Benjamim, já que o lobo pode ser visto como o lado grotesco do cão; e o cão, como o lado sublime do lobo.

Tal como a melancolia, também Saturno, esse demônio dos contrastes, investe a alma, por um lado com a indolência e a apatia, por outro com a força da inteligência e da contemplação [...] toda a sabedoria melancólica obedece a uma lei das profundezas; a ela chega-se a partir do afundamento, na vida, das coisas criaturais, a voz da revelação é-lhe desconhecida. Tudo o que é saturnino remete para as profundezas da terra. (Benjamin, op. cit., p.158, 161)

O poema de Haroldo de Campos impõe um trabalho de leitura de texto barroco, em que a resolução para a dualidade é buscada no fusionismo das imagens e jogos paronomásticos do plano significante. E o termo barroco é aqui empregado não apenas no sentido de pérola deformada, embora as metáforas exacerbadas e demais procedimentos sugiram isso, mas segundo a acepção desse termo conforme o utiliza Sarduy ([s.d.], p.25), ao indicar que a palavra *barroco* compõe o léxico do joalheiro, sugerindo não mais o natural imperfeito, mas o artificial, o elaborado com rigor e paciência pelo ourives; dualidade saturnina, diga-se de passagem, ou o trabalho do poeta-ourives com suas formas fixas.

Em atmosfera grave, o poeta se encaminha para o final da primeira etapa de sua jornada:

36)　– e todos: camões dante e palmilhando
　　　seu pedroso caminho o itabirano
　　　viram no ROSTO o nosso se estampando

AS RAZÕES DA MÁQUINA ANTROPOFÁGICA   137

37) minto: menos drummond que ao desengano
     e repintar a neutra face agora
     com crenças dessepultas do imo arcano

38) desapeteceu: ciente estando embora
     que dante no regiro do íris no íris
     viu – alcançando o topo e soada a hora –

39) na suprema figura subsumir-se
     a sua (e no estupor se translumina)
     e que camões um rosto a repetir-se

40) o mesmo em toda parte viu (consigna)
     drummond minas pesando não cedeu
     e o ciclo ptolomaico assim termina...

Na estrofe 36, o poeta inicia o fechamento do Canto ao dizer que todos, Dante, Camões, Drummond e ele próprio, viram os rostos espelhados na máquina do mundo. Ou seja, na 36ª estrofe, ele considera que participou da visão que Dante, Camões e Drummond tiveram da máquina, pois estes viram *"nosso* ROSTO"; nosso inclui, portanto, o rosto do poeta de *AMMR*, uma vez que, ao revisitar a tradição, inventivamente, recria a visão da máquina, e, ao fazer isso, imprime suas idiossincrasias na visão dos poetas evocados.

Na estrofe seguinte, corrige a presença de Drummond, afinal este nada viu e sua recusa também não atrai o poeta de *AMMR*, movido pela curiosidade, pelo desejo do novo. Encerra-se o ciclo ptolomaico e a primeira parte do percurso deste viajor-poeta em busca de uma cosmogonia.

Benjamim (2004) destaca a tendência do melancólico para grandes viagens e relatos de viagens, não deixa de ser este o caso do poeta de *AMMR*, como é o caso de Haroldo de Campos, tantas vezes chamado de cosmonauta neste trabalho. No lugar de fugir ao canto-chão, parece sugerir ao leitor que, mesmo em Drummond, há lugar para o azul. São os versos finais de *Relógio do Rosário*, último poema de *Claro enigma*, que, afinal de contas, sinalizam uma luminosidade para tudo aquilo que até então era sombra:

> Mas, na dourada praça do Rosário,
> Foi-se, no som, a sombra. O columbário
>
> já cinza se concentra, pó de tumbas,
> já se permite azul, risco de pombas.
> (Drummond)

Diz Vagner Camilo:

> Em *A máquina do mundo*, o desvelar sublime dá-se sob a forma de um clarão em meio à escuridão exterior e interior [...] Já em *Relógio do Rosário* é o eu-lírico quem decifra a verdade maior, ao contrário do poema anterior, onde ela se oferta gratuita [...]. Disso decorre uma diferença central entre os dois poemas: *enquanto a "Máquina do Mundo encerra um ato de recusa, Relógio do Rosário encerra um ato de aceitação, entrega e identificação*[...] numa dor universal que o indistingue e nivela aos demais homens bichos e coisas. (Camilo, 2005, p.300-301, grifos do autor)

Ainda segundo Camilo, essa identificação é que faz a passagem da alegoria ao símbolo. É a convergência que impera. A visão do relógio é oposta à da máquina nesse sentido, pois que esta marca a entrada da alegoria, uma vez que: "[...] a percepção do intervalo entre a máquina do mundo e o seu espectador é tão aguda que só o silêncio pode significá-la. O silêncio de ambos marca a entrada da alegoria no poema" (Bosi, 1988, p.89).

Não parece ser este o caminho do poeta em *AMMR*, que pode perfeitamente ver em *Relógio do Rosário* um início, o aleph do eu- -poético drummondiano e, portanto, a máquina. A praça (dos convites) parece ser a máquina cuja mão movente conduz a existência, pela batida ritmada do relógio a conduzir a cidade geração após geração, como diz o próprio Drummond em *A matriz desmoronada*,

AS RAZÕES DA MÁQUINA ANTROPOFÁGICA   139

texto de 1970. O relógio é o que dá a dimensão do tempo, é a máquina que se abre na praça do Rosário e é nela que o poeta vê seu rosto e o mundo todo, afinal, em atitude contemplativa.

O Canto I retoma as visões da máquina do mundo pelos poetas evocados, direta ou indiretamente, retratando o ciclo ptolomaico, em que predomina uma visão de mundo que centraliza não apenas a Terra, mas a consciência do poeta, pensador do mundo do exterior para o interior, "da circunferência para o centro". Se a Terra deve sua força à sua forma esférica e posição central no universo (Benjamin, 2004, p.163), as reflexões humanas adotariam o mesmo percurso. O poeta de *AMMR*, entretanto, resolve ser excêntrico e parte, no Canto II, para uma discussão que vai do centro para a circunferência, vai da ordem ao caos, e é nesta atmosfera de desordem que procura identificar organizações outras e explicações distintas para a cosmogonia que busca explicar, ou tão somente entender.

Recusando a acídia saturnina, mune-se de uma pulsão da descoberta. Abandona o Saturno deposto de seu trono e tenta reencontrá-lo na Idade do Ouro, no caso do Canto II, revivida pelo apelo à ciência como nova forma de "credo". Ao optar pela excentricidade, o poeta terá que resgatar um outro lado da tradição poética, inclusive a sua, a crise de verso mallarmeana ganhará, pois, espaço no tempo do poema. Isso não significará a ruptura com a forma fixa, posto que ela cumpre a função do repensar da máquina do poema. Ao contrário de Drummond, que pelo uso das formas tradicionais pode buscar a identidade, o "ouro sobre o azul", a marca ritmada do relógio da praça matriz da infância, em Haroldo, o uso da forma fixa não causa o mesmo espanto, já que ele sempre a utilizou como meio de repensar a própria poesia – afastar o tédio, introduzindo, no padrão, a variância.

Talvez seja necessário esclarecer, parcialmente, o enigma nada claro do surgimento de *Claro enigma* na obra drummondiana, inclusive porque *AMMR*, como "acervo" da forma fixa, poderia estar para Haroldo assim como *Claro enigma* está para Drummond. Identificar as proximidades entre ambas é um meio de ampliar a compreensão, ou melhor, a percepção da presença drummondiana na obra de Haroldo de Campos, analisada neste trabalho.

Drummond publica *Claro enigma* em 1951. Depois de *A rosa do povo* e de todo o lirismo participativo, parece surgir o poeta empobrecido de formas revolucionárias, o mesmo que dissera que a poesia deveria evitar a nostalgia dos "moldes antigos" (Camilo, 2005, p.52). Ocorre, porém, que o tratamento dado ao verso em *Claro enigma* não é ingênuo; para além do impulso clássico, o livro todo é carregado de excelentes resoluções poéticas, como aponta o mesmo Vagner Camilo (ibidem):

> Ora, há de se convir que um artista com tal grau de consciência diante dessa ameaça [nostalgia dos moldes antigos] não incorreria [...] num neoclassicismo ingênuo! Se o faz é porque incorpora, nesse fazer, a consciência sempre alerta desse risco de reacionarismo, tematizando, reiteradamente, sobretudo nos poemas da primeira seção de *Claro enigma*, que aludem à *arte poética*.

Também em Haroldo de Campos o uso da forma fixa não é reacionário, há, entretanto, a meu ver, uma diferença entre o Drummond de *Claro enigma* e o Haroldo de *AMMR*. Sobre o livro de Drummond, em artigo originalmente publicado em 1952, diz o polêmico Haroldo de Campos (1992, p.52):

> [...] esta pausa [neoclassicizante] – não fosse Drummond quem é – revelou-se, porém, não como uma demissão das conquistas anteriores, mas como uma tomada de impulso [...] para um novo arranjo qualitativo. Tudo isto sem embargo de que, no próprio *Claro enigma*, a guinada neoclassicista foi às vezes, nos melhores poemas, pretexto para memoráveis excursos de dicção [...] – dentre os quais não pode ficar sem menção o "A máquina do mundo", ensaio de poesia metafísica (quem sabe até secreta teodiceia laica), no qual se recorta o perfil dantesco.

Para Campos, portanto, *Claro enigma* tem momentos epifânicos, mas não representa um marco da criação, pois o poeta paulista entende que o diálogo com a tradição só se coloca se houver "*make it*

AS RAZÕES DA MÁQUINA ANTROPOFÁGICA   141

new". Ainda que se discorde de Haroldo e se afirme, na direção que fazem Camilo (2005) e Achcar (2000), que há em Drummond uma profunda ironia estilística, ainda que seja possível a aproximação dos dois poetas e se possa mostrar a presença drummondiana em *AMMR*, a diferença fundamental é que, ao dialogar com a tradição, Haroldo subverte a ordem canônica; não o faz para tentar reencontrar um caminho ou para negar qualquer caminho depois da morte das utopias; mas o faz, segundo percebo, orientado pela agoridade, pela necessidade de criar seus precursores, trazendo-os à luz de sua leitura, como *sempre* fez: é um projeto de poesia que encerra com *AMMR*, não porque o poeta assim o tenha decidido, mas porque não teve tempo para outros. Ao contrário de Drummond, a revisão da tradição não é uma descontinuidade em Haroldo, e sim uma constância. Por isso não há uma guinada classicizante, mas a manutenção de um diálogo que, extensamente, se manifestou ao longo do tempo em todas as criações do poeta, mesmo nas mais concretistas.

Há, sem dúvida, um tom solene perpassando todo o poema *AMMR*, que atua como reprodução da atmosfera do cânone e da alegoria da máquina no Canto I, porém, talvez o que mais profundamente diferencie *Claro enigma* de *AMMR* seja o fato de que Drummond foi mais radical, chocou mais porque vinha sempre numa trajetória crivada de modernismo, ainda que o mundo, o existencialismo e a metafísica, como mostra Wisnik (2005), estivessem sempre em sua obra. A piada, a ironia e o próprio tratamento do verso encontravam um meio inventivo de tratar dessas questões. A valorização e o repensar da tradição apresentados pelo poeta mineiro em 1951 rompem, portanto, com sua trajetória; isso não quer dizer que mereça as árduas e, possivelmente, exageradas críticas haroldianas, com as quais, certamente, Drummond não se importou.

Haroldo, por sua vez, nunca abandonou as formas fixas e a construção de seu *paideuma* sempre passou pela reinvenção do cânone, ou seja, *AMMR* causa surpresa àqueles que veem apenas o Haroldo da Poesia Concreta e não conseguem, talvez impedidos mesmo pelas atitudes haroldianas, vanguardistas e polêmicas, perceber o quanto este poema sintetiza um conjunto de práticas apregoadas por toda a sua vida de poeta, mesmo nas composições mais concretistas: a busca da materialidade da palavra poética. Ou seja, a forma fixa em Haroldo tem também a função de prestigiar a tradição e de pensar sobre ela, mas de modo distante daquele encontrado em Drummond. Daí ser prematuro dizer que *Claro enigma* está para Drummond assim como *AMMR* está para Haroldo de Campos.

Mesmo no que concerne à recriação da atmosfera drummondiana no poema, não se pode dizer que exista identidade; a identidade, essa relação unívoca, não atrai Haroldo de Campos; o que o atrai é viver o universo de seus precursores, não da mesma maneira que Drummond, mas somente pela recriação desses precursores. Haroldo é, então, um Ferrageiro de Carmona, não põe a tradição na fôrma, mas doma-a à força, não até uma tradição já sabida, mas ao que pode até ser tradição, se tradição parece a quem o diga. Navegar, ou melhor, *cosmonavegar*, é preciso: afinal, ao final, haverá metro que sirva para medir-nos?

3
DEUS NÃO JOGA DADOS. E O POETA?

Algumas palavras sobre o Canto II

O Canto II é, seguindo o parâmetro da *Comédia*, o *Purgatório*. Depois da aridez do ciclo ptolomaico, do enfrentamento das feras, do mar bravio e do ceticismo drummondiano, o poeta passará a questionamentos de outra ordem. Movido por um profundo desejo de saber e de conhecer, abandonará parcialmente o diálogo com o cânone; deste ficará, para o eu-poético, aquilo que já internalizou e tornou seu.

No Canto I, a busca do poeta não fica muito clara, ele segue afirmando que quer caminhar como Dante, Camões e Drummond, mas não diz, exatamente, por quê. O leitor, enredado pelo labirinto do texto, desenvolve um *movimento de leitura* que acompanha o poeta e, dada a revelação da máquina do mundo, percebe que o intuito do eu-poético é repensar a organização do cosmos.

Ocorre que, na primeira parte do poema, o eu-poético está mergulhado no universo literário e este não lhe será suficiente, pois que o milênio que o esfinge exigirá mais; é preciso relembrar aqui que a esfinge marca o início de uma jornada, misteriosa e instigante, que se inicia no Canto I, a partir daquilo que o poeta (*aedo*) retoma mnemonicamente, e continuará no Canto II, movida pelo que ele quer saber. A primeira parte do poema representa o passado; a segunda, o futuro; para a travessia do Canto II, será necessário ser absolutamente novo, será necessário navegar outros mares, deixar-se levar pelo acaso e pela aventura e, possivelmente, por outros poetas. Neste canto, a questão da origem *ultrapassa o signo* e vai do mar e do sertão ao céu, por isso a jornada, a partir da estrofe 41, é ascensional: com os olhos postos no céu e deixando acirrar a agnose que o movimenta, o poeta vence a lei da gravidade do seu próprio texto, que talvez procure prendê-lo à literatura, e viaja para o espaço, levando o cânone junto com a pulsão de perquirir e de desbravar fronteiras.

O nada e o acaso, o poeta e a ciência

A jornada do Canto II talvez não seja a da melancolia gris, dantesca e drummondiana, e sim a da melancolia-ousadia lusitana, que arrosta, valentemente, daqui para a frente, não mais o mar, porém o céu, seu espelho. Em atitude contemplativa, mas, ao mesmo tempo, inquiridora, o eu-poético buscará a máquina do mundo; enquanto isso, a máquina do poema se constrói também, afinal, é ela quem repensa a máquina do mundo.

Segundo Pécora (2005, p.104), a partir do Canto II, acentua-se a dicotomia entre o "esfingir do eu" e a tentativa de dissolução do dilema da gesta do universo; essa dicotomia, entretanto, não se configura, segundo esse autor, como questão existencial:

[...] O poeta é sobretudo glosado como criador das analogias eloquentes, capaz de contar a origem do mundo segundo a "nova cosmofísica" e não como alguém dotado de uma pessoalidade especial. De pessoal, quando muito, há apenas o agnosticismo anunciado e certo desejo de coragem e valentia, diante do desafio comum do início e do fim. (ibidem, p.104)

O distanciamento entre o eu-poético e a mensagem é um simulacro, pois a mediação dos fatos pela percepção possibilita a apreensão da realidade e sua transfiguração em termos de linguagem do poema, de modo que o discurso do eu-poético reflete, como já foi dito, a postura haroldiana. Dessa forma, o esfingir do eu e a tentativa de dissolução da gesta do universo são, no fundo, bases das mesmas perguntas: *como tudo começou e/ou como comecei? de onde vem e para onde vai a minha linguagem?* Pode não haver uma questão existencial aparente, mas como explicar um eu-poético que se permite voz, canto e angústias? João Cabral de Melo Neto (2007, p.9) assim explicaria essa questão:

> Sempre evitei falar de mim,
> falar-me. Quis falar de coisas.
> Mas na seleção dessas coisas
> não haverá um falar de mim?
>
> Não haverá nesse pudor
> de falar-me uma confissão,
> uma indireta confissão,
> pelo avesso, e sempre impudor?
>
> A coisa de que se falar
> até onde está pura ou impura?
> Ou sempre se impõe mesmo
> impuramente, a quem dela quer falar?
>
> Como saber, se há tanta coisa
> de que falar ou não falar?
> E se o evitá-la, o não falar,
> é forma de falar da coisa?

O tom de *AMMR* é, sim, confessional. Como evitar falar de si? Da coisa em si? É fato que *AMMR* retrata questões que incomodam Haroldo de Campos; a cada estrofe, isso se torna mais aparente. É movido por uma curiosidade e uma obsessão em fixar uma origem, embora ele mesmo saiba que a origem é uma rasura, indefinível. Não se deve, contudo, confundir o tom confessional com aquele presente em Drummond. O poeta vive porque busca, na linguagem, ela mesma, e com ela repensa o mundo, incansavelmente, pela voz do eu-poético instaurado no texto e que se confunde com o próprio Haroldo de Campos, mas também é maior do que ele. Dessa forma, talvez não haja, portanto, o distanciamento apontado por Pécora, mas sim uma tensão entre confissão/descrição que sustenta a beleza poética poema. Nem o eu-poético se arrasta pensando no que o esfinge, nem o eu-poético apaga sua voz em prol de questionamentos maiores do que ele. Trata-se do que diz o poema de Cabral: *o não falar é a forma de falar da coisa.*

É útil pensar aqui no jogo de claro/escuro do barroco. Imagine-se uma pintura de Caravaggio ganhando vida, saltando de dentro da tela para representar a cena pintada diante dos nossos olhos. Nesse caso, os jogos de claro e escuro ganhariam mobilidade. Pois bem, se o poema fosse essa pintura, ao transformar-se em "realidade virtual", poderíamos ver ora o esfingir do eu, ora a tentativa de dissolução da gesta do universo, mas saberíamos, forçosamente, que ambas fazem parte da "cena". Talvez não seja interessante, do ponto de vista da complexidade do poema haroldiano, separar o que deve ficar amalgamado; as questões estão juntas por uma só razão: é a palavra poética em ação no texto que assim as funde e as mantém inexoravelmente ligadas, tornando fluidas e impossíveis as categorizações acerca da dicção do poema.

A transfiguração que a linguagem do poema estabelece permite a reapresentação do mundo, pela união entre forma e conteúdo, torna espessos e palpáveis os signos; estes, (re)inaugurados pela própria materialidade incandescente da poesia, marcada pela dupla face da lírica na modernidade, aquela voltada para a mensagem em si e que, veladamente ou não, inclui a *persona* poética, e aquela voltada para a evolução na técnica e na ciência são o verdadeiro Sol da mensagem poética de *AMMR*. Essa mensagem, entretanto, tem as cores das explosões de supernovas – é ímpar e distante do

AS RAZÕES DA MÁQUINA ANTROPOFÁGICA **147**

usual. Cabem aqui as mesmas considerações aos sonetos de amor de Sponde[1] feitas por Genette (1972, p.237):

[...] o trajeto normal da metáfora é ir sempre da cultura à natureza, do mundo humano ao mundo cósmico: seus olhos são como estrelas, nosso amor é como o céu azul. Os poemas de referência cósmica [de Sponde] deveriam, então, produzir um efeito mais facilmente aceitável. Nada disso acontece, simplesmente porque o cosmos evocado por Sponde não é a Natureza definida em suas qualidades sensíveis, é o universo da Física e da Astronomia, o mundo de Arquimedes e de Ptolomeu, isto é, um cosmos também afastado, intelectualizado pelo conhecimento e pela teoria científica.

O que se assiste a partir do Canto II do poema é essa exacerbação da intelectualização, ou seja, há aproximações, posto que há comparações, mas, ao mesmo tempo, há um distanciamento tal entre o leitor e o universo apresentado, que parece acentuar-se a distância intransponível que terá de ser enfrentada para que se dê conta das operações hermenêuticas do texto.

Nesse ponto, é acertada a consideração de Pécora, para quem o poema certamente revela a primazia do conhecimento e da contemporaneidade e é "altamente técnico, alusivo, de modo que o que se divulga é menos o saber que a dificuldade de acesso a ele. Numa frase: menos a ciência que o mistério dos iluminados que a podem dominar" (Pécora, 2005, p.106). Entretanto, é justamente essa a marca barroca do poema; sua intransponibilidade, seu funcionamento elíptico que ao mesmo tempo fazem agir, sub-repticiamente, certo esfingir do eu-poético. No caso de *AMMR*, é interessante ressaltar, como se verá ao longo da leitura do Canto II, que o próprio barroco assume proporções cosmológicas, se o tomarmos no sentido proposto por Sarduy, a ser apresentado ao longo da leitura do poema. Apenas para que se tenha uma ideia do que propõe o poeta cubano, o barroco é a passagem do círculo de Galileu (1564-

---

1 Jean de Sponde (1557-1595), representante do barroco francês.

1642) à elipse de Kepler (1571-1630),[2] ou seja, o barroco promove a "deformação" da ideia de perfeição.

A ciência e os poetas são chamados ao texto "artificialmente", pelo eu-poético, que navega ou orbita por entre os signos tempestuosos, os quais, como se dotados de vida autônoma, erguem-se diante dele. Essa busca, já se mencionou aqui, é uma constante na obra haroldiana, basta conferir, por exemplo, o comentário do próprio Haroldo sobre *Signantia quasi coellum*, de 1979, e que se aplica, também, à *AMMR*: "Como Tirésias na *Odisseia*, eles [os poetas da tradição] são invocados para profetizar sobre o destino que aguarda o poeta em sua 'viagem via linguagem'. A saída (exit) é o poema [...]" (Campos, 2002, p.47).

Mais adequado do que dizer que o poema é acessível apenas ao leitor erudito, o "escolhido", aquele capaz de "interpretar" as profecias de Tirésias, seria assumir que é o leitor que, ao escolher o poema, precisa equipar-se, equiparar-se, minimamente, aos construtos exigidos pelo texto, se quiser, evidentemente, assumi-lo como cosmos, sertão, enfim, universo a ser (des)velado. Em meia frase: "quem está na chuva...".

Não se dominará a física contemporânea pela leitura do poema, embora, certamente, ela seja apreendida por imposição, já que o texto seu conhecimento evoca; tampouco se dominarão os poemas do cânone com os quais o poeta dialoga, inclusive porque surgem, *barcos bêbados*, embriagados pela euforia com que o poeta os marca de suas idiossincrasias. O que o poema incita a fazer é o enfrentamento de sua linguagem, cifrada, sim, e, por isso, desafiadora.

Só os escolhidos contemplam a máquina do poema? Provavelmente, só os que a escolhem a contemplam; claro está que o poema de Haroldo de Campos não se pretende à decifração; como uma esfinge, seduz pelo encantamento labiríntico da *supercifração*, posto que o novelo a ser desenrolado parece infinito. É sedutor arriscar/ aceitar que a compreensão do poema está na busca e não importa o Minotauro; para tanto, há que se aderir ao texto e ao que ele

---

2 Esta questão será retomada mais adiante, com detalhes.

AS RAZÕES DA MÁQUINA ANTROPOFÁGICA **149**

impõe: a barroquização dos signos, fio de Ariadne ou sertão que se entrevera.

Se a fé na vida após a morte, no *Paraíso*, pode parecer, aos homens da ciência, algo impossível, ao homem comum, a fé no espaço-tempo da relatividade de Einstein, verdade tão possível quanto (in)visível, oculta nos números, nos modelos teóricos de configurações gravitacionais, parece igualmente marcada de impossibilidade e, mais ainda, a racionalidade dessa ideia não deixa de parecer, àqueles que não são cientistas, uma questão de fé.

Fidúcia: contrato entre partes. Do ponto de vista de seu "contrato fiduciário" com Deus, o homem tem a certeza da continuidade da vida depois da morte, certeza do nexo que o conduzirá à vida eterna. Do ponto de vista da ciência, tem a certeza de que nada sabe e que há sempre um patamar de ignorância a ser superado; a busca pelas respostas é infinita e sobrevive aos séculos, da mesma forma que é infinita, para os homens da religião, a existência de Deus. As buscas religiosas e científicas procuram estabelecer alternativas para a finitude da existência humana. De um lado, a religião quer a transcendência do homem, do indivíduo; de outro, a ciência quer a permanência da espécie.

Tanto a ciência quanto a religião intentam transcender a dimensão humana, fazendo uso de um ideal abstrato de perfeição (Gleiser, 2002, p.33), orientando-se pela tentativa de interpretação da palavra divina ou dos insondáveis mistérios do universo. O poeta, em *AMMR*, acaba por se tornar também intérprete, mas de ambas as coisas, da ciência e da religião, à medida que as faz dialogar no espaço do poema, que é, também, como vimos, um tempo histórico (já que parte de Dante e vai além da Teoria da Relatividade de Einstein); assim procede porque negar a ciência ou a religião é "ignorar que o homem é tanto um ser espiritual quanto racional" (Gleiser, 2006, p.9) e é esse fusionismo barroco que Haroldo de Campos procura construir em seu texto. Universo: *esta a gesta do céufogoágua e da terra/Enquanto eram criados* (Campos, H., 2000a, p.50).

O poema de Haroldo de Campos não nega o divino, é agnóstico; não transforma a ciência em dogma, questiona-a com os recursos

150 DIANA JUNKES BUENO MARTHA-TONETO

da materialidade da palavra poética. Diante do instigante convite da máquina do mundo-poema repensada(o), cabe a não resistência; a caminhada é pedregosa, como atestam os significantes, já nas primeiras estrofes. Quem não acredita na vontade de anular a criatura firma-se na certeza de que somos poeira (ou poesia?) estelar e, portanto, dançamos, poeticamente, a dança do universo – parece ser este o caso de Haroldo de Campos.

Para o leitor não há nada mais humano do que se curvar frente à maquinaria do poema, que busca explicar, pela criação, a origem do universo, inclusive do universo poético. Tanto a religião quanto a ciência e, é claro, a poesia procuram, na instabilidade da vida, o que consideram vital, a partir de seus específicos objetos ou pontos de vista: um ritmo; harmonia de um universo que canta pelas vozes dos anjos, pelo trânsito das estrelas, pelas palavras constelares do poema, por todas as espécies de constelações significantes erigidas ao longo da história.

Límen do milênio

No Canto II, a melopeia, tão constante no Canto I, cede lugar à logopeia; sobre ambas está a fanopeia, "as coisas se mostram antes que a palavra incida sobre elas", como diz Schüler (1997, p.14), ou seja, Haroldo de Campos usa, segundo as especificações de Pound, os três modos possíveis de carregar as palavras de significado.[3] A partir deste canto, o poeta espera "desenigmar" o dilema.

> 41) já eu quisera no límen do milênio
> número três testar noutro sistema
> minha agnose firmado no convênio

---

3 "[...] as palavras são ainda carregadas de significado principalmente por três modos: fanopeia, melopeia e logopeia. Usamos uma palavra para lançar uma imagem visual na imaginação do leitor ou a saturamos de um som ou usamos grupos de palavras para obter esse efeito" (Pound, 1970, p.41).

AS RAZÕES DA MÁQUINA ANTROPOFÁGICA **151**

42) que a nova cosmofísica por tema
estatuiu: a explosão primeva o big-
bang – quiçá desenigme-se o dilema!

É retomada aqui a 6ª estrofe do poema, quando o poeta menciona o terço acidioso milênio a esfingir-lhe, porém, o tom é bastante outro; desvencilhando-se da atmosfera sombria e saturnina, imposta pelo paralelismo com o inferno dantesco nas estrofes iniciais, os primeiros versos do Canto II parecem marcar-se pela curiosidade, pois o poeta pretende *testar sua agnose* em *outro sistema*. Outro aspecto que marca essa diferenciação entre o Canto I e o II é o primeiro verso de ambos. No verso 1, diz o poeta: "quisera com Dante" e, a partir de então, vai trilhando, à sua maneira, os caminhos do sacro magno poeta; no verso 41, esse percurso será feito de outra forma: "já eu quisera no límen do milênio". Parece, afinal, que ele encontrou o caminho que deve percorrer.

Vale notar a menção do número três, referente à trindade cristã, mas também trilogia correspondente à imagem tradicional do conhecimento, a saber: Eu, Deus e o Mundo, construída ao longo da história e estabelecida com fundamentação na racionalidade a partir de Descartes: "o procedimento de conhecer envolve um sujeito conhecedor que, legitimado por um Deus verossimilhante, apreende um objeto a ser conhecido" (Oliveira, L. A., 1996, p.507). A atmosfera criada pelas paronomásias e aliterações é interessante, pois, ao contrário do *sertão se entreverando, mais árduo que floresta ao trato*, o *límen do milênio* parece abrir-se ao poeta de outra forma. Da entrada do milênio (límen é palavra latina que quer dizer soleira da porta, ou a porta de entrada), o eu-poético vislumbra outro caminho; pela proximidade anagramática entre límen e milênio pode-se pensar, inclusive, que o milênio é a própria entrada – o fato de iniciar-se impõe outra forma de pensar. Também os significantes que sugerem o caminho do poeta são um pouco diferentes daqueles encontrados nas estrofes do Canto I, em especial nas iniciais.

A regularidade da aliteração em /t/, *três, testar, noutro, sistema, tema, estatuiu*, distribuída pelas estrofes 41 e 42, de modo razoavel-

152 DIANA JUNKES BUENO MARTHA-TONETO

mente equilibrado, intercalando-se às nasais, engendra o sentido dos versos,[4] pois, como afirma Brik (in Toledo, 1975, p.132), o ritmo é anterior ao verso: por instituir a repetição e a regularidade, antecipa, no caso dessa estrofe, o discurso científico que vai ocupar as estrofes seguintes. Isso ocorre porque a palavra poética é capaz de recriar o mundo: tudo cabe em palavras, embora, talvez, não caiba na música, ou na pintura, pois:

> No que se refere à perceptibilidade e à figuração, a poesia não pode concorrer com a poesia e com a música. As imagens poéticas são complementações subjetivas e mutáveis das representações verbais. Se, por um lado, a palavra e a poesia, no que se refere à perceptibilidade da representação, são mais pobres do que as artes plásticas, são mais ricas no seu domínio próprio [porque] [...] O material da poesia não são as imagens e emoções, mas a *palavra*. (Jirmunsky, 1983, p.442)

É atravessado pela palavra poética que o texto haroldiano se estabelece e, por meio dela, articula-se a sua dinamicidade, como diria Tinianov, "a unidade da obra não é um todo simétrico e fechado, mas sim é uma integridade dinâmica, com desenvolvimento próprio" (1983, p.452). Ou seja, é pela correlação e pela integração que se constrói o poema *AMMR*, o que significa que a história, o contexto e a ciência são componentes semânticos e não determinações exógenas à obra. Naturalmente, essas considerações aplicam-se ao poema todo, entretanto, no Canto II, ganham um significado

---

4 Nesse ponto, está-se argumentando, contrariamente ao que faz Tomachevski, para quem: "o ritmo, ao contrário do metro, não é ativo, mas passivo, não engendra o metro, mas é engendrado por ele" (in Toledo, 1975, p.143). A nosso ver, e repetindo a pergunta drummondiana, são distintos os metros que servem para medir a forma poética, entretanto, é sua essência que organiza o sentido, já que pode haver texto metrificado sem poesia. O ritmo oscilante de *AMMR* tem relação especular com a trajetória do poeta, ou talvez, mais arrojadamente, é a trajetória do poeta que espelha o ritmo, tão amalgamada é a forma em relação ao conteúdo.

AS RAZÕES DA MÁQUINA ANTROPOFÁGICA 153

ampliado, pois a estaticidade do universo ptolomaico será substituída pelos modelos da cosmofísica: o dinamismo da poesia combina com o dinamismo do assunto de que tratará o eu-poético. Nesse espectro, a forma fixa, aparentemente estática, deve ser vista como fator dinâmico, já que o ritmo, os hipérbatos e demais "perturbações" daquilo que seria a ordem poética são fatores constitutivos do verso – este se constitui a partir daqueles. Para dar continuidade à metáfora do Big Bang, que acompanhará o poeta em sua jornada daqui para a frente, poder-se ia dizer que o poema é o universo, o verso, suas galáxias, os fatores constitutivos, a explosão primeva que lhe dá origem; mas de onde vem essa origem, saber alto e supremo, ou, simplesmente Babel, talvez nem Deus nem a ciência compreendam e é em torno dessa inquirição que se delineará a busca do eu-poético neste Canto II.

Na estrofe 42, firmado no convênio que a nova cosmofísica estatuiu, o poeta espera encontrar as respostas para o dilema da origem; assim sendo, a compreensão do Big Bang poderá revelar-se-lhe útil em sua jornada. A teoria do Big Bang, como se verá ao longo da leitura do Canto II, parte do princípio de que o universo está em constante expansão, ou seja, seu volume aumenta com o passar do tempo, o que significa que um retorno no tempo permitiria vislumbrar a diminuição progressiva deste volume até o zero, o nada.

A descoberta de que o universo está em constante expansão levou os cientistas, a partir da década de 1940 do século passado, a darem um passo importante para a compreensão da totalidade do universo – saber que o universo está em constante expansão permitiria compreender como se originou e qual a trajetória percorrida. Até então, o homem só conseguia apreender alguns aspectos dessa totalidade (Novello, 1996, p.498). Entretanto, a compreensão da origem em si não poderia ser circunscrita a experimentos e observações científicas, pois:

> Segundo esse modelo [Big Bang], se voltarmos no tempo, chegaremos a uma singularidade, um ponto que contém a totalidade da energia e da matéria do universo. Ele associa, pois, a origem do

universo a uma singularidade. Mas não nos permite descrever essa singularidade, pois as leis da física não podem ser aplicadas a um ponto que concentre uma densidade infinita de matéria e de energia. (Prigogine, 1996, p.170)

O que o modelo do Big Bang sinaliza é que, depois de séculos de crenças na ordem determinista, de um universo criado a partir de um demiurgo (inclusive para Newton, como se verá), descobre--se o processo pelo qual foi criado, mas à sua compreensão não se tem acesso, pois o universo é dinâmico e instável e é um espaço contínuo; dada essa geometria e a orquestração contínua do cosmos, ainda não há aportes da física suficientes para entendê-lo, para entender a sua gesta. As dúvidas tornaram-se maiores com os avanços dos estudos; descobriu-se que o processo de geração do universo é irreversível e está associado a um vácuo quântico, que é o estado de menor energia de um sistema; nesse estado fundamental, no lugar de uma singularidade, tem-se instabilidade (Prigogine, 1996, p.187; Gleiser, p.390), engendrada pela grande explosão inicial.

> 43) quem à mundana máquina se ligue
> já não há: o cosmólogo "ruído
> de fundo" diz – irradiação repique

> 46) espaço afora centelhando irrunetes:
> ninguém fala hoje em dia em maquinaria
> do mundo concentrando continentes

Nos primeiros versos da estrofe 43 e nos últimos versos da estrofe 46, o poeta indica que, na atualidade, não há mais espaço para a máquina do mundo (mundana máquina, em latim, do mundo, do universo, celestial), pois, em seu lugar, em substituição ao seu brilho, o que subsiste é o "ruído de fundo", resultante da grande explosão, Big Bang. Segundo Roland Campos, o termo "ruído de fundo" surgiu a partir de uma experimentação dos físicos Penzias e Wilson e pode ser, em linhas gerais, compreendido como o resquício – como a permanência – do Big Bang. Na origem, o excesso

AS RAZÕES DA MÁQUINA ANTROPOFÁGICA **155**

de calor produziu uma radiação (como um ruído) que permaneceu. Ou seja, a origem "acabou", mas seu "ruído de fundo", como um rastro, permanece[5] (Campos, R., 2003, p.71).

Nesse ponto cabe lembrar de uma das atribuições das obras literárias clássicas, segundo Italo Calvino (2005, p.15):

> [...] é suficiente que a maioria perceba a presença dos clássicos como um reboar distante, fora do espaço invadido pelas atualidades como pela televisão a todo volume. Acrescentemos então: É clássico aquilo que tende a relegar as atualidades à posição de barulho de fundo, mas ao mesmo tempo não pode prescindir desse barulho de fundo. É clássico aquilo que persiste como rumor mesmo onde predomina a atualidade mais incompatível.

A tensão apontada por Calvino sugere o dinamismo da obra literária, ou seja, tanto a obra clássica permanece como ruído de fundo, e, nesse sentido, assemelha-se à radiação decorrente do Big Bang, quanto a novidade é que faz papel de ruído de fundo para as obras clássicas. Uma vez admitida a perspectiva sincrônica da história literária, sabe-se que a novidade recupera a ancestralidade; ou seja, se a novidade é rumor para o que é clássico, isso se deve menos à permanência do clássico do que à sua pregnância no que é novo. De toda forma, a irradiação é repique do *primogênio* estrondo.

O que é cânone é *big-bang*; a reinvenção dele é *big-crunch*, um colapso que é ruptor por trazer à tona, justamente, as explosões primevas. Em certa medida, ao ser sincronicamente articulada a

---

5 "A teoria da grande explosão começou a ganhar crédito com uma descoberta tão contingente quanto extraordinária. Em 1965, quando pesquisavam antenas para satélites de comunicação, Penzias e Wilson constataram que uma radiação de micro-ondas chegava regularmente, de todas as direções [...] tal radiação isotópica, na verdade, prevista por Gamow, não provinha de nenhuma fonte observável. Percebeu-se que a explicação está nas origens do universo. A concentração da matéria, então a uma temperatura elevada, produziu uma radiação de fundo que remanesceu, preenchendo o espaço, e *perfazendo um signo indicial de detonação longínqua*. A irradiação cósmica ratificou o *big-bang*" (Campos, R., 2003, p.71).

156 DIANA JUNKES BUENO MARTHA-TONETO

determinado *paideuma*, uma obra artística colapsa porque é desconstruída para poder, como a fênix, renascer das próprias cinzas. Assim, *bing-bang* e *big-crunch* alternam-se, indefinidamente, como labirintos borgianos, dos quais os físicos são grandes admiradores:

> [...] o fascínio muitas vezes se justifica pelos pontos de tangência entre as sendas borgianas e as ideias científicas. Um destes pontos é a bifurcação no tempo, subentendida na interpretação dos multiuniversos da física quântica. Nela, se um sistema descrito num certo instante por uma função de estado Ψ tem duas alternativas de percurso, então ele seguirá as duas, cada uma compondo um mundo diferente! Assim, a desagradável compulsão de eleger uma entre duas ou mais opções se desfaz docemente, com o passar do tempo, pela instauração de uma série ilimitada de universos [...], um dos quais nós, singularmente, habitamos.[...] o livro dos livros da "Biblioteca de Babel" [...], a hipótese de uma biblioteca "ilimitada e periódica"[,] é a mesma a circunscrever o modelo de universo que nasce e morre numa região puntiforme, alternando ciclicamente *big-bang* e *big-crunch*, explosões e colapsos. (Campos, R., 2003, p.70)

Mais do que dizer que a ciência e a literatura tomam emprestadas, uma da outra, metáforas, conceitos, definições e até postulados, o que é interessante do ponto de vista deste trabalho e é importante sublinhar é que, em *AMMR*, o poeta segue duas alternativas de percurso, não opta entre elas, funde-as; entretanto, no lugar de fundar mundos diferentes em cada caminho, por fundir percursos, instaura o mundo a partir dos estilhaços, ou, melhor ainda, das "subdivisões prismáticas da ideia" da tradição e da ciência que recolhe, pedras do caminho, à sua maneira. De toda forma, quando se percebe o "ruído de fundo do cânone", tem-se um signo indicial, o "ruído" é um rastro; mas, quando a novidade reinventa o cânone, o "ruído de fundo" é ícone do cânone. Este é o caso de *AMMR*.

Certamente, a tentativa de conciliação de mundos diversos, como a religião e a ciência, sendo que a última não costuma aparecer como alegoria com a mesma força com que a primeira aparece, remete ao barroquismo que marca o poema. Esse barroquismo en-

AS RAZÕES DA MÁQUINA ANTROPOFÁGICA   157

contra em Severo Sarduy uma associação cosmogônica, exatamente no sentido de ruído de fundo. Conforme já se destacou, a hipótese do Big Bang tem conexão com a ideia de que o universo está em constante expansão; à medida que se expande, aumentam os vazios, a densidade da matéria torna-se esparsa e tende a zero: o que permanece é um ruído que é idêntico em qualquer ponto.

É nesse sentido que Sarduy ([s.d.], p.87) postula que o universo é um "significante materialmente em expansão: não é apenas o seu sentido, a sua densidade significada"; uma vez que há vazios, os brancos e os silêncios do universo passam a significar, posto serem a realidade do afastamento, como os brancos no final dos versos do poema. No caso específico de *AMMR*, o *enjambement* e a *terza rima* parecem reafirmar a conexão entre a "matéria" e o grau de afastamento, indicado pelo final de cada verso, que, ao "ecoar" nos versos subsequentes, preenche os silêncios do texto. Além disso, é preciso completar a ideia de ruído de fundo retomando a aliteração do /t/, indicada nas estrofes iniciais deste canto. Ao transitar pelo texto, como se o estivesse tateando, o /t/ atua como o ruído de fundo, resquício da primeva explosão, que permanece no cosmos até hoje.

Outro aspecto importante, decorrente das modernas teorias da física, é que não há um centro do universo, mas um universo descentrado; a explosão inicial é um vestígio de signos: vibração fonética de consoantes e ondulação das vogais. Mais do que significar diferentemente ao longo do tempo, ou seja, mais do que o fato de corroborar para a formulação de hipóteses de *leitura* do universo, o vestígio de signos é sempre ruído de fundo. Se um poema é um universo, o rumor da língua que o perpassa dá-nos a ideia desse Big Bang criativo, cujos significantes vão sendo repetidos, embora assumam, em cada ponto da leitura, um significado diferente. Não há centralidade nos poemas, e sim descentramento, excentricidade; não há circularidade, mas órbitas elípticas. Do poema, como do Big Bang, "chega-nos uma irradiação material – vestígio arqueológico de uma explosão inicial, início da expansão de signos" (Sarduy, op. cit., id).

No poema, o eu-poético procura mostrar que aquela máquina, tão deslumbrante, fica esquecida diante desse "milagre" que a física explica até certo ponto. A impossibilidade de totalização dessas explicações é que abre espaço para que, mais uma vez, o discurso mítico-religioso, que dá sempre conta do insondável, volte ao corpo do texto, de maneira que Big Bang e Antigo Testamento espelham--se. Esse aspecto não é aleatório, posto que o próprio Haroldo de Campos sugere a consulta de sua tradução do Livro I, do Gênesis (*Bere'shith*), acerca do tema da origem. Segundo Haroldo de Campos (2000, p.36), o Gênesis é rico para entender o tema cosmogônico porque coloca Deus como criador do universo, portanto, *poietés*:

> [Gênesis] Poesia da origem cósmica, cosmogônica, além de genealogia telúrica. *Epos* do homem e da linhagem do homem projetando-se na história. Assim nesses versículos inaugurais do *Bere'shith*, condensa-se, no seu todo e em suas partes, a saga da criação. Como um Deus-*Poiétis*, metafórico e metonímico – il *Fattore* dantesco, el *Hacedor* borgiano –, a fez e a nomeou, e como o texto, no seu trabalho arquimemorial, insinuação permanente da leitura e da recitação, a celebra.

O tom bíblico não deixa de ser ruído de fundo nas estrofes em que o poeta descreve o Big Bang, a enunciação desse fenômeno em si remete a um mito fundador. De fato, é como se os questionamentos que surgem, à superfície do texto, impusessem tal aproximação; a própria física é quem facilita a construção dessa proximidade, à medida que emprega metáforas como "dança do universo", "poeira estelar" e o próprio *big-bang*, onomatopaico, para tratar dos temas a ela pertinentes. Nas estrofes 44 e 45, a dicção de Antigo Testamento surge *centelhando irruentes metáforas*:

44) do primogênio estrondo do inouvido
explodir que arremessa pó de estrelas
fervente caldo cósmico expandido

45) feito de fogo líquido ou daquelas
cristalfluidas nonadas comburentes
a reslover-se em sopa de parcelas

AS RAZÕES DA MÁQUINA ANTROPOFÁGICA   159

A explosão pode apenas ser imaginada; o inouvido estrondo recria-a na imaginação do poeta, que pressente o calor do "fervente caldo cósmico" a percorrer bilhões de anos. Notem-se as vibrantes e assonâncias em /i/, que antecipam a erupção e o escorrer do "fervente caldo cósmico/feito fogo líquido daquelas". A sinestesia da estrofe estimula não só a visualidade e a percepção, dada plasticidade dos versos, como também a audição, o paladar (*sopa*), o tato, pois o calor da explosão chega ao sentido do leitor pela reiteração da fricativa /f/, além, é claro, da menção do *fogo* e palavras do mesmo campo semântico. O olfato é estimulado pela "nonadas comburentes" já que os gases presentes nessa explosão não são inodoros. Há forte presença gongorina aqui, como em outros trechos do poema; da poesia do mestre espanhol, pode-se identificar, em *AMMR*:

> [...] A agitação e a torção dos elementos contrutivos; alteração destes em suas funções; desbordamento do ornamental, que, rotas suas causas, invadem-no todo, dificultando e ocultando a trama ou a construção lógico argumentativa, apenas visível por detrás do brilho, cor e musicalidade do verso [...]. (Diaz, 1953, p.11, tradução nossa)

Uma das imagens mais belas da estrofe 44 é o arremesso do pó de estrelas, a partir do "inouvido estrondo", isso porque dessa poeira somos descendentes. Como explica Marcelo Gleiser (2006, p.364, grifos meus):

> [...] as estrelas são verdadeiros laboratórios alquímicos. Entretanto qualquer sistema capaz de gerar energia mais cedo ou mais tarde esgotará sua reserva de combustível. Uma estrela se autoconsome para existir. Sua vida é uma busca desesperada[6] de um equilíbrio entre duas tendências opostas, uma de implosão e outra de explosão.

---

6 Observe-se como o autor toma o "ponto de vista" da estrela para descrever os processos de fusão de núcleos a ela inerentes. Não temos como saber se a busca é desesperada, mas a imagem de que algo se autoconsome para existir impõe-nos o desespero. A rendição à palavra e às metáforas é uma forma, talvez mítica, usada para que se possa humanizar o que está a nossa volta, como se esse apelo fosse inevitável.

[...] A estrela existirá enquanto as duas tendências estiverem num dinâmico estado de equilíbrio [...] Para estrelas até oito vezes mais pesadas que o Sol, o hidrogênio no coração[7] da estrela se fundirá e se transformará em hélio, o hélio em carbono e o carbono em oxigênio. [...] a enorme pressão da gravidade em seu coração provocará a fusão de elementos ainda mais pesados [...] A estrela então explode com uma fúria tremenda, num fenômeno conhecido como explosão do tipo supernova. Portanto, o carbono, o oxigênio e outros elementos pesados, que não só fazem parte do nosso organismo como também são fundamentais para nossa sobrevivência, foram sintetizados *no interior de estrelas moribundas* antes de serem projetados através do espaço interestelar. *Nós somos filhos das estrelas.*

É como se as estrelas, de algum modo, tivessem que ter morrido para que nós nascêssemos, tornando operante um poético e tenso *nascemorre*; bem retratado no poema abaixo, pela irresolução do conflito nascer/morrer, explicitado no texto como um processo único, sem a distinção binária:

Figura 2 – nascemorre, de Haroldo de Campos.

Cristalfluidas nonadas comburentes: mais uma vez, surge um acento rosiano, remetendo ao vazio, ao nada, ao vácuo, porque o Big Bang pode atuar como um sistema que se expande até o infinito, nonada; eterno vestígio do zero: "sobre um fundo cinzento sombrio – mistura uniforme de todas as cores, saturação do prisma

---

7 Vale o comentário acima.

AS RAZÕES DA MÁQUINA ANTROPOFÁGICA 161

e sua anulação [...] fóssil do *ylem* cromático" (Sarduy, [s.d.], p.88).
O termo *ylem* foi criado por Gamow (1904-1968), um dos "pais" (já
que a origem é sempre uma urgência) do modelo do Big Bang. Com
certa ironia, o físico faz uma brincadeira que não deixa de revelar
a angústia remanescente pós-instauração do paradigma da grande
explosão – não é possível ter acesso a ela totalmente, dito de outro
modo, "fez-se" a explosão.

No início Deus criou a radiação e o *ylem*. E o *ylem* não tinha
forma ou número, e os núcleos [os prótons e os nêutrons] moviam-
-se livremente sobre a face das profundezas. E Deus disse: "Faça-se
a massa dois". E a massa dois apareceu [...] E Deus ficou satisfeito.
[...] E Deus olhou para o Hoyle [isótopo do hélio] e lhe disse para
fazer os elementos pesados como preferisse [...] Hoyle decidiu fazer
os elementos pesados em estrelas, e espalhá-los através do espaço
[...]. (Gamow apud Gleiser, 2006, p.367, 368)

Em *AMMR*, "cristalfluidas nonadas comburentes/a resol-
ver-se em sopa de parcelas/espaço afora centelhando irruentes"
dissolvem-se no espaço, em nebulosas, que se orquestram nesse
fragmento do poema, a partir da reiteração das sibilantes. O cristal,
em Haroldo de Campos, representa também a *fome de forma*, dis-
solvida no branco da página:

    cristal

        cristal

           fome

    cristal

        cristal

         fome de forma

                cristal

              cristal

         forma de fome

                cristal

              cristal

          forma

162 DIANA JUNKES BUENO MARTHA-TONETO

O poeta revisita, mais uma vez, sua própria obra. O poema acima está em *Xadrez de estrelas*, antologia de 1976; nele, a palavra cristal, como parcelas de um todo, repete-se e centelha, descendentemente, ou ascensionalmente, já que há um espelhamento das palavras. É esse ponto, justamente, que parece estar em afinidade com os *cristais irruentes* de *AMMR*. Em latim: *Ruens, entis* (adj. part.), tem o sentido de alguma coisa que cai, ou ainda, que se precipita em tropel.[8] No caso do poema acima e em *AMMR*, irruentes seria, então, aquilo que se espalha e centelha, como em *AMMR*, talvez em tropel, assegurado pela repetição da palavra *cris-tal*, em *fome de forma* – poeira estelar em constante deslocamento, faiscante pelo *espaço afora*. Em ambos os casos, a presença do som fricativo /f/ cria um interessante efeito de sentido que ajuda a construir tal quadro *faiscante*.

É possível indicar neste ponto, mais uma vez, o quanto a construção de *AMMR* funda-se na alegoria barroca. A partir do que se presentifica aos olhos do leitor, múltiplos significados cintilam ou obscurecem o texto e indicam a "expressão eruptiva da alegorese barroca", porque, segundo Benjamin (2004, p.189-190):

> O caráter sagrado da escrita é inseparável da ideia da sua rigorosa codificação, pois toda a escrita sagrada se fixa em complexos verbais que são imutáveis ou procuram sê-lo. Por isso a escrita alfabética, enquanto combinação de *átomos* da escrita, se afasta mais do que qualquer outra dessa escrita sagrada. É nos hieróglifos que essa se manifesta. Se a escrita quiser garantir o seu caráter sagrado – e estará sempre presente o conflito entre validade sagrada e inteligibilidade profana –, ela terá de se organizar em complexos de sinais, em sistemas hieróglifos [...]. Cada personagem, cada coisa, cada relação pode significar qualquer outra coisa [...]. É o que acontece no Barroco [...] fragmentação amorfa [...] escrita visual do alegórico.

Além do caráter alegórico, a citação acima traz a imagem do átomo como unidade primeiríssima e fundadora de uma realidade.

---

8 Cf. Cretella; Cintra [s.d.], p.1074.

AS RAZÕES DA MÁQUINA ANTROPOFÁGICA   163

Também houve um físico que pensou o Big Bang a partir da ideia de átomo primeiro. Chamava-se Lamâitre (1894-1966) e era um padre da Companhia de Jesus. Por coincidência (do ponto de vista deste trabalho) suas ideias eram carregadas de barroquismo: "gênese pontual, metáfora do verbo e da semente/um estado de crescimento, metáfora da multiplicação, estádio do núcleo original disseminado [...] apocalíptico final, ausência de sentido" (Sarduy, 1979, p.91).

As teorias físicas da explicação do universo acabam, cedo ou tarde, defrontando-se com o dilema da criação, pois é difícil negar a existência de um ente que tudo organiza. O físico moderno vê-se diante de alguns dilemas e de suas complicadas teorias, retorcidas, agitadas, cravadas de metáforas, que determinam o ecoar do discurso barroco. Sobre o tabuleiro de xadrez, quadrado renascentista, desfilam as peças em ir e vir: os bispos continuam a atravessar diagonalmente o tabuleiro, porém, nesse momento em que o rei é "rei menos o reino", como diz o verso de Augusto de Campos, a ciência vai tomando seu lugar.

Para confirmar o que se está dizendo, talvez seja conveniente ler as estrofes seguintes como um modo de reorganizar o que é exposto nas estrofes iniciais desse Canto II: ninguém mais fala de máquina do mundo, mas como ela era mesmo? Da explosão surgem os cristais, que fluidos deslizam pelo poema – mais uma vez se faz presente a mallarmaica subdivisão prismática da ideia, e, mais uma vez, a ideia aqui remete à criação perfeita – cristal.

Esse aspecto torna-se interessante se entendido à luz das estrofes 47, 48, 49 e 50, posto que nelas se falará da perfeição, quer em termos ptolomaicos, quer em termos galileanos. Acompanhemos, pois, mais essas jogadas do enxadrista que retoma, sempre no sentido de rememoração, ou *travelings* já mencionados, o modelo ptolomaico e, a partir dele, tenta reorganizar cronologicamente o caminho do homem até a atual cosmofísica.

> 47) *more geometrico* evoluindo e varia-
>   mente distante no elemento etéreo
>   da sucessiva coorte caudatária

48)   dos corpos que a secundam no sidéreo
     dos quais *tellus* é o fulcro e monocentra
     num véu (raro rompido) de mistério

A estrofe 46 termina com a constatação de que nos dias hodiernos ninguém admite "maquinária do mundo concentrando continentes". Na 47ª estrofe, o hipérbato, mais uma vez, perturba a organização sintática, o que pode sugerir a dificuldade do poeta em abandonar o modelo totalmente geométrico (*more*, em latim, totalmente) e perfeito da cosmofísica ptolomaica. Ao mencionar o elemento etéreo, a sucessiva coorte caudatária, o poeta parece retomar a ideia platônica de "salvar os fenômenos", ou seja, buscar as complexas explicações dos movimentos dos corpos celestes em termos de simples movimentos circulares (Gleiser, 2006, p.360).

O elemento etéreo parece referir-se aqui à acepção aristotélica de éter, que seria a "substância material que compõe os objetos celestes situados acima da esfera sublunar" (ibidem, id., p.388). E a *coorte caudatária*, que apresenta um movimento lento graças à epêntese, aumento no interior da palavra corte, solenemente envolve a Terra. É o modelo ptolomaico que volta à cena e recoloca, ao menos em termos mnemônicos, a Terra no centro do sistema sideral, como fulcro, como alicerce. A sibilação presente na 48ª estrofe compõe o movimento do véu misterioso raramente rompido. As rimas *etéreo, sidéreo, mistério*, lidas dessa maneira, reforçam a concepção de mundo apresentada em ambas as estrofes e a limitação humana para compreendê-las. O "véu (raro rompido) de mistério" pode ser entendido também como a própria máquina do mundo, que se abre apenas aos eleitos. Propor soluções a seus enigmas seria correr o risco da blasfêmia, como atesta a triste história de Galileu.

Como se sabe, o primeiro a propor a possibilidade de o Sol estar no centro do sistema solar foi Copérnico (1473-1543). Sua grande preocupação não era, entretanto, causar uma revolução; o que queria era tão somente voltar ao passado e tentar reformular ideias para que se adaptassem ao modelo de Platão, das esferas perfeitas, girando no éter harmonicamente. Como era conservador, é provável

AS RAZÕES DA MÁQUINA ANTROPOFÁGICA   165

que tivesse odiado saber da ferida que causou na espécie humana, ao tirá-la do centro do universo, ao procurar "salvar os fenômenos", atribuindo-lhes movimentos circulares e simples (Gleiser, 2006, p.95; Gleiser, 2006a, p.87).

Com base nos experimentos de Copérnico e de outros estudiosos, Galileu fez muitos experimentos importantes, desde alguns que antecipavam a existência da força da gravidade a grandes observações astronômicas. Quando descobriu os satélites de Júpiter e, mais do que isso, quando verificou que o fato de girarem em torno do planeta não significava que este estava parado, pôde compreender que o movimento da Lua em torno da Terra não significava que esta fosse imóvel; além disso, definitivamente colocou o Sol no centro do sistema, porque notou que os planetas giravam em torno dele, tanto quanto a Terra também deveria fazê-lo.

Essa descoberta causou imenso desconforto na sociedade da época e começaram as perseguições a Galileu. A irônica verdade é que ele jamais duvidou da existência divina regendo esse sistema ao redor do Sol. As órbitas circulares que propunha para os planetas só confirmavam, em sua opinião, tal existência. Tão obstinado era em suas ideias que jamais declarou que as escrituras estivessem erradas; pelo contrário, afirmava que, se a ciência contradizia as escrituras e se os argumentos científicos são fundamentados na verdade, então as escrituras estariam sendo mal interpretadas. Não houve salvação possível para Galileu, ele teve que pedir perdão à Santa Inquisição pelas blasfêmias proferidas. Diz a lenda que, depois de prestar seu depoimento e de se declarar arrependido dos males causados, ainda afirmava, baixinho: "mas que ela se move, se move".

49) já Galileu – aquele que heliocentra
o sistema – chegou depondo a terra
do seu trono senil que só sustenta

50) uma ciência obsoleta: o sábio a exterra
e a faz descer na escala de grandeza:
ei-la – abatido o orgulho – feito perra

166 DIANA JUNKES BUENO MARTHA-TONETO

51) que lambe a hélios-sol (sem realeza)
o rastro de rei posto (subalterna)
e depois newton vem: a maçã (reza

Para Affonso Romano de Sant'Anna (2000, p.127), ao ser repreendido pela Igreja por ferir as escrituras, o discurso de Galileu corporifica a metáfora barroca do claro-escuro: as autoridades eclesiásticas seriam o lado sombrio e irracional; Galileu, a luminosidade e a racionalidade. Parece ser esse movimento de "claro enigma" que o eu-poético quer ressaltar, em *AMMR*, quando sugere que Galileu heliocentra o sistema, porque depõe a Terra de seu trono senil – a imagem que surge diante do leitor é instigante e dimensiona o que fez Galileu –, a Terra, como uma cadela (perra) banida, deixa seu trono, seu "lugar ao sol". De fato, é como se Galileu a tivesse expulsado do *Paraíso*: viverá de joelhos, curvada, a lamber *hélios-sol*, sem realeza e subalterna.

O esfacelamento do modelo anterior a Galileu se presentifica na sibilação, que termina como um *rastro de rei posto*, cuja aliteração em /r/ não deixa de sugerir a profunda cicatriz que será deixada por esse episódio, um rasgo; o *rastro de rei* retoma o *raro rompido* da estrofe anterior, fazendo ecoar o rompimento, induzindo o leitor a compreender a corrosão das ideias cristãs que se revelava definitiva. (Re)vela-se: esconde-se novamente a centralidade da Terra,[9] exterrada pela fragilidade da ciência obsoleta.

O movimento circular das órbitas dos planetas é o cerne das formulações de Galileu, que acreditava ser um "escolhido" e o "único" capaz de interpretar a mensagem das estrelas e sua perfeição (Gleiser, 2006, p.136). O círculo, como figura perfeita e indeformável, também ocupa lugar de destaque na arte, na filosofia, na religião e, é claro, no mito, no qual o próprio tempo é tratado ciclicamente.

---

9 Aristarco, nascido em Samos, em torno do ano de 310 a.C., propôs um modelo heliocentrado; também supunha que o universo era muito maior do que se pensava. Copérnico resgata as ideias de Aristarco e Galileu definitivamente as reorganiza (Gleiser, 2006, p.75).

AS RAZÕES DA MÁQUINA ANTROPOFÁGICA 167

No caso da obra de Haroldo de Campos, um exemplo da busca da circularidade pode ser apreciado em *Teoria e prática do poema*, manifesto da estética neobarroca, como diz o próprio autor (Campos, H., 2002, p.25-6), pois retoma o Xadrez de Estrelas de Antonio Vieira, a partir do célebre *Sermão da sexagésima* (ibidem). Nesse texto, o poema é pássaro e, ao mesmo tempo, ao voar em torno de sua própria órbita, impondo aos significantes que o circundem, é o Sol.

O poeta, mensageiro das estrelas, ou melhor, enxadrista das estrelas, heliocentra o poema, por isso usa termos astronômicos dispostos em tensão, figurando o dilema entre o *more geométrico evoluindo*, como se o poema fosse *tellus*, fulcro dos corpos celestes, rodeado da *coorte caudatária*. O poema é círculo e é Sol. De modo que entre a teoria (o que o poema é) e a prática (como o poema se realiza enquanto poema) tensionam-se visões de mundo, o barroquismo explode:

> A poesia, mundo autônomo organizado pela razão permeada de emoção, pende em equilíbrio instável sobre o abismo do azar, como, por um ato de luciferina (de Lusbel) arrogância; a poesia pode ser vista como um virtual xadrez sensível, *de estrelas*. Não por mera coincidência, a expressão se converteu no título da antologia poética (*Xadrez de estrelas: percurso textual, 1949-1974*) que publiquei em 1976. (ibidem, p.25)

Teoria e Prática do Poema

I
Pássaros de prata, o Poema
ilustra a teoria do seu vôo.
Filomela de azul metamorfoseado,
mensurado geômetra
o Poema se medita
como um círculo medita-se em seu centro
como os raios do círculo o meditam
fulcro de cristal do movimento.

II

Um pássaro se imita a cada vôo
zênite de marfim onde o crispado
anseio se arbitra
sobre as linhas de força do momento.
Um pássaro conhece-se em seu vôo,
espelho de si mesmo, órbita
madura,
tempo alcançado sobre o Tempo.

III

Equânime, o Poema se ignora.
Leopardo ponderando-se no salto,
que é da presa, pluma de som,
evasiva
gazela dos sentidos?
O poema propõe-se: sistema
de premissas rancorosas
evolução de figuras contra o vento
xadrez de estrelas. Salamandra de incêndios
que provoca, ileso dura,
Sol posto em seu centro

IV

E como é feito? Que teoria
rege os espaços de seu vôo?
Que lastros o retêm? Que pesos
curvam, adunca, a tensão do seu alento?
Cítara da língua, como se ouve?
Corte de ouro, como se vislumbra,
proporcionando a ele o pensamento?

V

Vede: partido ao meio
o aéreo fuso do movimento
a bailarina resta. Acrobata,

AS RAZÕES DA MÁQUINA ANTROPOFÁGICA   169

ave de voo ameno,
princesa plenilúnio desse reino
de véus alísios: o ar
Onde aprendeu o impulso que a soleva,
grata, ao fugaz cometimento?
Não como o pássaro
conforme a natureza
mas como um deus
contra naturam voa

VI
Assim o Poema. Nos campos do equilíbrio
elísios a que aspira
sustém-no sua destreza.
Ágil atleta alado
Iça os trapézios da aventura.
Os pássaros não se imaginam.
O poema premedita.
Aqueles cumprem o traçado da infinita
astronomia de que são órions de pena.
Este, árbitro e justiceiro de si mesmo,
Lusbel, libra-se sobre o abismo,
livre,
diante de um rei maior
rei mais pequeno.

A última estrofe leva-nos a pensar não apenas no poema como
Lusbel, mas no próprio Sol, astro-rei mais pequeno, como estrela
dotada de luciferina pulsão. Quando Galileu definitivamente centraliza o Sol, este passa a "concorrer" com Deus. A Igreja sabia-o
de antemão. Levará alguns séculos até que essa organização universal definitivamente desequilibre o sentido religioso. Antes disso,
Newton (1643-1727), com muita fé, procurará mostrar a magna-
nimidade do Criador; não é à toa, portanto, que o último verso da
estrofe 51 de *AMMR* termine com a palavra *reza*. Deus tem papel
crucial no universo newtoniano, pois, para ele, este é uma manifes-

170 DIANA JUNKES BUENO MARTHA-TONETO

tação do poder infinito daquele. Sua racionalidade foi o meio que encontrou para sustentar uma ligação entre o humano e o divino (Gleiser, 2006, p.158).

A grande inspiração newtoniana era espiritual. Seus grandiosos pensamentos, luminosos, poder-se-ia dizer, entretanto, confrontavam-se com um lado sombrio e saturnino desenvolvido ao longo de sua vida, por uma série de razões.[10] A matemática e a física eram um meio de transcender uma existência marcada pela angústia. Ao colocar como prioridade em sua vida a pulsão de descobrir e explicar o funcionamento daquilo que chamou "sistema de mundo", Newton conseguiu unificar ideias, aparentemente divergentes, de seus precursores, Galileu e Kepler.

Galileu, como se disse, acreditava nas órbitas circulares e desprezava as hipóteses de Kepler, de órbitas planetárias elípticas, desenvolvidas mais ou menos à mesma época. A polêmica entre esses dois grandes pensadores, assim como aquela entre Galileu e a Igreja, também corporifica o barroco, segundo Sant'Anna (2000, p.127), só que dessa vez Galileu é que estará do "lado sombrio". A passagem do esférico ao elíptico corresponde à passagem do Renascimento ao Barroco. Para Galileu, Kepler era um maneirista e sua órbita elíptica, uma agressão ao equilíbrio. A elipse, por sua vez, pelo descentramento a que obriga, é a forma barroca por excelência.

Basicamente, o que Kepler observou foi a órbita do planeta Marte em torno do Sol e seu comportamento elíptico; assim como Newton, Kepler era movido por um profundo senso religioso e sua curiosidade sobre Deus era mais forte do que seu temor. Dessa forma, por meio de cálculos precisos, chegou à conclusão de que o movimento dos planetas era elíptico e tinha o Sol em um dos focos (Gleiser, 2006a, p.86).[11] Para Kepler, o universo era uma manifestação da Santíssima Trindade: Deus era representado pelo Sol, no centro; o Filho, pela esfera das estrelas fixas e o Espírito Santo, pelo poder que emana do Sol (ibidem, p.111).

---

10 Cf. Gleiser, 2006, p.158 e ss.

11 Em termos de geometria, a elipse é uma cônica e pode ser definida como um conjunto de pontos em torno de dois focos, ao contrário do círculo, que tem um só.

AS RAZÕES DA MÁQUINA ANTROPOFÁGICA 171

Para Severo Sarduy ([s.d.], p.57-68), o movimento elíptico é dialético e dinâmico, baseado no descentramento, porque tem dois focos, um visível e outro igualmente ativo, mas não tão claramente visto. Esse é o sentido da figura retórica *elipse*, inclusive. Por isso, para o poeta cubano, a elipse é a figura barroca por excelência, porque promove o descentramento, o alargamento dos gestos e a não unicidade – dois focos, o claro e o escuro; é barroca porque essa duplicidade revela-se, por exemplo, no distanciamento do significante em relação ao significado, conforme o esquema apresentado no capítulo 1.

Em *AMMR*, nota-se o descentramento; ora o foco está na religião, ora está na ciência, mas ambas coexistem no texto do poeta que escreve no limiar do milênio. Num jogo de luz e sombra, tudo no poema induz-nos à elipse – há sempre um foco velado, cujo rastro o leitor procura para encontrar a harmonia do universo poético, uma vez que a apreensão deste é dependente da percepção das metáforas, metonímias e demais procedimentos do plano da expressão, inscritos no périplo do poema, de modo a articular seu significado. Um exemplo disso são as presenças rosiana e drummondiana no Canto I, desde o primeiro verso, e seu apagamento diante dos diálogos com Dante; por outro lado, ao ressaltá-las, no processo de refacção da leitura proposto, foi o mundo dantesco que passou a ser obliterado.

Esse movimento, obviamente, tem a ver com a linearidade da linguagem, mas, principalmente, com o aspecto elíptico do poema. Para resolver a questão da linguagem, a leitura poderia ter comentado um pouco de um poeta, um pouco de outro, e assim sucessivamente; a opção por fazer um percurso e depois o outro enfatiza, justamente, a duplicidade focal da elipse que agora, no Canto II, pode ser percebida com clareza, porque aqui a voz do eu-poético ancora-se às dissonâncias da física e ao acesso a este saber.

Vale retomar as considerações de Pécora (2005), apontadas no início deste capítulo. O descentramento elíptico serve para explicar, por exemplo, por que não se pode afirmar que no Canto II o "esfingir do eu" cede lugar aos questionamentos sobre a origem do universo. Como o poema obedece a um movimento elíptico, as duas perspectivas ocorrem simultaneamente, ora o foco está em uma, ora em outra e o *movimento de leitura* deve dar conta de percebê-las, ou ainda, de perceber que "no falar das coisas" há um falar do poeta sobre si mesmo. Aliás, o *movimento de leitura*, como se destacou no início deste trabalho, é também elíptico, acompanhando a organização do poema.

Ao heliocentrar o poema, como mostra sua *Teoria e prática do poema*, e como impõe a leitura de *AMMR*, o poeta Haroldo de Campos define-o como centro, ou, em termos jakobsonianos, torna a função poética dominante. Em ambos prevalece um movimento elíptico, embora no primeiro haja destaque para a circularidade.

Em *AMMR*, ao aproximar a religião e a ciência pela orquestração do discurso poético, produzem-se novos acordes e *hélios-poema* exerce seu "poder de atração" sobre ambas, que passam a girar em torno da mensagem poética – por isso é que o poema (e não a ciência e a religião em si mesmas) impõe-se como discussão. Religião e ciência são discutidas em *AMMR*, porque se manifestam como componentes semânticos e/ou expressivos do poema, que as ilumina, inaugurando uma forma outra de repensá-las. A poesia é, portanto, a forma de o poeta pensar o mundo, sua lei mais verdadeira, tão verdadeira quanto as leis que Newton pôde elaborar a partir de sua maçã, como *reza a lenda*, relida pelo poeta em seu palimpsesto.

[...]
51) e depois Newton vem: a maçã (reza

52) a lenda) cai-lhe aos pés – maga lanterna
vermelha – da alta rama e ao intelecto
pronto lhe ensina a lei (à queda interna)

53) da gravidade inscrita no trajeto
dos corpos mais pesados do que o ar
por amor e atração sempre que o objeto

54) se precipite e tombe sem cessar
– lei universal seja aos mais pequenos
seja aos maiores corpos a ordenar

AS RAZÕES DA MÁQUINA ANTROPOFÁGICA 173

A palavra *reza*, mote para a apresentação da religiosidade de Newton, tem agora seu sentido completado pela palavra *lenda*, que por sua vez se refere à conhecidíssima passagem da vida de Newton. Segunda consta, Newton estava descansando sob as macieiras de Woolsthorpe, quando uma das maçãs despencou. Ele então se perguntou se a força que atraíra a maçã para o chão seria a mesma que explicaria a órbita da Lua, que poderia estar caindo, mas devido a uma força centrífuga era colocada em órbita circular.[12]

Depois de vários estudos Newton conclui que os corpos materiais se atraem gravitacionalmente: "Portanto, Terra, Lua, Sol e todos os objetos no sistema solar atraem-se mutuamente numa dança coreografada pela força da gravidade" (Gleiser, 2006). É exatamente a esse aspecto que se referem as estrofes acima: por amor-atração, uma lei universal rege os corpos, sejam eles grandes ou pequenos. Para Newton, essa ordem suprema adviria de Deus, o que justifica o epíteto maga lanterna vermelha, atribuído à maçã na estrofe 52. Como lanterna, a maçã ilumina a verdade da ordem suprema e divina; ao contrário do que ocorre no mito cristão, a maçã não expulsa Newton do *Paraíso*, antes, nele o faz ingressar. Abrem-se-lhe as portas do funcionamento do mundo: epifania.[13] As teorias newtonianas comprovaram o funcionamento mecânico do universo, todavia, pressupunha-se sempre a existência de Deus, gerindo, a cada instante, tal universo, ou seja, Deus precisaria ser onipresente, para que tudo funcionasse.

A mecânica celeste não era novidade newtoniana. Antes dele, Kepler afirmava acreditar que a "máquina celestial" não deveria ser comparada a um organismo vivo, mas ao mecanismo de um relógio (Gleiser, 2006, p.121). Foi o matemático francês Laplace (1749-

---

12 A força centrífuga é aquela que observamos na máquina de lavar roupas quando ocorre centrifugação. O tipo de movimento feito empurra as roupas para a parede da máquina.

13 É claro que não apenas esse episódio levou Newton às conclusões a que chegou, mas a maçã atuou, para ele, como reza a lenda, como um desencadeador de isotopias, um operador de leitura – seu movimento de corpo mais pesado do que o ar fez com que o cientista unisse as várias partes de um quebra-cabeças, cuja montagem já estava em elaboração havia algum tempo.

1827) que, no final do século XVIII, chegou à conclusão de que o funcionamento do universo é mecânico, porque Deus é mesmo um relojoeiro. Há, entretanto, uma diferença entre a concepção newtoniana e a de Laplace. Para o matemático francês, depois de fazer o mundo, Deus retirou-se de cena, confiando no funcionamento do "universo-relógio".

De certa forma, o universo dos *teístas*, os seguidores de Newton, abalou-se com a perspectiva de um Deus que, depois de criar o universo, deixá-lo-ia funcionar sob o controle das leis da física como um relógio funciona sob o controle de seus próprios mecanismos (ibidem, p.194); para os *deístas*[14] (Laplace e adeptos de suas ideias), o papel da ciência seria o de desvendar os mistérios dos complicados mecanismos de funcionamento previsível do universo.

De posse de dados como velocidade e posição inicial das partículas, seria possível calcular a evolução do universo no passado ou no futuro. Laplace imaginou uma entidade capaz de fazer isso, que ficou conhecida como o "demônio de Laplace", previsor e determinista.[15] Esse demônio, entretanto, no limite, extinguiria possibilidades de atuação sobre a realidade, uma vez que tudo estaria sempre predeterminado pela maneira de funcionamento do "universo-relógio".

Entre as estrofes 55 e 62 de *AMMR*, o poeta ressalta, como se verá a seguir, a existência de um universo cujo controle nos escapa – trata-se de um universo dado e comandado em maior (Newton) ou menor (Laplace) grau por Deus. Quando se descobriu, no século XX, que o universo estava em constante expansão, as ideias de um

---

14 *Teísmo*: a crença na existência de um Deus ou deuses cuja presença é imanente; *deísmo*: a crença de que, após criar o universo e suas leis naturais, Deus não interferiu mais no mundo (cf. Gleiser, 2006, p.386, 390).

15 É importante notar que Laplace não falou em demônios, mas seus biógrafos o fizeram. Para ele haveria um intelecto previsor e determinista. Possivelmente, o nome foi atribuído pelo poder "divino" de fazer previsões por uma entidade que não fosse Deus, pois este, para Laplace, não atuaria no Universo, uma vez que, depois de criá-lo, deixá-lo-ia eternamente funcionando, sob o controle das leis da física. Laplace era um físico e matemático que acreditava que a explicação da Natureza adviria da solução de problemas práticos (cf. Gleiser, 2006).

AS RAZÕES DA MÁQUINA ANTROPOFÁGICA 175

mundo orquestrado ou um mundo regido por um Deus relojoeiro foram colocadas em xeque – surgia a hipótese de que haveria uma supraorquestração constante, sim, porém inusitada, não um espaço estático e um tempo absoluto, cujo movimento mecânico poderia reproduzir os ponteiros de um relógio. O universo, de acordo com as novas concepções, teria o dinamismo como característica; os ponteiros do relógio tornavam-se, assim, enlouquecidos. Os avanços das pesquisas substituiriam o apolíneo pelo dionisíaco, os objetos simples passavam a ser complexos, a maquinaria do mundo era, sem dúvida, muito mais complicada do que se poderia supor. Como aponta Luís Alberto Oliveira (1996, p. 509, grifo do autor):

> Firma-se [século XIX] o reducionismo como doutrina epistemológica, atendendo eficientemente à necessidade, conforme a tradição cartesiana, de introduzir-se na matéria dispersa do mundo a ordenação inequívoca do pensamento matemático. Não admira que haja se instalado e difundido, na cultura do Ocidente, uma cosmovisão qualitativa e reducionista segundo a qual o universo físico seria o análogo de um vasto mecanismo, rigorosamente concatenado, analisável com limitada precisão e, por conseguinte, plenamente controlável e predizível, opondo a imagem de um cosmos mecânico à de um caos concebido como limite da desordenação espacial (carência de "forma"). Reflete-se aqui uma ambiciosa aspiração a uma totalização maquínica da realidade fenomenal que, como se sabe, logo virá a encontrar a sua *hýbris*.

Não foram poucos os cientistas transgressores dessa ordem, mas, sem dúvida, Einstein foi o responsável pelas maiores rupturas. Uma das verificações mais fantásticas, entre as várias feitas por ele, foi a de que o espaço é curvo, ou seja, é deformado pela matéria que nele existe. Como se dá esse encurvamento do espaço? Uma das primeiras verificações a provocar o questionamento acerca do encurvamento do espaço foi a observação de que havia uma deflexão na luz proveniente de estrelas, ou seja, os raios luminosos faziam uma "curva". Segundo Einstein, isso não acontecia devido à gravidade, mas por causa da própria curvatura do espaço.

176 DIANA JUNKES BUENO MARTHA-TONETO

Depois de muitos experimentos, o que se descobriu foi que a matéria provoca uma deformação no espaço de modo análogo ao que uma esfera pesada provoca deformação no centro de uma cama elástica. Se jogarmos bolinhas de gude nessa cama elástica, elas farão órbitas circulares ou elípticas em torno da esfera maior até seguirem uma espiral e dirigirem-se ao centro do "buraco". Esse movimento é mais ou menos parecido com o movimento da água ao redor do ralo de uma banheira, por exemplo: a água e/ou pequenas substâncias vão girando em torno do ralo até serem "devoradas" por ele – ralo abaixo...

O que ocorre no espaço é que a matéria encurva o espaço vizinho e cria um buraco. O Sol, por ser grande, é responsável por um significativo encurvamento. Os planetas (como as bolinhas de gude) giram ao redor dele, já sabemos, em órbitas elípticas, mas por que não se chocam com o Sol, porque não são "sugados" por ele como a água é pelo ralo? Porque, devido à curvatura do espaço e à ausência de atrito no mesmo, tendem a permanecer desenvolvendo suas órbitas indefinidamente. Em outras palavras: a gravitação é efeito da curvatura do espaço-tempo.[16],[17]

---

16 *Espaço absoluto*: de acordo com a física newtoniana, espaço absoluto é a arena geométrica onde fenômenos naturais ocorrem; suas propriedades são independentes do estado de movimento de observadores (cf. Gleiser, 2006, p.387). *Tempo absoluto*: de acordo com a física newtoniana, o tempo flui sempre à mesma razão, independentemente do estado de movimento dos observadores (ibidem, p.390). *Espaço-tempo*: de acordo com a teoria da relatividade, espaço-tempo é a arena quadridimensional onde fenômenos naturais ocorrem. Distâncias no espaço-tempo são independentes do estado de movimento dos observadores (ibidem, p.387). Em 1905, Einstein desenvolve a Teoria da Relatividade Restrita, trocando os conceitos de espaço e tempo newtonianos pela noção de espaço-tempo como entidade geométrica quadridimensional. Em 1915, ampliando essa teoria, surge a Relatividade Geral, segundo a qual a gravitação é um efeito da geometria do espaço-tempo (ibidem, p.253 e ss).

17 É devido a esse encurvamento que Kepler, por exemplo, sem o saber, notou que os planetas mais próximos do Sol (do centro do "buraco", do "ralo") giram mais rapidamente; e os mais distantes, mais devagar. Além disso, os planetas com órbitas maiores são mais lentos (cf. Gleiser, 2006, p.318-20). A constância dos movimentos permitiu a enunciação da Lei Harmônica de Kepler: quanto maior a distância do planeta, menor é a força exercida pelo Sol (ibidem, p.87).

AS RAZÕES DA MÁQUINA ANTROPOFÁGICA   **177**

Einstein eliminou o demônio de Laplace e o Deus relojoeiro quando explicou que a forma do espaço é quem determina os movimentos dos corpos celestes ao redor do Sol. Longe de causar danos à ideia de transcendência, o modelo einsteiniano faz migrar a transcendência divina para a científica. Como diz (apud Gleiser, 2006, p.251-2):

> [...] Lá fora está esse mundo imenso, existindo independentemente de nós, seres humanos, enorme e eterno enigma, ao menos parcialmente acessível à nossa razão. Eu entendi que a contemplação desse mundo era uma nova forma de liberação [...] A possibilidade de compreendermos esse mundo impessoal de modo racional tornou-se para mim, consciente ou inconscientemente, o objetivo supremo [...] Talvez o caminho para esse paraíso não fosse tão confortável e seguro como o caminho para o paraíso religioso; mas ele provou ser confiável, e eu nunca me arrependi de minha escolha.

O "sistema de mundo" newtoniano predominou por muito tempo; só Einstein seria ousado o bastante para *relativizar* as ideias newtonianas, em todos os aspectos, inclusive desestabilizando a fé propagada pela religiosidade:

55) einstein então encurva o espaço: menos
seguro fica o deus-relojoeiro
da clássica mecânica ou ao menos

56) desenha-se outro enredo sobranceiro
ao de Newton: do espaço – qual sensório
de deus – de um absoluto-verdadeiro

57) espaço que se quer não-ilusório
como de um tempo-vero (é em si só e
aparte por um sumo ordenatório

58) omni-poder que tudo rege e move)
– einstein encurva o espaçotempo e o demo
determinista e previsor remove –

59) o dâimon-sabe-tudo esse plusdemo
de laplace que vê antecipado
o futuro e o pretérito cinemo-

60) – graficamente em *flash-back* repassado
(aquele em *flash-foward*) súbito lê:
demiurgo matemático imutado

61) sobre-imposto ao perene balance
dos corpos orbitais (era a matese
universal o selo o "como se"

62) dum período onde a hipóteses a tese
previsível – *hypothesis non fingo* –
se prefere): mas há outra alegorese

A dimensão da descoberta einsteiniana de que o espaço é encurvado foi revolucionária. Nesse trecho de *AMMR*, a desordenação provocada pelo encurvamento do espaço se presentifica no uso dos hipérbatos, sempre perturbadores, e pela volta das longas interrupções, colocadas entre os sinais parentéticos; interrupções estas que servem para apontar a extinta onipotência divina para reger o universo, conforme defendia a mecânica clássica; regência que, obsoleta, tornou-se, no espaço do poema, apenas algo entre parênteses. Permanece entre parênteses também na física, pois que a relatividade não eliminou os pressupostos newtonianos, ampliou-os, fez deles *paideuma* no sentido de *make it new* (continua explicando, por isso, determinados movimentos).

A partir de Einstein, portanto, outro enredo se desenhará, sobrepondo-se ao de Newton e em contrariedade ao *absoluto-verdadeiro espaço* e ao *tempo vero*, para destronar, com a radicalidade das vanguardas, o *sumo ordenatório omni poder*. O espaço sensório em que se transmitiam as sensações advindas de Deus ou, ainda, aquele que possibilitava a totalidade das interpretações e recepções sensoriais do poder divino, desfaz-se – não haverá mais determi-

AS RAZÕES DA MÁQUINA ANTROPOFÁGICA **179**

nismos e previsões, mas a instabilidade e a incerteza. O *plusdemo* laplaciano, que poderia estimar o passado (*flash-back*) e prever o futuro (*flash-foward*) com precisão, será expulso; não mais imporá suas regras e regularidades ao eterno balanço dos corpos orbitais. Condenado à sombra, permanecerá como reminiscência do que um dia se imaginou que pudesse ser a maquinaria do universo, em seu perene *balancê*.

A introdução, mais uma vez, de termos latinos como *matese* e *hypothesis non fingo*, hipótese não construída, não formada, fingida, garante o tom solene e erudito do poema e recupera, especialmente, o tom do discurso religioso, que manteve por muito tempo o latim, assegurando a gravidade e, por que não, a ininteligibilidade do que era proferido. No lugar das hipóteses, a tese previsível, ou, simplesmente, a alegorese.

Traçar analogias entre esses modelos apresentados e as hipóteses sobre as quais se ancora a construção de *AMMR* é inevitável. A poesia moderna, sem dúvida, encurva o espaço-tempo, porque muda o centro de gravidade no que concerne ao fazer poético. Reforça o estatuto primeiro da mensagem que passa a ser o Sol (centro do sistema): funda-se uma poesia heliocêntrica; a mensagem poética torna-se o "herói", não há mais musas inspirando o poeta, tudo é fruto de seu trabalho poético. Signos em rotação e em translação gravitam em torno da mensagem, que, por ser autorreflexiva, aproxima-se do espaço curvo, quando este impõe as órbitas dos planetas por sua especificidade, isto é, a autorreflexividade e a metalinguagem da mensagem poética parecem orbitar em torno da própria mensagem.

Explicando melhor: desde a organização do universo a partir do Big Bang os planetas giram ao redor do Sol, sempre foi assim; entretanto, entre não saber disso e saber há um abismo de séculos; quando a teoria da relatividade e a curvatura do espaço passam a ser hipóteses plausíveis, toda visão de mundo é revista. Analogamente, a função poética sempre foi dominante na mensagem poética, a *Comédia* e *Os Lusíadas* mostram esse fato claramente, todavia, a consciência de que a função poética é dominante e que é fruto, exclusivamente, do trabalho do poeta modifica a concepção do fazer poético. Não se trata apenas de usar palavras para escrever poemas, mas de transformar as palavras e o processo de escrever no plano temático da *hélios-poesia*. Ao colocar a cosmologia e a cosmogonia em seu poema, Haroldo de Campos também mostra que a mudança na concepção poética guarda afinidade, em certo sentido, com uma mudança histórica da forma de conceber o mundo e seu funcionamento maquínico. A busca da ordem no funcionamento do cosmos, porém, é uma constante em todas as visões, desde os poetas mais revolucionários a Einstein, para quem o universo é o mesmo em todas as direções e em todos os lugares. Em 1948, foram feitas generalizações a esse princípio einsteiniano e chegou-se à conclusão de que o universo é eterno (Gleiser, 2006, p.388). Logicamente, esse universo homogêneo e eterno remete aos mitos da Criação – é tão forte a busca da harmonia no homem que ele parece não conseguir fugir dela:

> Modelos científicos de criação, ou modelos cosmogônicos, necessariamente repetem certas ideias presentes nos mitos de criação: ou o Universo existiu para sempre, ou ele apareceu num determinado momento do passado, a partir do Caos ou a partir do Nada, ou, quem sabe, é desde sempre criado e destruído numa dança de fogo e gelo. Existe apenas um número finito de respostas possíveis, que foram visitadas *independentemente* pela imaginação científica e pela religiosa. Talvez ainda mais importante do que as respostas sejam as perguntas, que revelam tão claramente o que seja o ser humano. (ibidem, p.307)

A indagação e o mistério são os motores da humanidade, por isso, o abandono dos deuses é algo bastante difícil. O caráter alegórico do texto haroldiano acentua-se pela tentativa de conciliação do paradigma religioso ao científico, à medida que o eu-poético não se desfaz das visões da máquina do mundo do Canto I e aceita as explicações da física no Canto II. O que é interessante notar, neste processo, é que as explicações científicas são de tal modo contun-

AS RAZÕES DA MÁQUINA ANTROPOFÁGICA 181

dentes que, diante de tantos avanços científicos, parece não haver sacralização outra a não ser a ciência *per si*; invertendo a lógica, a agnose do poema pode beirar não o ateísmo, mas o paganismo, a "incivilidade", pois a ciência torna-se a religião (alternativa?). Sobre esse *modus operandi* alegórico, diz Walter Benjamin (2004, p.246-50):

> [...] A alegorese nunca teria surgido se a Igreja tivesse conseguido eliminar radicalmente os deuses da memória dos crentes. [...] A concepção alegórica tem sua origem no confronto da *physis* carregada de culpa, instituída pelo cristianismo, com uma *natura deorum* mais pura, encarnada no panteão antigo. No processo de renovação do elemento do elemento pagão com o Renascimento e do cristão com a Contrarreforma, a alegoria, enquanto forma desta confrontação, teria também de se renovar.

A renovação alegórica que parece ocorrer em *AMMR* dá-se porque a ciência, conforme atesta o próprio fragmento de Marcelo Gleiser mencionado, não conseguiu eliminar radicalmente Deus da memória dos crentes e, quiçá, da memória dos cientistas. Talvez a modernidade imponha ao homem a culpa da não crença incondicional na ciência, contrapondo esse sentimento à libertação e à facilitação da crença em uma máquina do mundo que tudo rege; *o que é Deus, ninguém o entende* e esta via, na modernidade, deixa de ser estreita, posto ser tranquilizadora. Se o homem moderno pouco acredita na punição e no julgamento final, talvez seja porque a visão do *Paraíso* tenha prevalecido como único caminho depois da morte, quando morremos, vamos para o céu. Assim sendo, diante da possibilidade da vida celestial e da angústia de que o Sol está fadado a explodir, fica-se com a primeira.

A profunda tragicidade dessa situação consiste no fato de que, da mesma maneira que o homem barroco não conseguia deixar de sentir a Contrarreforma em sua totalidade, o homem moderno não tem por onde negar a ciência – ela *é* sua certeza. A ciência mostra que há um universo onipotente que se sobrepõe ao homem,

182 DIANA JUNKES BUENO MARTHA-TONETO

pelos mistérios que encerra. Esta é a acídia do milênio que esfinge o poeta, *Odisseu* pós-moderno, cujas reflexões só fazem ampliar arestas, espelho refletor de uma essência cindida. Por isso, o esfingir do eu e a tentativa de dissolução dos enigmas da gesta universal convergem, são focos de uma mesma elipse. Alternam-se pelo poema, com aura saturnina, considerando-se aqui a duplicidade de Saturno já apontada e que vai da melancolia ao impulso criativo do gênio. Como aponta Ávila (1994, p.26):

> O homem barroco e o do século XX são um único e mesmo homem agônico, perplexo, dilemático, dilacerado entre a consciência de um mundo novo – ontem revelado pelas grandes navegações e ideias do humanismo, hoje pela conquista do espaço e os avanços da técnica [...] ontem a contrarreforma, a inquisição, o absolutismo, hoje o risco da guerra nuclear [...] vivendo aguda e angustiosamente sob a órbita do medo, da insegurança, da instabilidade, tanto o artista barroco quanto o moderno exprimem dramaticamente o seu instante social e existencial.

Em *AMMR*, a construção da alegoria, tão comum na religião e na poesia, impõe-se, também, à ciência – são os demônios, os relógios, as explosões. Se no Canto I o poeta trata da alegoria da máquina do mundo por meio da leitura que faz do cânone literário, no Canto II é o caráter alegórico da ciência (muito mais do que a ciência propriamente dita) que é evocado e internalizado ao texto, engendrando a visão de mundo do poeta que emergirá a partir da religião, da ciência e, sobretudo, da poesia. Como forma de pensamento e, portanto, linguagem, a poesia traduzirá, no périplo do poema, a ubiquidade dos signos poéticos na representação da realidade do poeta – ele vê o mundo a partir da poesia, que nasce no *espaço curvo do poema* – como um crisantempo. O poema é um espaço e é um tempo, como ensina João Alexandre Barbosa (1979, p.11):

> Espaço e tempo da linguagem: o poema, em que o leitor atua como um viajante para quem os signos não são mais apenas signos,

AS RAZÕES DA MÁQUINA ANTROPOFÁGICA   183

sinais, de alguma outra coisa para fora de uma topologia cujos limites cartográficos estão dados na página que os acolhe como espaço privilegiado. Mapear, desse modo, significa fixar as marcas de uma volta – como quem, por caminho desconhecido, sem saber ao certo o retorno possível, vai deixando traços que possam assegurar a volta. [...] Do poema volta-se modificando, a cada passo, os rastros antes conhecidos e fixados, signos que se transformam na medida em que, dispostos à significação (= indicação) já não traduzem um mesmo espaço ou tempo. [...] Transformação: uma figura esboçada para além daquela forma visível de cujos contornos a razão se apossara num ato de previsibilidade.

Assim como a leitura que o homem faz do universo transforma ambos, simultaneamente, quando o leitor, transformando pela leitura o poema, transforma-se a si mesmo, estabelece um percurso de leitura, busca algumas leis dentro do poema, harmonias que atuem como os rastros de que fala João Alexandre e que lhe permitam domar o acaso que o poema procura forjar. Como ensina o próprio Haroldo de Campos (2002a, contracapa):

a poesia é
um acaso domado
e abolido na ocasião
do poema:
um caso de
acaso que se põe em
ocaso
colapsa
capitula
nas sedes da ocasião
que faz o poema:
um caso de
ocaso provisório pois
nada
nenhum lance de
dados

abolirá
(a não ser pelo breve
instante –
pênsil de um tal
vez e/ou poema)
o acaso

Nada deveria ser por acaso no jogo da poesia, nem mesmo um lance de dados incapaz de abolir o acaso. O poema é o lance; é o que lança linguagem em ação e construída pela luta contra o acaso, corporificada no *fazer do poema* e em leis internas. Diz o físico--matemático Poincaré (1995, p.8) que as leis são a expressão da harmonia e uma conquista do espírito humano; o mundo, para o autor, é divino porque não há milagres a todo instante, porque pode ser explicado por leis matemáticas. Em outras palavras, não há um Deus que o fique regendo por capricho e não há o acaso, mas a harmonia apreensível pela inteligência humana. A astronomia é, para ele, a grande conquista dessa compreensão harmônica do universo – o desvendar o cosmos só amplia a compreensão que o homem tem de si e do mundo, por mais difícil que seja para ele entender que o universo é eterno, finito e sem fronteiras.

Como já se ressaltou aqui, o universo está em constante expansão e tenderá a permanecer assim eternamente; mas o universo também é finito. Dada a sua curvatura, se caminharmos na mesma direção, chegaremos ao mesmo ponto e nessa caminhada não haverá fronteiras.[18] A leitura de *AMMR*, por força, inclusive, dos vários aportes que evoca, faz-nos pensar no poema como o espaço encurvado de Einstein – encurvado pela densidade material dos significantes que obrigam os significados a orbitarem em torno deles, quase sempre

---

18 "Como um espaço finito não tem fronteiras? Lembre-se de que um círculo (um espaço finito de uma dimensão) não tem começo ou fim. Um círculo não tem fronteiras e, no entanto, é finito. Agora imagine a superfície de uma esfera. Ela também é um espaço finito sem fronteiras. Se colocássemos formigas andando sobre a esfera, elas jamais encontrariam uma fronteira. Uma geometria fechada é finita e sem fronteiras" (Gleiser, 2006, p.322).

AS RAZÕES DA MÁQUINA ANTROPOFÁGICA **185**

percorrendo órbitas elípticas, difíceis de apreender. Como o universo, o poema haroldiano sugere que um Big Bang deve ter dado início a ele, mas só chega ao leitor a radiação eterna dos ruídos de fundo, os clássicos e os paradigmas científicos que ele revisita.

A leitura do poema é eterna, pois, certamente, a cada incursão leitora expandem-se os significados pelo brilho e descoberta de novos significantes – por serem vários e estarem dispersos no corpo do poema, amiúde, o brilho de um ofusca os menores. É o que acontece quando surge no céu uma lua linda e prateada, como aquela das *Cosmicômicas* de Calvino: tão intenso e anunciador da noite que está por vir é o seu clarão que os demais astros ficam, às vezes, esquecidos.

Como o universo, o poema está sujeito à constante expansão. O poema, por outro lado é finito, abriga múltiplas interpretações, não todas; finito porque restrito ao branco da página, finito porque, como se verá, em *AMMR*, o último verso impõe a volta ao primeiro, o que mostra o movimento do texto, sua (in)finitude. O poema não tem fronteiras, tem sincronias.

Em seu espaço-tempo curvado pela materialidade da palavra poética, passado e futuro não podem ser determinados com precisão, não há como estipular a origem primeira dos textos convocados, da ciência convocada e em que medida o novo impõe-se ao velho, em que medida *outro enredo sobranceiro* é articulado; não há como precisar os desdobramentos futuros das reflexões feitas em *AMMR*; talvez, por isso, a agoridade seja tão importante, porque para ela convergem todos os signos, sua historicidade, sua perspectiva de perenidade, seu jogo lúcido (luciferino) contra o acaso.

63) antes que einstein irrompa – um diavolino
ator – o demonúnculo de maxwell –
que à carreira do dono do destino

64) – o ente-mor de laplace (este que ao bel-
-prazer põe e dispõe) dá um final
termodinâmico: à ordem não-revel

65) volantim entre a causa e o casual –
à entropia (maré sempremontante
da desordem) suspende um demo tal

66) metaestável e o acaso num rompante
sobresta até quando ébrio de vertigem
cessa de agir e cai rodopiante

O trecho acima continua a glosa do poeta pelo mundo da física, mas nesse fragmento, em particular, a aproximação entre esta e a poesia é explícita. A alegorese a que o poeta se refere na estrofe 62 diz respeito ao demônio de Maxwell; para entendê-lo é preciso falar um pouco das leis da termodinâmica. Mais uma vez, os grandes feitos da física não surgem ordenadamente, mas sincronicamente, como se orquestrados pela memória do eu-poético que menciona fatos e depois, em *travelings*, volta aos antecedentes desses fatos.

Neste Canto II, as grandes descobertas vão se revelando pelo desenrolar de um grande novelo de conhecimentos; o cerne é, sem dúvida, Einstein e suas descobertas, teorias, revelações e negações; tudo parece girar em torno dessa "personagem" cuja profissão de fé era sua própria atividade (assim como a profissão de fé de Haroldo de Campos é a poesia, como ele mesmo declara, várias vezes e como já se mencionou aqui). Tentemos recolher, então, alguns cacos termodinâmicos para chegarmos ao diabrete de Maxwell.

A termodinâmica é a parte da física "que estuda as propriedades térmicas de sistemas físicos a partir de suas propriedades macroscópicas, como temperatura e pressão" (Gleiser, 2006, p.390). Há três princípios básicos da termodinâmica. O primeiro diz respeito à conservação de energia. Em termos muito genéricos, de acordo com esse princípio, a energia de um sistema fechado não pode ser criada e nem destruída, mas transformada, daí a ideia de conservação; o segundo princípio, ou lei, da termodinâmica postula que a entropia de um sistema fechado nunca decresce. Sendo entropia "a medida do grau de desordem de um sistema físico" (ibidem, p.387). Por fim, pela terceira lei da termodinâmica sabe-se que o zero absoluto (zero Kelvin) é inatingível (Ivanov [s.d.], p.118-123).

AS RAZÕES DA MÁQUINA ANTROPOFÁGICA 187

Na estrofe 63, o poeta afirma que, antes de Einstein, Maxwell já rompera com a ordem determinística de Laplace, pela pressuposição de uma entidade subversora do segundo princípio da termodinâmica. O *diavolino ator* de Maxwell colocaria fim *à carreira do dono do destino; este que a bel-prazer põe e dispõe* – com um sentido demoníaco mesmo, a entidade de Maxwell feriria um forte princípio, o de que a entropia sempre aumenta. O diavolino ator de Maxwell, para usarmos a expressão, tomada do italiano, por Haroldo de Campos, é um tipo de porteiro situado à porta de dois compartimentos com moléculas de gás:

> [...] Seja este gás contido em um recipiente rígido atravessado por uma parede, contendo uma abertura fechada por uma pequena porta, operada por um porteiro, ou um demônio antropomórfico ou um mecanismo de precisão. Quando uma partícula de velocidade maior que a média se aproxima da porta pelo compartimento A, ou uma partícula menor que a média se aproxima da porta pelo compartimento B, o porteiro abre a porta, e a partícula a transpõe; mas quando uma partícula de velocidade menor do que a média se aproxima pelo compartimento A ou uma partícula de velocidade maior do que a média se aproxima pelo compartimento B, a porta é fechada. Neste sentido, a concentração de partículas de alta velocidade aumenta no compartimento B e decresce no compartimento A. Isso produz um aparente decréscimo da entropia. (Wiener, 1970 apud Campos in Campos, H.; Campos, A.; Pignatari, 2002, p.197)

Por isso, o poeta irá dizer que o demônio porá fim à desordem, à entropia, cujo epíteto de *maré sempre montante da desordem* dá bem a dimensão do caráter caótico que ela representa. O acaso também será extinto, cessará: *num rompante sobresta*. O que é interessante é que a ação do demonúnculo vai, aos poucos, se carregando de entropia.

Para agir, ele precisa armazenar as informações sobre o sistema, a fim de efetuar a separação entre as moléculas, "até cair numa vertigem, e ficar incapacitado de claras percepções (ibidem, p.197), ou

188 DIANA JUNKES BUENO MARTHA-TONETO

ainda: "Para fechar o ciclo termodinâmico a criatura maligna deve esvaziar o reservatório de lembranças, liberando a informação armazenada, e provocando desse modo um acréscimo na entropia das vizinhanças, fato que vem a confirmar, afinal, o segundo princípio" (Campos, R., 2003, p.52).

Esse colapso da criaturinha de Maxwell surge nos versos finais da estrofe 66: "sobresta até quando ébrio de vertigem/cessa de agir e cai rodopiante". Há duas considerações importantes a serem feitas: a primeira é que a "desordem" acaba por prevalecer, "o preço do novo é o declínio da ordem" (Gleiser, 2006, p.212), ou seja, a entropia mostra que os processos são irreversíveis; quando a novidade da vanguarda, por exemplo, é introduzida no "sistema literário", a agitação das "moléculas da tradição" que ela provoca é irreversível. Porém, há que se pensar também, como aponta Wiener (1969, p.29 e seguintes), que o demônio, por uma fração de segundo, pode existir, nesse instante, imperará a ordem e o acaso sucumbirá.

Algumas considerações devem ser feitas sobre a poesia e a arte de um modo geral, nesse caso. As vanguardas, sem dúvida, atestam que o preço do novo é o declínio da ordem, portanto, na substituição dos estilos ao longo da história literária, as vanguardas corresponderiam ao momento em que o demônio de Maxwell tem uma vertigem abissal, aumenta a entropia do sistema, que vai crescendo e crescendo e até se estabiliza, mas jamais decresce. A arte, depois dos momentos de ruptura, gerados, diga-se de passagem, em seu próprio bojo, jamais volta a ser o que era – as mudanças parecem ser definitivas.

Para usarmos uma noção baudelairiana, as vanguardas são o transitório que passa a ser eterno, porque garantem a entropia dos sistemas artísticos; elas levam o demoniozinho de Maxwell ao colapso, até que surja um outro diabrete e vá colocando ordem, vá apagando com as ferramentas da diacronia a desordem. Mas, como vimos, a ação desse diabrete depende de sua memória, e tal é a infinidade de recriação de precursores e a invenção das obras literárias e artísticas que a criatura sucumbe, levando com ela a diacronia; feliz da vida, impera a sincronia, que, por seu próprio caráter síncrono, sugere, em certa medida, desordenação.

AS RAZÕES DA MÁQUINA ANTROPOFÁGICA 189

Quando se pensa que o usual é a entropia, entende-se por que alguns críticos falam na tradição da ruptura e da desordem como uma necessidade constante de renovação. É importante ressaltar que os sistemas caóticos são desordenados apenas na aparência, como ressalta Roland de Azeredo Campos (2005, p.177), ao citar Max Bense:

"Todo caos é fonte real, repertório real de possíveis inovações, no sentido de criações. Isto pertence essencialmente à explicação do caos" (Bense). E, segundo Haroldo de Campos, tal desenrolar se coaduna com a persecução de Mallarmé: abolir o acaso por meio de um poema, lance de dados supostamente capaz de converter o indeterminado no determinado.

Convém confrontar esse tipo de apreciação com a ciência do caos, de desenvolvimento mais recente, e que estuda a classe de fenômenos aparentemente caóticos, mas portadores de uma ordem oculta.

O fragmento acima nos leva a uma segunda consideração a partir do demônio de Maxwell. Do ponto de vista da história literária, a vanguarda é a própria entropia do sistema; do ponto de vista de cada obra em sua singularidade, entretanto, a luta contra o acaso é o aspecto fundamental. É como se a obra dependesse do curto espaço de tempo em que o diabinho conseguisse organizar a desordem. Segundo Roland Campos, a obra estética busca a diminuição da entropia, ou seja, busca harmonias e ordenações; ao fazer isso, entretanto, introduz a improbabilidade, o inusitado, o inesperado, isso porque o que se espera de um sistema é que a desordem sempre aumente ou se estabilize; ao promover a ordem, um lance de dados transforma o indeterminado em determinado.

O poema é uma luta contra o acaso; mas nada é capaz de eliminá--lo, nem o poema, nem o lance de dados, a não ser por um ínfimo temporal preso no espaço constelar da página, como queria Mallarmé. Há que se destacar que o poema, como o universo, vem de uma explosão de entropia (Prigogine, 1996, p.189). Tenha sido gerada pelas vanguardas, ou tão somente pelo processo criativo que busca a ordem, a agitação das informações, dos significantes e tudo o mais que envolve a criação é entrópica, porém não aleatória, afinal, o poeta, como Deus, não joga dados. O triste poema de Haroldo de Campos (1985, p.83) dedicado a Mário Faustino faz refletir sobre isso:

O homem e sua honra
(*in memoriam*: Mário Faustino)

é o demônio de Maxwell
deus termodinâmico?

é o diabo na garrafa
lançada no oceano?

é a bruxa solta no vento
ganhando no olho mecânico?

é o acaso todo de branco
na curva do meridiano?

é o anjo com seu archote?
é o demo com seu fragote?
é o homem com sua sorte?

é morte com seu serrote?
é a morte – serra de lima
é a morte – e serra de cima

Claro está que a sequência de interrogações é imposta pelo inconformismo diante da morte do amigo, diante do acaso e da imposição do destino. Como aceitar o acaso?

67) – mas volto ao dâimon e à questão da origem:
einstein dizia: "deus não joga dados"
– do aleatório (desse acaso-esfinge

AS RAZÕES DA MÁQUINA ANTROPOFÁGICA   191

68) *chance zufall hasard*) tinha cuidado
o seguidor de maxwell poincaré
posto no oblívion por antecipado

69) à física do tempo: mallarmé
sabia (seu cotâneo) que ao azar
jamais abolirá *um coup de dés*

70) vendo a constelação desenhar-se
presa ao fio de um "talvez" no céu noturno –
mas einstein que soubera decifrar

71) o enigma do espaçotempo e o turno
encurvado da quarta dimensão
ante o indeterminismo – taciturno –

72) recua em busca de uma explicação
que enfim desdiga essa heresia dos *quanta* –
no princípio-incerteza vê a ilusão

A frase de Einstein é famosa e emblemática, mas é preciso entender que uma série de pesquisas, inclusive dele, levaram o homem a imaginar-se em um mundo dominado pela probabilidade. O matemático francês Poincaré, posto no *oblívion*, no esquecimento, por estar à frente da física de seu tempo, previra que não é possível ter certezas sobre a descrição de fenômenos físicos, apenas *quase--certezas*. Poincaré estava atento ao *acaso-esfinge*, cuja linguagem é difícil decifrar, talvez, por isso, surja, no poema, em várias línguas (*chance, zufall, hasard*). Mallarmé parecia ter semelhante percepção – um lance de dados... Sobre Mallarmé, diz Haroldo de Campos (in Campos et al., 2002, p.199):

> De fato, na épica mallarmeana, desubicada (sem lugar) e sem conteúdo diegético propriamente dito, a ação se concentra na "conjunção suprema com a probabilidade", na circunstância de jogo de dados, em que o *Humanus* (Lê Maitre) enfrenta o Acaso no tabu-

leiro do Universo. Se o acaso jamais pode ser abolido, poderá –
quem sabe? – suspender-se repentinamente, deixando que dele
se resgate uma ordem, ainda que fugaz, o desenho de uma constelação (a obra, culminação do ato extremo do *Humanus?*). [...] o
pêndulo [...] não se inclina para o determinismo [...]; oscila, por um
momento, no sentido da probabilidade, de uma suspensão provi-
sória que enseja a surpresa de uma ordem, simbolizada na figura
constelar do final do poema. Insinua-se no texto mallarmaico uma
suspeita de indeterminismo. Tem razão Hyppolitte: o demônio que
assombra o poeta francês não é o de Laplace, mas o de Maxwell.

Entre o acaso e o determinismo está o poema, ou ainda, a nossa
percepção do universo, não há espaço para totalizações, pois "o
acaso puro é tanto uma negação da realidade e de nossa exigência
de compreender o mundo, quanto o determinismo o é" (Prigogine,
1996, p.197), o mundo é, portanto, o mundo das probabilidades,[19]
e, como diz Mallarmé em *Um lance de dados*:

legado na desaparição
a alguém
ambíguo

o ulterior demônio imemorial

tendo
de regiões nenhumas
induzido
o velho versus essa conjunção suprema com a probabilidade

---

19 Estamos aqui considerando que a probabilidade fica entre o acaso e o determinismo, mediando a ocorrência de ambos. Assim, em um lance de dados, não há
o acaso, pois certamente uma das faces cairá voltada para cima. Mas um lance de
dados e suas probabilidades não elimina o fato de estarmos, querendo ou não,
sujeitos ao acaso para o qual não podemos sequer determinar probabilidades. É
em busca desse acaso, visto aqui como o desconhecido, que Einstein esperava
que a ciência fosse – como se pudesse haver uma explicação para aquilo que jul-
gamos acaso; é, talvez, deste acaso que fale Mallarmé em seu poema. Um acaso
que um lance de dados e suas probabilidades não poderão eliminar, jamais.

AS RAZÕES DA MÁQUINA ANTROPOFÁGICA   193

Para Poincaré, uma forma de ampliar a nossa compreensão acerca da (in)totalidade de tudo que nos rodeia é a ciência, embora ela não nos traga as certezas de que precisamos, porque, nem bem fazemos uma descoberta, outras infinitas perguntas se colocam. São belíssimas as palavras de Poincaré (1995, p.7), seria uma perda não reproduzi-las aqui:

> Mas se temos medo da ciência, é sobretudo porque esta não pode nos dar a felicidade. É evidente que não, isso ela não pode nos dar, e podemos nos perguntar se o animal sofre menos que o homem. Mas podemos nós deplorar a perda daquele paraíso terrestre onde o homem, semelhante ao animal irracional, era realmente imortal porque não sabia que devíamos morrer? Quando se provou a maçã, nenhum sofrimento pôde fazer esquecer seu sabor, retornamos sempre a ele. Poderíamos agir de outro modo? É o mesmo que perguntar se aquele que já enxergou pode tornar-se cego e não sentir saudade da luz. Assim, o homem pode não obter a felicidade através da ciência, mas hoje pode bem menos ser feliz sem ela.

Tanto quanto a religião, a ciência surge como redentora, mas, ao contrário daquela, esta não promete a felicidade, talvez prometa algumas "verdades" – sempre sujeitas a reformulações e algumas respostas frágeis e desencadeadoras de novos questionamentos. A ciência dá-nos apenas probabilidades, como nos dá probabilidades a leitura do poema; já que este pode abrigar várias, cada uma delas é tão somente um possibilidade. Diante da afirmação de Poincaré, parece evidente o surgimento da ciência em *AMMR*. O ruído de fundo, outrora comentado, nada mais é, então, do que o ruído do "silêncio saneando os sons" da incerteza (Campos, R., 2003, p.86).

Também parece evidente aqui a presença de Mallarmé. Como se fosse um dos focos da elipse e estivesse apagado, o poeta surge *claroamostrando* que a poesia haroldiana é grande devedora da sua. Da mesma forma que ocorreu no Canto I, é preciso então refazer a leitura e pensar que, desde o início, desde o Big Bang, a dicção mallarmeana estava presente, pois Mallarmé, para Haroldo de Campos, significa o ápice da ruptura, explosão e, ao mesmo tempo, como ele mesmo diz, épico. A luta contra o acaso, centrada na ciência, nada mais fazia do que ocultar o poeta francês. Ao contrário do que se poderia pensar, então, neste segundo Canto de *AMMR*, o eu-poético não caminha longe de seus lastros literários; Mallarmé é seu guia, tanto quanto o é de Haroldo de Campos, em toda a sua obra. Como diz Siscar (2006, p.170):

> Eu diria que Mallarmé, essa figura complexa, desempenha para Haroldo, a função do barqueiro: é com ele que Haroldo inicia a passagem da margem angustiada do enigma na direção de sua exploração jubilosa. Mallarmé é o barqueiro, não apenas um ponto de chegada ou de partida [...]. Se o lance de dados, em Mallarmé, não chega a abolir o acaso que o tortura, é por ser inequivocamente problema que ele é também, por assim dizer, a passagem para uma "solução": a solução segundo a qual não existe solução.

Conforme se aproxima do fim do Canto II, vai se tornando forte, para o eu-poético, a questão acima apontada por Siscar – os enigmas que esfingem o eu-poético não têm solução; por essa propriedade, haverá sempre o trilhar "acaso dependente" do poeta. Soluções não há, mas buscá-las é instigante para o eu-poético inquiridor. Por isso, ele deixa que a face mallarmeana se apague novamente e volta-se, mais uma vez, para as incertezas que a física tenta explicar.

A incerteza está profundamente relacionada ao estudo da mecânica quântica. Os experimentos e as pesquisas científicas desenvolvidos permitiram a descoberta do "caráter quântico do mundo microfísico"; a principal consequência dessa descoberta foi, em primeiro lugar, a averiguação da existência de um mundo muito, muito pequeno. Em segundo lugar, mostra que o comportamento desse minúsculo universo não pode ser previsto com exatidão – confirma-se a hipótese de *quase certeza* de Poincaré e a (im)possibilidade de controle do acaso de Maxwell. Como explica Luiz Alberto Oliveira (1996, p.510-1):

AS RAZÕES DA MÁQUINA ANTROPOFÁGICA 195

Na perspectiva quântica, portanto, os objetos elementares sob consideração – quer sejam moléculas, átomos núcleos ou outros componentes – não possuirão propriedades definidas senão a posteriori, depois do procedimento experimental; só se poderá prever a *probabilidade* de que uma dada configuração, dentre uma variedade de potencialidades ou estados virtuais [...] A "realidade"quântica não exibe objetos com atributos continuamente estáveis e definidos [...] Extingue-se, no domínio quântico – a mais bem testada teoria física já elaborada –, a utilidade de certas metáforas tradicionais; a contradição entre ser e não-ser não mais poderá ser representada pela oposição cheio e vazio...

Para Einstein, a explicação da Natureza em termos probabilísticos colocava em risco, de certa maneira, a própria evolução das pesquisas científicas. Se tudo pode ser explicado pela incerteza, para que buscar verdades? A "religiosidade" de Einstein em relação à ciência fazia-o *crer* que a teoria quântica estava inserida em uma teoria maior, sobre a qual pairava a dúvida. A teoria quântica, segundo a visão de Einstein, implicaria a perda da reverência do ser humano diante do mistério, diante das coisas que não podem ser penetradas e que, por isso mesmo, impulsionam-nos à busca. Einstein provavelmente buscava a totalidade – a incerteza da mecânica quântica não servia ao seu espírito "religioso" de cientista (Gleiser, 2006, p.297- 299). Em 1926, em carta dirigida a Born, um dos estudiosos da mecânica quântica, Einstein (apud Gleiser, 2006, p.297) diz:

A mecânica quântica demanda séria atenção. No entanto, uma voz interna me diz que esse não é o verdadeiro Jacó. A teoria é sem dúvida muito bem-sucedida, mas ela não nos aproxima dos segredos do Velho Sábio. De qualquer forma, estou convencido de que Ele não joga dados.

Assim é que uma das maiores mentes do século XX, aquela responsável por coisas incríveis como uma geometria quadridimensional e pelo encurvamento do espaço-tempo, taciturna (ou saturni-

196 DIANA JUNKES BUENO MARTHA-TONETO

na?), recua diante da incerteza. Essa é mais uma história que o poeta narra em *AMMR*. Como Odisseu, ela aporta em várias localidades e em cada uma aprende um pouco sobre si mesmo, já que a viagem é a procura do próprio poeta pelo eu-poético, ou ainda, é a construção da máquina do poema. Depois de ver seu rosto, o de Dante e Camões na máquina do mundo, depois de encontrar-se com todos os grandes autores do cânone no Canto I, o eu-poético transforma seu tabuleiro de xadrez em mesa de jogos, lança os dados e fica a buscá-los *pelo fio de um "talvez" no céu noturno*. Entre uma e outra jogada, o poema de Mallarmé é evocado:

> EXCETO
> à altitude
>> TALVEZ
>> tão longe que um local

>>>> se funde com o além

De fato, torna-se praticamente impossível não pensar em *Um lance de dados* diante das considerações feitas pelo eu-poético de *AMMR* em seu percurso pela história da ciência. É o próprio Haroldo de Campos quem pensará o poema de Mallarmé em termos de épica, como já se ressaltou; como uma viagem-naufrágio comandada pela probabilidade. Essa aproximação também obriga o leitor do poema haroldiano a entender as estrofes do Canto II, notadamente o trecho entre as estrofes 67 e 72, como uma reflexão sobre a consciência da poesia moderna acerca micro e macrocosmo do universo da linguagem poética: ou seja, ao redor do poema, centro do universo poético, orbitam signos em rotação e, também, signos em translação girando em torno de si mesmos e de sua matéria significante, ao mesmo tempo que circundam a estrutura social.

Como acontece com a física, o entendimento do macrocosmo é bem mais simples do que o entendimento do microcosmo, embora isso possa soar quase como um paradoxo, já que o micro compõe o macro. Da mesma maneira que o céu noturno é muito mais do que

AS RAZÕES DA MÁQUINA ANTROPOFÁGICA **197**

podemos supor em termos de *quanta*, o poema não é apenas o céu noturno desenhado na página branca, mas é, fundamentalmente, cada estrela e cada constelação que o compõem, suspensas por infindáveis "talvez". O entendimento dessas estelares significações revela o tamanho das lentes de aumento que usamos para *contemplar* o poema, *reunião de galáxias sempremoventes*. Como um lance de dados, podem-se controlar apenas parcialmente as probabilidades de leitura – certamente, muitas faces do dado ficam obscuras e voltadas para baixo. Se quisermos, muitas faces do dado existem como os focos da elipse barroca, porém não são vistas ou entendidas pelo leitor.

Roman Jakobson (1977, p.20) fala-nos, logo na primeira lição de *Seis lições sobre o som e o sentido*, que um estudo das relações entre o som e o sentido no interior da palavra, e da língua em geral, deveria ser feito pelo isolamento do "mais pequeno, o último elemento fônico carregado de valor significativo, ou – em termos metafóricos – trata-se de encontrar os *quanta* da língua". Ora, restringindo a discussão ao texto poético e levando em consideração a própria definição de *quanta*, encontrar tais elementos fônicos e estipular a multiplicidade de sentidos que a ele podem, eventualmente, estar relacionados é uma virtualidade, uma possibilidade, um lance de dados em que o leitor crítico provavelmente apostará toda a sua história de leitor de poesia, mas cuja probabilidade de obter a compreensão máxima, o número "6", é de apenas "1/6".

Retomando-se a leitura de *AMMR* feita até agora, pode-se, então, argumentar que os diferentes significados atribuídos a uma mesma matéria significante acontecem porque há uma distribuição probabilística desses significados, por isso eles escapam ao leitor em sua totalidade e por isso sua determinação é uma *quase-certeza*. Assim sendo, a sibilação pode ser (como de fato tem sido) interpretada de inúmeras maneiras. Mas eis que essas *inúmeras* maneiras não são *todas* as maneiras. Pode haver a ilusão de que o poeta não controle o poema, mas ele o faz, porque não joga dados.

O poeta é capaz de abolir o acaso do poema, a não ser por um "talvez" constelar em que apareça um demônio da poesia, um pe-

198 DIANA JUNKES BUENO MARTHA-TONETO

quenino diabo, capaz de distribuir *átomos, partículas e moléculas sonoras e sintáticas*, controlando seu aparecimento no corpo do poema de modo que esses escapem ao poeta – como se a consciência da linguagem poética do poeta viesse antes dele. O pequeno Mefisto seria o responsável pela explosão entrópica inicial do poema, posteriormente controlada pelo poeta em seu labor estético, que, como vimos, é neguentrópico,[20] ou seja, tem entropia negativa e, por isso, ordena e torna inusitado o texto, simultaneamente.

Pronta a obra, o poeta não resiste ao dilema fáustico que a poesia, máquina de pensar o mundo, lhe impõe, e faz um novo pacto, há um novo *big-bang* e um novo poema nasce. Porém, o que é a novidade senão a ancestralidade? Essa explosão inicial, de onde virá?

Em *AMMR*, diante da incerteza, o eu-poético caminha para encontrar... encontrar-se? Enquanto caminha, não consegue se livrar (e não o quer) do ruído de fundo da tradição literária, da religião e da ciência – esse ruído talvez seja o acaso não abolido que se impõe ao texto, porque para o poema convergem, sincronicamente, a poeticidade construída ao longo da história e, ao mesmo tempo, a historicidade lida pela poesia; ambas podem escapar, enquanto totalidades, ao próprio fazer poético. Em outras palavras, é como se pudesse haver alguma coisa no poema que fugisse ao controle do próprio autor à medida que procede dele para as leituras possíveis de seu texto:

> Os instrumentos agenciados por Haroldo de Campos desterritorializam o texto. Este, reduzido a significantes [aos *quanta*], está exposto ao leque das significações. A atenção se desloca do sentido para os sentidos, da unidade para a disseminação, do autor para as leituras. (Schüler, 1997, p.8)[21]

---

20 Cf. o termo em Campos, R., 2003.

21 Comentário feito a propósito da tradução do Eclesiastes feita por Haroldo de Campos. Como se pode notar, os procedimentos haroldianos persistem ao longo de toda a sua obra e não se restringem a um único texto, daí podermos afirmar que em *AMMR* o poeta parece sintetizar um conjunto de práticas que sempre nortearam seu trabalho de poeta, tradutor e crítico.

AS RAZÕES DA MÁQUINA ANTROPOFÁGICA **199**

Admitindo-se que o poema de Haroldo de Campos aqui analisado equivale à máquina do mundo, pois, por meio dele, *através* dele, passado, presente e futuro são revelados, bem como a história do homem e sua relação com a ciência e com a religião, ao ler o poema, o leitor vê-se diante de tal máquina. Ao contemplá-la algumas coisas serão apreendidas e outras não; dentre as que serão apreendidas, é provável que algumas tenham sido "vistas" pelo poeta de *AMMR* e outras não, já que a totalidade não existe – há um demônio da poesia que consegue agir por um átimo. É como se o poeta construísse um labirinto, soubesse guiar-se dentro dele, mas alguns pontos continuassem obscuros, cegos, impenetráveis, devido à exacerbação de significantes e disseminação de significados; mais uma vez, um duplo foco, como o da elipse barroca.

A leitura, da mesma forma, torna-se um labirinto; ao seguir rastros, o leitor não chegará ao vazio absoluto, não chegará ao zero, à origem, mas ao zênite – não ao ômega, mas ao âmago. No labirinto poético de *AMMR*, parecem valer os comentários de Schüler (1997, p.11) para outras obras de Haroldo de Campos: um poema de haroldiano deve ser visto e ouvido.

Como poderíamos interpretar transparências e objetos? Interpretam-se discursos que escondem outros discursos. Intérpretes chamam ausências, falam como iniciados. Atravessam o visível em busca do que não se vê. [...] As constelações haroldianas não perguntam nem respondem. Aguardam como os traços de um quadro. Ensaiamos visitas [...] Assinalamos em itálico os lugares visitados. As visitas nos levam a outros endereços [...].

Esse caminho parece conduzir à origem, ao início, ao nada, ao estado inicial, entretanto, o *lance de nadas* (ibidem, p.8) do poema haroldiano não é a nulificação, mas um labiríntico sertão que se entrevera no leitor, um *nonada* enredado – distante e próximo do fio de Ariadne ao mesmo tempo. Essa perspectiva de leitura de *AMMR* encontra reflexo na própria mecânica quântica que o poeta presentifica no Canto II do seu poema.

200 DIANA JUNKES BUENO MARTHA-TONETO

O vazio quântico, com efeito, se identificará menos com uma nulificação por carência de acontecimentos, por privação de ser, do que com uma matriz labiríntica em que subsistem todos os possíveis mundos – virtualidades singulares pré-individuais que um lance de dados converterá em atualidades necessárias. (Oliveira, L. A., 1996, p.510, 511)

Os labirintos *quânticos* remetem aos labirintos poéticos barrocos de *AMMR;* os primeiros não deixam de assumir as configurações destes. Obrigam a multiplicidade de interpretações: no caso do poema, devido ao percurso difícil da leitura que chega mesmo sugerir um percurso iniciático; no caso da mecânica quântica, devido a um percurso árduo, marcado pelos cálculos e soluções algébricas. Ambos têm característica enigmática e desafiadora (Hatherly, 1995, p.106). Em outras palavras, tanto a compreensão da mecânica quântica quanto dos labirintos poéticos implica um leitor não ingênuo – um leitor iniciado, ou disposto a enfrentar o texto que o esfinge.

Por tudo isso, o poema de Haroldo de Campos faz repensar o mundo à medida que obriga o leitor a articular as distintas formas de conhecimento que o *pensamento* do poeta organizou em seus versos, cujo movimento imita as vagas do mar – vagas as interpretações que podem surgir da densidade do texto-oceano, livro de viagem. O poema não é pretexto para repensar o mundo, é o texto pelo qual o mundo pode ser repensado, e, por conseguinte, nós mesmos podemos repensarmo-nos nesse mundo-poema máquina que se abre em labirintos. Apreendê-lo não é tarefa fácil:

Os *labirintos poéticos* são, portanto, composições que implicam um programa, que é estabelecido de acordo com um *cânone*, um conjunto de regras fixas que devem ser conhecidas tanto do autor como do leitor, a fim de que este possa decifrar, além da mensagem fornecida pelas palavras do texto, a mensagem implícita na correlação existente entre texto e estrutura, onde a profunda mensagem simbólica reside.

AS RAZÕES DA MÁQUINA ANTROPOFÁGICA 201

Em suma, para se atingir a plena fruição das possibilidades totais deste tipo de composição, tem de haver um perfeito acordo entre a escrita codificante e uma leitura descodificadora. (Hatherly, 1995, p.107)

Seguramente, pode-se dizer que não se atinge a fruição absoluta do poema, por restrições impostas pelo desconhecimento de muitas das relações dialógicas estabelecidas por Haroldo em seu texto, mas também porque, modificando parcialmente a colocação de Hatherly, um texto como *AMMR* não permite o perfeito acordo entre a escrita e a leitura e sim acordos *possíveis;* se existissem os acordos perfeitos, acabar-se-iam os labirintos poéticos: perder-se neles faz parte do jogo de xadrez a que o poeta nos convida, a que o discurso do eu-poético dá acesso. São as possibilidades de movimentação das peças de xadrez oferecidas pelo lance de dados do poema. Admitir a *possível* derrota é aceitar que um *talvez* suspenso no céu noturno do poema constele sobre nossas leituras-viagens. É preciso, pois, voltar ao poema e à sua matéria significante, adensada nas estrofes finais deste segundo canto.

73) do livre arbítrio do homem e levanta
a hipótese da lua: se dotada
de autoconsciência fosse a trívia Diana

74) lunescendo a cumprir na eterna estrada
seu circum-térreo curso estaria crente
de se mover por força própria guiada

75) como aos olhos de um plus-que-perfeito ente
ficaria risível a ilusória
hýbris sub-lunar: o homem ser agente

76) de suas obras ou ações! – ou: pseudo-história
de adão-cigano-cósmico que a força
omni-potente (a *vis* peremptória)

202 DIANA JUNKES BUENO MARTHA-TONETO

77) de um deus corregedor que tudo possa
submete a um matemático talante –
como o de newton que laplace endossa

As estrofes 73 e 74 apresentam uma hipótese de lua dotada de autoconsciência; não se trata da lua dos cientistas, mas da lua dos poetas – aquela que se move por força própria, girando suavemente ao som da doce sibilação: *autoconsciência, fosse, lunescendo, seu, curso, estaria, se, força*, deixando entrever em seu giro as crateras e irregularidades que se contrapõem ao movimento de lunescer: *trívia, cumprir, crente, própria* e, mediando essas duas aliterações, um possível rastro, um *quanta* que permite ao leitor estimar seu *circum--térreo curso*. A repetição de alguns sons também contribui para a construção do movimento circular da lua: *cumprir, circum, curso; lunescendo*. Também a relação anagramática entre *ETeRnA, ESTRAdA* e *ESTaRiA* e *FOsse* e *FOrça* revela o girar elíptico da lua.

O eu-poético ressalta a lua vista pelos olhos da poesia. As alusões intertextuais são inúmeras, inclusive no que concerne à própria obra haroldiana. Pode-se destacar alguns poemas cujos versos parecem ter sido retomados por Haroldo de Campos em *AMMR*, como *lua lunescente* de *Litai Poema: Transa Chim*, ou ainda, a *trivial diana*, de *vidapoesia: figura de palavras*. Cabe notar que em *AMMR* a lua, Diana, surge trívia – trívia é uma espécie de equinodermo, estrela-do-mar. Essa informação é interessante, pois a fanopeia obrigaria o leitor a imaginar a lua, refletida no mar como uma estrela, ou ainda, caracterizaria o adjetivo "científico" para lua; por outro lado, trívia pode ser, levando em conta o poema *vidapoesia*, trivial, a Diana comum, a lua dos poemas e dos poetas. Por fim, Trívia, em latim, é a própria Diana, adorada nas encruzilhadas.

Como se vê, a indeterminação é o que prevalece. Trata-se de seguir a sugestão de Jakobson, buscar os *quanta* das palavras; pensar também que trívia sugere um fechamento: a lua lunescendo na encruzilhada entre a poesia e a ciência, porém (ou ainda bem) que um lance de crítica jamais abolirá o acaso trivial do poema. Só assim o nada assume o papel de *vazio quântico* e é reforçado o caráter

AS RAZÕES DA MÁQUINA ANTROPOFÁGICA   203

labiríntico do texto, a significação eterna do universo poético, já mencionada.

Menos poética e não menos apropriada é a leitura da estrofe a partir dos pressupostos da ciência, ou do ponto de vista einsteiniano, como vimos, ou mesmo do ponto de vista newtoniano. Para Newton, a órbita da Lua era semelhante à de um projétil lançado de uma alta montanha. Se não houvesse gravidade ou resistência do ar, o movimento do projétil teria velocidade constante e seria uma linha reta, dado o princípio de inércia. Mas, como há gravidade e força centrípeta, que age na direção do centro do movimento, o projétil tende para o centro e cai. Se sua velocidade for pequena, cairá ao sopé da montanha; se for alta, entrará em órbita e continuará caindo eternamente; à medida que cai, dada a curvatura da Terra, nunca vai bater no chão. A Lua seria, então, como esse projétil e seu movimento comandado pela força da gravidade: criação divina (Gleiser, 2006, p.178). Nesse espectro, não seria possível admitir a *hýbris* de um homem *senhor de suas ações*. A Deus, soberana mente, é que caberia o controle do mundo – ele poderia dotar o homem de sabedoria para desvendar os mistérios da Natureza.

Newton seria o homem criado por Deus, à sua imagem e semelhança, um *adão-cósmico, cigano* por conseguir "prever" os movimentos dos corpos celestes; sua inteligência matemática, dom concedido pelo Deus, corregedor e poderoso, atuaria como instrumento de revelação do divino. "Para Newton, a razão era a única ponte possível até o divino" (Gleiser, 2006, p.185).

O grande impasse apontado pelo eu-poético é que justamente Einstein, que teria apregoado a importância da ciência como a "religiosidade" possível e a necessidade de revisão da mecânica clássica, parece recuar diante dos *quanta* e da aparente negação da existência de uma força ordenadora. Uma vez que, para a mecânica quântica, os fenômenos, grosso modo, seriam explicados por ocorrências probabilísticas e virtualidades, qual seria o lugar da verdade? De fato, a teoria dos *quanta*, ao incorporar a incerteza, questiona a própria existência da verdade absoluta, de realidade objetiva. Como aponta Luiz Alberto Oliveira (1996, p.511):

A "realidade" quântica não exibe objetos com atributos continuamente estáveis e definidos [...]; as formas tornam-se precárias, as essências imprecisas – assim, convém aposentar o conceito, venerandamente aristotélico, de *substância* como substrato básico de que são compostas as coisas do mundo.

O que chamamos de "mundo objetivo" seria então expressão macroscópica de uma trama de relações microscópicas quânticas que não padecem, elas mesmas, de "objetividade". Uma vez que as leis quânticas incidem sobre as possibilidades de uma dada configuração *vir a ser* efetivada, verifica-se como que um espessamento do presente, pois a passagem da potência ao ato não será imediata nem autônoma com respeito ao observador.

Ora, o espessamento do presente é a própria agoridade haroldiana, como tempo fundamental da experiência, nos termos apontados no início deste trabalho. Configura-se uma dialética do agora, pois a partir dele se constroem as possibilidades de leitura do mundo. Não deixa de fazer sentido, portanto, a preocupação sincrônica de atualização da história defendida por Haroldo de Campos. A obra em si não faz sentido, a observação da mesma é esparsa, subjetiva, *relativa*, mas, quando presentificada em obras de outros poetas, torna-se *agora*; a diferença não mensurável entre o que é a tradição de fato e o *make it new* a que a sujeitam é sempre uma virtualidade que um *lance de dados* converte em atualidade necessária. Colocada dessa forma, não importa a tradição em si, outrossim, o uso dela feito no presente – suas possibilidades de conversão em *paideuma* e a criação poética original que surge a partir dela.

Haroldo de Campos aproxima a poética de Mallarmé das descobertas da física do final do século XIX; em *AMMR*, na trilha do grande mestre francês, ele mesmo permeia sua poética do mundo e das visões de mundo que o cercam não como determinantes de sua poesia, mas como componentes semânticos, colocados em tensão com outros, rasurando o sentido primeiro da mensagem poética que está sendo veiculada. A interpretação última do poema tende ao *vazio* quântico, que, como se disse, não é a nulificação absoluta, porém uma construção labiríntica e especular em que se refratam e refletem múltiplas tendências, as quais, por atuarem em uníssono, contribuem para a construção alegórica do poema. Nesse sentido, a matriz alegórica pode ser percebida como fragmentária: "Extingue-se a falsa aparência da totalidade, porque se apaga o *eidos*, dissolve-se o símile, seca o cosmos interior" (Benjamin, 2004, p.191). Ainda segundo Benjamin, a alegoria traz uma perturbação da ordem e da paz, atua como intrusa e, mesmo assim, os artistas a ela não resistem. A intromissão dos *quanta*, do mundo muito pequeno, também parece, nesse sentido, se é que se pode explicar a ciência pelas lentes da arte, assumir um caráter alegórico, pela perturbação da ordem que impõe, pelo apagamento do *eidos* que ocasiona e pela necessária fragmentação microcósmica que lhe é peculiar. É, por conseguinte, sob todas as perspectivas, o jogo de luz e sombra barroco e o homem cindido entre a ciência e a fé que se corporalizam na palavra-escritura do eu-poético de *AMMR*.

Apesar de todos os avanços, duas questões continuam em aberto: a origem da matéria que compõe o universo e a origem do universo em si. Conforme assinala Marcelo Gleiser (2006, p.248), tudo pode ser explicado segundo as leis físicas e matemáticas, mas de onde vieram essas leis? Se surgiram junto com o universo, de onde surgiu o universo? A regressão é infinita.

Talvez Einstein estivesse preocupado com isso, com certa dose de conformismos que a união da relatividade geral e da mecânica quântica poderiam trazer, a partir do momento que fossem julgadas respostas satisfatórias, porque se apoiam na própria admissão de que nada é certo, ou melhor, na incerteza.

> 78) e aperfeiçoa: eis o dilema agora
> de einstein – gênio pioneiro contribuiu
> à teoria dos *quanta* mas a hora

> 79) advertindo quando ela se insurgiu
> contra o sumo fautor – pois a espinoza
> o último einstein se inclina – divergiu

A mente ruptora que introduziu a teoria da relatividade, o *gênio pioneiro* que contribuiu com a teoria dos *quanta*, retrocede. O eu--poético de *AMMR* coloca-lhe a face voltada para Espinosa e sua visão de mundo, pautada pelo racionalismo, ou pela aceitação de uma causalidade (determinismo) operando na natureza. Para Einstein, havia um senso de causalidade na Natureza e essa crença ia contra tudo o que a mecânica quântica propunha. Não se trata de associar, em seu caso, a causalidade a Deus, como fazem Espinosa, Newton, Laplace, embora o próprio Einstein tenha dito "Ele não joga dados", porém, é ele que adverte os físicos do "perigo", quando a teoria dos *quanta* se insurge *contra o sumo fautor*.

A visão de Einstein sobre a humanidade é pessimista, conforme aponta Prigogine (1996, p.195), e só a física, triunfo humano sobre a violência do mundo, seria capaz de vencer as barbáries que se desenhavam à sua frente. Não por acaso, Einstein surge como a figura saturnina voltada tanto para a luz da sabedoria quanto para a sombra da dúvida, marcada pela acídia. Prigogine o aproxima a Descartes; a leitura de *AMMR* permite aproximá-lo de Drummond, sublinhando que o primeiro e o segundo cantos do poema são concluídos em atmosfera melancólica. Certamente, Einstein é mais um homem barroco buscando a conciliação possível para o caminho do homem, pelas órbitas elípticas que a própria realidade obriga a percorrer.

De qualquer forma, seu desejo de buscar respostas, chamado por ele mesmo de "sentimento cósmico religioso", malgrado sua posição diante das descobertas *quânticas* de Planck e Bohr, acabou por desencadear hipóteses diante das quais ele mesmo recuou. Depois de Einstein, não havia mais como negar que o universo era imenso e dinâmico. Depois da teoria dos *quanta*, o homem deve admitir que há coisas que estão em desacordo com a intuição; infelizmente não há interpretante final. Roland de Azeredo (2003, p.66) diz que "o homem é um só, é um signo, afinal" suas verdades são camuflagens, por trás de um signo, outros signos, indefinidamente, sem que a verdade seja apreendida, de fato.

4
O NEXO O NEXO O NEXO O NEXO O NEX

Sobre o Canto III

No Canto III, o poeta encerra relato iniciado nos Cantos I e II e passa a meditar sobre as visões de mundo com as quais se defrontou. Apesar de ser mais extensa que os cantos anteriores, pode-se dizer que a terceira parte de *AMMR* resume-se nas indagações do poeta diante do mundo observado e de seus mistérios. Se o Canto I correspondia ao *Inferno* e o Canto II ao *Purgatório*, o Canto III não necessariamente corresponderá ao *Paraíso*. O eu-poético chega, aparentemente, ao final de sua caminhada. Ergue-se até um mirante imaginário para observar a gesta do universo que se abrirá, deslumbrante, diante dos seus olhos. Desse ponto em diante, sua voz ganha mais autonomia; suas indagações, feitas a partir da experiência vivenciada ao longo dos dois cantos anteriores, buscam respostas para as suas próprias dúvidas, pois os grandes poetas e pensadores dos cantos I e II têm, eles próprios, as suas respostas para o enigma da Criação. O enigma do eu-poético de *AMMR* é o processo criativo, nexo e nex, simultaneamente, que ele espelha e funde à alegoria da máquina do mundo e ao Big Bang.

Acentua-se, no Canto III, o caráter metalinguístico do poema; as indagações feitas levam-nos a repensar a poesia como força motriz do poema-máquina: o poeta busca a compreensão da origem do universo talvez porque, a partir dela, compreenda, enfim, a origem da palavra poética, explosão primeva do cosmos poético. Como no Canto III esclarece-se que a gesta do universo, cuja compreensão o poeta busca, é a gesta da poesia, a palavra bíblica surgirá com grande força – o poeta quer entender por que no princípio era o verbo, para tanto, invoca os *midrashistas*, intérpretes criativos das palavras sagradas.

Analogamente ao que ocorre no universo, as galáxias, constelações e corpos celestes revelados no poema não têm como pressuposição uma estrutura determinada *ex ant*, porém surgem da tensão dos signos (significantes e significados a que se remetem) que o engendram e que não manifestam ascendência uns sobres os outros, só *significam* juntos. Pensado em termos da teoria das catástrofes de Thom,[1] esse Big Bang não pressupõe a existência de uma estrutura, mas nasce do conflito:

> No domínio da linguagem, a palavra constitui um mecanismo elementar [...]. Assim, o significado de uma forma-palavra se manifesta, para Thom, nas catástrofes que a produzem ou aniquilam. Em suma: a significação de um vocábulo se verifica no seu uso, que não dispensa toda uma constelação vocabular sincrônica [...] uma partícula só é completamente definida pelas interações nas quais toma parte [...]. Em vez de se imaginar a constituição da matéria [do poema, da palavra, composta pelos *quanta* da língua como queria Jakobson] como uma sucessão hierárquica de caixas chinesas, em que nunca se chega ao tijolo fundamental, supõe-se a existência de um conjunto mínimo de partículas, no qual todas se legitimam nas relações mútuas, nenhuma delas reivindicando

---

1 "[...] a teoria das catástrofes elegeu as [transições] radicais: as que se dão súbitas, por saltos [...] e descrevem os efeitos descontínuos provenientes das variações externas suaves [...]. [as quais] embora seguindo caminhos suaves, podem adquirir, nos mapeamentos, desvios bruscos, configurando bicos ou arestas" (Campos, R., 2003, p.87). No caso da poesia, os desvios bruscos que configuram bicos ou arestas são o inusitado, causado pela redução da entropia, conforme destacado ao longo da leitura dos cantos I e II.

ascendência sobre as demais. Isto parece exprimir a capacidade de emergir [...] de uma base simples. (Campos, R., 2003, p.89)

A palavra, pois, não *significa* se não estiver em interação com outras palavras; isto é, inclusive, um pressuposto para a definição de texto. No poema, essa dependência existente entre as palavras torna-se ampla, pois se estende aos outros elementos do plano de expressão, e tensiva, posto que, ao mesmo tempo que significam em relação umas com as outras, têm valor autônomo o suficiente para impedir que sejam excluídas do sistema, como estrelas que compõem uma constelação que só existe em função do conjunto. Na morte de uma das estrelas, a constelação não será a mesma. Na exclusão de qualquer elemento do plano significante, o poema não será o mesmo. Com uma sucessão de interrogações, o eu-poético procura, então, encontrar, entre as palavras e seu universo, um nexo; entre o universo e o homem, o nex.

As lentes de um grande telescópio

80) com esse paradoxo encerro a glosa
que entreteci à borda do caminho
da física evoluindo: deixo a prosa

81) ou relação desse meu descaminho
para tentar erguer-me até o mirante
de onde a gesta do cosmos descortino:

82) no imaginar me finjo e na gigante
lente de um telescópio o olho colando
abismo – apto a observar o cosmorante

83) berçário do universo se gestando:
recorre aqui o *big-bang* – o começo(?)
de tudo – borborigma esse *ur*-canto

84) ou pranto primordial: primeiro nexo
radiocaptado por humano ouvido
da explosão parturiente – seu reflexo

85) espelhado em rumor prévio estampido
fôra o que? Por ventura um tempo-zero
de cósmea densidade ensandecido

Com a postura paradoxal de Einstein, o poeta encerra a glosa alinhavada em seu texto, bordado de Penélope. Depois de longa jornada, Ulisses está quase de volta a casa – o fim do poema é o limiar da existência desse poeta, construído da linguagem no límen--hímen do milênio. A glosa encerra-se e dela é preciso manter um dado importante: o mundo é só o que o observador observa, nada mais e nada menos do que o *percebido*. A teoria dos *quanta* mostra--nos que o observador tem um papel extremamente ativo na descrição dos fenômenos naturais, de modo que a realidade objetiva deixa de existir no mundo muito pequeno, pois, neste, o observado é resultado da escolha do observador (Gleiser, 2006, p.288). É diante desse paradoxo que Einstein perturbou-se: a realidade é dependente das escolhas do observador.

O percebido, amiúde, extrapola o que a linguagem expressa, porque esta é linear, enquanto aquele é multidimensional. Não podemos falar dos átomos em linguagem ordinária, dizem os físicos, no entanto, que linguagem usar senão àquela que temos acesso? Haverá, nesse sentido, uma defasagem entre o que a linguagem expressa pela língua e o que existe de fato. Também à poesia parece escapar a representação absoluta entre as coisas e sua designação, a despeito de toda singularidade do signo palpável já discutida, porque não há ubiquidade na língua. A diferença entre o que é expresso pelo signo poético e os outros signos é que, no caso dos primeiros, por sua materialidade e multiplicidade, por seu dinamismo parecem guardar a memória da suprarrealidade, de algo que escapa à leitura, pelo deslizamento dos significantes, como se houvesse a percepção do que escapa, embora não definida e, portanto, não pas-

AS RAZÕES DA MÁQUINA ANTROPOFÁGICA 211

sível de verbalização. O poema, mais do que qualquer outro objeto de linguagem, é o reino do *muito pequeno* em que o observador--leitor desempenha papel fundamental no que é observado-lido. A leitura é resultado da escolha, já que o processo de geração de sentido do poema pode ser percorrido a partir de distintos referenciais, estabelecidos pelos diferentes leitores-observadores.

O poema pode ser compreendido como fruto de um processo que se manifesta nas figuras, nas coberturas lexicais, nas paronomásias, enfim, em todos os elementos constitutivos do texto, porque "a figura como ornamento deixa de fazer sentido, dando lugar ao estabelecimento de uma linguagem em que qualquer elemento se converte numa possibilidade" de metaforização (Baldan, 1997, p.236-7). As possibilidades são estabelecidas pelo observador-leitor. Ressalte-se, aqui, o uso da palavra *possibilidades*, configurando, exatamente, o que a teoria quântica assevera – não há totalidades: *um lance de dados jamais abolirá...* Ressalte-se, também, que essa configuração probabilística coloca-se do ponto de vista da leitura e não da confecção do poema; esta última, como vimos no Canto II, não é obra do acaso (a não ser por um átimo, um talvez no céu noturno...).

Em textos como os de Haroldo de Campos, como insistentemente tem sido dito aqui, o distanciamento entre o significante e o significado é ampliado, fazendo com que se ampliem as possibilidades de leitura pela presença da *mobilidade*, inerente às metáforas do texto, que são, também, metonímias – melhor dizendo, as metonímias e demais elementos constitutivos surgem como parte desse processo em que se veem na linguagem multíplices formas de metaforização. De um modo geral, podemos entender o poema *AMMR*, seu caráter alegórico e sua significação global a partir desse processo, o qual, se entendido em termos da física quântica, indica que os *quanta* assinalados na leitura compõem a "máquina" metafórica geral do texto, cuja apreensão não se dá na totalidade, mas apenas em decorrência da percepção do leitor e de sua participação na construção do "jogo" probabilístico/labiríntico apresentado no corpo do poema.

Para o eu-poético de *AMMR*, que é leitor da tradição literária e, simultaneamente, estudioso da física, essas explicações também parecem desafiar o *sumo fautor* do universo poemático – mais do que eventos aleatórios, o poeta busca a origem da poesia em ação do poema, o começo de tudo. O eu-poético quer se abismar, por isso, ao erguer-se até o mirante, cola as lentes num gigante telescópio e se diz apto a ver *o berçário do universo se gerando*: no imaginar, finge-se. O telescópio faz-nos ver mais. Como os óculos do personagem Miguilim de Guimarães Rosa, o poeta-viajante, já no final de sua jornada, parece munir-se de instrumentos que lhe permitam vislumbrar o *cosmorante berçário*, porém, mais do que visual, sua experiência é auditiva e plena de significados.

Porque rememora o Big Bang é capaz de ouvir o ruído de fundo. O barulho advindo da explosão inicial não é um amontoado de sons distanciado de sentido, mas o "borborigmar do ur-canto/ou pranto primordial: primeiro nexo". Em primeiro lugar, deve-se destacar que borborigma é um ruído que vem do aparelho gastrintestinal, portanto, um ruído que sai das vísceras, das entranhas, mas que não ecoa com um ruído esquisito, antes, melodiosamente soa como o *canto* de Ur: um nascimento, um vir à luz (daí o pranto primordial) em um tempo impreciso, de *cósmea densidade ensandecido*.[2]

Ur refere-se, provavelmente, à saída de Abraão da cidade de Ur, localizada às margens do rio Eufrates, na Mesopotâmia. Deus o faz sair da terra politeísta e o guia para outro lugar. Segundo algumas interpretações bíblicas, *sair para* é um movimento de libertação tanto para o indivíduo quanto para o povo – é um *caminhar para a*

---

2 Aqui, mais uma vez, o texto haroldiano evoca as reflexões do Haroldo crítico. No ensaio *Iracema: uma arqueografia de vanguarda*, Campos atribui à obra alencariana o papel de canto primeiro, de ur-canto (1992), canto épico primeiro que corrompe a "épica epigonal". Essa retomada aqui indica, portanto, que, ao mesmo tempo que as origens da palavra estão em jogo, a origem do poeta e da literatura brasileira também atua como mote da criação. Sobre o caráter fundador da palavra em Iracema e sobre a atmosfera épica que envolve a lenda do Ceará consulte-se, também, o ensaio de apresentação ao romance de Paulo Franchetti.

AS RAZÕES DA MÁQUINA ANTROPOFÁGICA   **213**

vida. Abraão simboliza o homem escolhido por Deus, predestinado a um papel universal;[3] contra todas as expectativas, ele acredita na esperança. Abraão também se torna personagem central de *AMMR* no Canto III porque está presente nas três grandes religiões existentes: cristianismo, judaísmo e islamismo; é, por assim dizer, um mito fundador. No poema, entretanto, o surgimento de *Ur* não parece tão eufórico: vem das entranhas, um canto como um pranto primordial. Admitir os *quanta* é romper com explicações da origem. E Abraão é o início.

A partir de Abraão a história sagrada vai se delineando. É necessária a saída de Ur para que sua *missão* se inicie. Como lenda fundante, a história de Abraão não deixa de fazer o papel de ruído de fundo, já que é reiterada muitas vezes, por isso, provavelmente, surge, em *AMMR*, associada a um primeiro nexo, *à explosão parturiente*. Por fim, ao trazer o *ur-canto* para o poema, o poeta não deixa de nos fazer pensar que a busca de Abraão é marcada pela "aventura e riso que caracterizam todos os grandes destinos. A fé em Deus é capaz de mover montanhas. A sabedoria de Abraão inspirou-lhe a loucura de ser o aventureiro de Deus" (Chevalier; Gheerbrant, 1994, p.7). O Abraão aventureiro equipara-se a Odisseu, a Vasco da Gama, aos portadores de destinos fabulosos, pois enfrentará o "tempo-zero/de cósmea densidade ensandecido", ou seja, o próprio caos, se o entendermos como os gregos: vazio primordial, anterior à criação em que a ordem não havia sido imposta (ibidem, p.182).

Do ponto de vista do plano de expressão, as estrofes iniciais do terceiro canto são bastante interessantes, vale a pena destacar alguns aspectos. Há um bonito jogo entre *caminho, descaminho, descortino*, como se o poeta, nessa "tríade", refizesse o poema: caminha pelo ciclo ptolomaico, descaminha pelo mundo da ciência, que o faz questionar as verdades da fé, e, por fim, do alto do mirante, que parece ser o topo da montanha do Purgatório, límen do *Paraíso, descortina a gesta.* Na estrofe 83, a aliteração de /b/ ecoa o

---

3 Cf. *Bíblia Sagrada* (1990), Gênesis 12-15.

próprio *big-bang;* nas estrofes 84 e 85, o canto-pranto é ouvido em pequenas explosões: *pranto, primordial, primeiro* que se dissipam em *radiocaptado, por, parturiente, espelhado, estampido, porventura, tempo.* As paronomásias especulares refletem-se, portanto, diante das lentes do telescópio usado pelo poeta que ouve o ruído de fundo enquanto vê o "esfervilhar" da explosão:

86) ao mais extremo? ensimesmado em mero
    zerar-se o enigma – esfinge naticega –
    sem perguntar-se cala o seu mistério

87) *lasciate...* o que ao saber porém se entrega
    o que após um centésimo milésimo
    de segundo a partir daquele mega

88) estrondejar passou – o abre-te-sésamo
    desse proscênio – tem-no esfervilhando
    o caldo turbinoso: eu (septuagésimo

89) ano de minha idade) vou cantando
    e no contar tresvairo: explode o ovo
    cósmico e o grande bangue está ecoando

Há dois caminhos apontados pelo poeta nas estrofes 86 e 87: um deles é aceitar que o enigma zera, pois a explicação da origem é a explosão inicial. Se assim for, o enigma-esfinge, que marcava de acídia o poeta, diluiu-se. A esfinge naticega não pergunta, cala, *lasciate, deixa estar.* Se retomada a 6ª estrofe do poema, lembrar-se--á de que o poeta sentia inveja de Dante: "o olho tinto de sangue, cupidez impura", (Campos, H., 2002a, p.14-5) afinal Dante tinha trinta e cinco e ele setenta.

Dante tinha o medo; e o poeta de *AMMR*, a acídia. Nas estrofes 88/89, entretanto, tudo indica que o poeta não se entrega à crença em explicações para a origem do mundo que o conduzam a julgamentos finais, não se deixa conduzir por um esfingir naticego

AS RAZÕES DA MÁQUINA ANTROPOFÁGICA 215

que zera o enigma pela resolução (aceitação/negação) do mistério; ao contrário, por ter setenta anos e muito ter vivido, o poeta
segue cantando, já que o saber adquirido pela experiência é o seu
guia. Mesmo mergulhado numa atmosfera melancólica e saturnina (Dante, Drummond, Newton, Einstein), o eu-poético procura
resistir.

O outro caminho é, por conseguinte, o entregar-se, audacio-
samente, ao saber, ao "desenigmar" daquilo que só se vence pela
atividade intelectual. A perturbação na ordem sintática aponta esse
caminho do eu-poético que segue cantando e contando, como um
aedo que é, *epopoiós*; isto é, o poeta é fazedor de *epéa*, vozes, discursos e narrativas que se misturam à sua para engendrar epopeia. No
poema palimpsesto, experiência e memória[4] projetam-se para o futuro. A interface entre esses dois momentos, quais sejam, passado
e futuro, é assegurada pelo canto que tudo presentifica. Mais uma
vez, a agoridade haroldiana emerge do texto e se adensa na materialidade da palavra poética, canto.

Como aponta Brandão (1990, p.10), na epopeia, o canto é reali-
zador. Os fatos cantados deixam de ser apenas memória e passam
a se tornar ação – o canto é que engendra os fatos; sem ele, estes
seriam apenas *possibilidades*. Ao cantar, o eu-poético de *AMMR*
transforma seus atos em palavra: o que era domínio do vivido, e que
estava guardado na memória, passa a ser o *épos*. Em outras palavras:
ao narrar sua experiência ao longo dos três cantos, o eu-poético faz
com que passem da memória ao poético, revelando suas múltiplas
índoles (*polýtropos*), seus ardis fabulistas, engenho e arte.

---

4 O *ur-canto* parece distinguir-se do canto bíblico, pois, enquanto o canto divino
   judaico-cristão trata da verdade, o cantar do poeta aqui parece remeter-se à
   matéria épica de *AMMR*. Considerando as observações feitas a respeito de
   Abraão, como o gosto pela aventura e o espírito destemido, pode-se supor que
   o *ur-canto* é menos um canto bíblico do que parte da epopeia do eu-poético;
   ou aproximando, mais uma vez, esse aspecto do poema do romance *Iracema*,
   pode-se pensar que o poema *AMMR* é, ele mesmo, um *ur-canto* que registra
   a arqueografia da escrita haroldiana – o mito de origem da poesia (que abarca
   tradução e crítica) de Haroldo.

216 DIANA JUNKES BUENO MARTHA-TONETO

O seu canto guia o leitor pelos labirintos da memória e de sua ruptura em relação a ela, uma vez que na epopeia a memória não é passiva, mas ativa – "a voz é que inaugura o mundo" e se costura, alinhava, a outras vozes, não como elas são de fato, mas, repetindo o Benjamin citado na introdução, como elas relampejam no bordado de Penélope que é o espaço-tempo do poema, cuja trama é feita e desfeita. O eu-poético/o poeta Haroldo de Campos segue construindo e desconstruindo sua travessia – labirinto sem fim, abissal:

> Efeito de abismo, sem dúvida: o herói canta o próprio canto do poeta que canta o canto da Musa que canta a Memória que guarda os feitos do herói que canta. Efeito de espelho e labirinto igualmente, pois o canto do herói objeto do canto do poeta [...] é o mesmo poema que, assim, repete na sua estrutura gerativa a relação polifônica observável [...] o épico [é o] gênero em que o poeta fala e faz falar suas personagens. (Brandão, 1990, p.9)

Novamente, o labirinto surge. De qualquer ângulo que o tomemos, quer da perspectiva figurativa, como ocorre com o sertão no primeiro canto, quer da perspectiva barroco-científica do segundo canto, ou como agora, epicamente, o poeta vai levando o leitor, amiúde, por caminhos que já trilhou ao longo da leitura, mas recobertos por novos sentidos. Os labirintos são uma das formas de manifestação da poética sincrônica de Haroldo de Campos, porque dizem respeito ao *modus operandi* dessa poética, espiralar e elíptica que emite sua onda de radiação em ruídos de fundo, apreendidos aqui e ali, nas vozes do poeta e da tradição (em amplo sentido), recolhidos no canto do eu-poético: canto, *aoidé*, ou ainda, o visceral *ur-canto*.[5]

Talvez, por isso, desde a segunda parte do poema, o eu-poético insista na imagem do Big Bang, afinal ele é, ainda que com vários graus de indeterminação, a vaga origem desse ruído, desse canto-

---

5 Devido a essas característica, o *movimento de leitura* do poema é, como foi dito na apresentação deste trabalho, espiralar e elíptico.

AS RAZÕES DA MÁQUINA ANTROPOFÁGICA   217

-bordado à *borda do caminho*, como sugerem os versos iniciais da estrofe 80; desse canto galáctico ou, pura e simplesmente, constelar, entoado pelo eu-poético, que muitas vezes parece surgir, no tecido do texto, amalgamado ao poeta Haroldo de Campos. Nas estrofes 88 e 89, o Big Bang é visto como o "abre-te-sésamo desse proscênio" (Campos, H., 2002a, p.65), o desencadeador da encenação da gesta do universo: explode o ovo cósmico e só se ouve o ecoar, misturado às vozes orquestradas pelo poeta, do grande *bangue*. A hipótese do ovo cósmico aproxima-se muito dos mitos de criação. O ovo cósmico é uma metáfora para tratar da hipótese do átomo primordial, proposta em 1931, por Lamâitre. Segundo essa hipótese, teria havido um átomo primeiro que após um *centésimo de milésimo de segundo* se desfez em muitos fragmentos, que se desfizeram em mais fragmentos, e assim sucessivamente, até que o raio do universo foi sendo preenchido por esses estilhaços todos e expandiu-se.

Durante muito tempo, Lamâitre, que era padre, tentou conciliar a visão da fé e da ciência, mas, em 1951, afirmou que a teoria científica era imune aos questionamentos metafísicos; no máximo o Deus existente seria o de Isaías, invisível, escondido no início da Criação (Lamâitre apud Gleiser, 2006, p.355). A religiosidade do cientista reverenciava a Natureza; como muitos outros físicos, Lamâitre tinha plena fé na razão enquanto instrumento a ser utilizado para desvendar os mistérios do universo. Ao que tudo indica, o poeta de *AMMR, ao saber* (também) *se entrega*, fia-se na razão e se permite ouvir o *abre-te-sésamo* de modo que tem acesso ao espetáculo do *caldo turbinoso* e aos "fogos de artifício cósmicos" (ibidem, id.). A partir da evocação do ovo cósmico, entretanto, o poeta unirá a razão aos mitos de origem e, em mais um *traveling*, leva o leitor ao texto bíblico, cuja descrição da origem é, metaforicamente, próxima da descrição do Big Bang, segundo a maneira como ambas são apresentadas no poema:

> 90) há quinze bilhões de anos qual renôvo
>   fantasma em retrospecto índice enfim
>   do ejacular de estilhaços de fogo

218 DIANA JUNKES BUENO MARTHA-TONETO

91) da primeva pulsão: também assim
no *bereshith* – no livro cabalístico
(no começar/no encabeçar) *esh máym*

92) *shmáyn*/"fogoágua"– lê-se: do céu mítico
nome – do céu à terra sobre-assente
(glosa de ráshi atento para o vívido

93) étimo da palavra) ou comburente
cristal em torno fluindo do sublime
trono-divino – pré visão do quente

94) *big-bang* cuja presença se define
à rádio escuta humana e configura
ao olho-mente quase um telefilme

Como geração divina, o poeta passa a descrever a gesta do universo; inicia a estrofe 90 apontando para o caráter indicial do ruído de fundo – rastro fantasmagórico da explosão primeva, como se esta, disseminando luz, fosse carregada de erotismo, *ejacular de estilhaços de fogo*. Daí para a frente retoma o Gênesis (*bereshit*)[6] e as metáforas de fusão do fogo (*esh*) à água (*máym*), que se aglutinam em *shamáyin – fogoágua*. Ambas as componentes, ígnea e líquida, pertencem ao mito bíblico e remetem à origem de um cosmo supraterrestre; a "combustão" primeva é ocasionada pela ação do *comburente cristal*, que flui do sublime trono-divino e contagia o ambiente em torno dele.

O *comburente cristal* pode ser apreendido como o próprio sopro divino, oxigênio-comburente, desencadeador da gesta do universo: sopro-esperma divino que espalha estilhaços (cristais) de fogo. A densidade das imagens apresentadas nesse trecho, e sua reunião no oxímoro fogo/água são *a pré-visão* de uma origem que nasce da fusão, do tensionamento dos contrários e da ambiguidade, expres-

---

6 Cf. Campos, H., 2000b.

AS RAZÕES DA MÁQUINA ANTROPOFÁGICA   219

sos pela exacerbação metafórica barroca de *ejacular de estilhaços de fogo*.

Haroldo de Campos, em sua transcriação do Gênesis, *Bere'shit: a cena de origem* (2000), vale-se das preciosas contribuições de Ráshi (1040-1105) no que concerne à leitura do *Talmude* e da *Bíblia*. Sua admiração pelo grande estudioso deve-se, provavelmente, ao fato de aquele ser um incansável leitor dos textos sagrados, aos quais voltava sempre, pois, modestamente, acreditava que vários sentidos escapavam à leitura. Por isso, ao surgir a descrição da cena original, como fusão fogoágua, há referência à glosa: *ráshi, atento para o vívido/étimo da palavra*. Também o eu-poético parece espelhar a atitude haroldiana de reverência aos textos clássicos e a reverência aos grandes leitores da tradição. A incansável busca dos significados mais profundos, encobertos pela materialidade dos significantes, ou, como diz o próprio Haroldo, significantes que são "pictogramas etimológicos", é um dos traços distintivos da "aléfica" e poética sincronia haroldiana.

O céu mítico, descrito no poema pelo eu-poético, espelha o fazer artístico de Haroldo de Campos e sua cosmogonia, retratada por atividades criativas (incluem-se aqui a tradução e a crítica) sempre voltadas para a busca da origem, das origens: do homem, do universo, da poesia, da palavra – *vívido étimo*. No caso de *AMMR*, Campos orienta-se pelo mito e procura construir uma maneira de *pensar o mundo*, transformando em "verbo o vivido".

O saber poético que esta obra haroldiana veicula remete ao mito porque atua por meio da ritualização da palavra: o poema de Haroldo de Campos abre-se como um ritual, cujo senso de mistério grava-se nos sentidos dos espectadores-leitores. Para que experienciar o rito poético haroldiano na totalidade, se é o seu movimento *rítmico* que engendra os significados a que remetem? – se é a sua *forma* e não o *seu conteúdo* que asseguram o mistério deslizante pelo corpo constelar da máquina poética, de quem o eu-poético é o operador?

Para que ler *AMMR*? Não para explicá-la, certamente, mas para dialogar, através da leitura, com a estesia que ela desperta e que atravessa o texto: tessitura, travessia e viagem equivalem ao movi-

220 DIANA JUNKES BUENO MARTHA-TONETO

mento da leitura que, como as vagas do mar, também é marulho, também é parte do poema, *riocorrente*, ir e vir. A cada estrofe, uma nova etapa do ritual poético da construção da máquina se oferece – nada de compreensões absolutas, somente as diferenças que o jogo leitor-poema-poeta admite. Conversar com *AMMR* é descobri-la e não descobri-la, simultaneamente. A experiência é de abismo, ou é o canto das sereias. Amarrar-se ao mastro da teoria literária, da física, da alegoria da máquina do mundo felizmente não impede o ruído de fundo das idiossincrasias de Haroldo de Campos, depositadas no poema, que chegam até o leitor pelo simulacro do poeta, o eu-poético. Sua caminhada movimenta o caminho de leitura acusticamente: canto, ruído, marulho, sussurro, sibilação, silêncio – presença pela ausência.

O canto entoado em *AMMR* burla a memória porque a recria: Musa. Como aponta Brandão (1990), a Musa Canto é filha de Zeus e da Memória, portanto, é memória, mas é também poder, ou ainda, é fruto da ação do segundo sobre a primeira. O que o eu-poético rememora é o que o leitor rememora pela leitura; porém, há mais: a perspectiva sincrônica garante que o *"make it new"* seja processado em *AMMR* – a memória ativa nada mais é do que a agoridade do poema, citada anteriormente. Agoridade que se torna mais espessa à medida que o poeta canta:

> Cantando ele [o poeta] faz lembrar e esquecer, apropria-se dos feitos e os transporta para a esfera do poético, regulada pelo poder da Musa e organizada segundo critérios intrínsecos. Noutros termos, diria que não se trata de fidelidade a uma memória passiva [pura diacronia], mas do uso de uma memória ativa e, por isso mesmo, criadora [make it new], fruto da ação do Poder sobre a Memória, o qual, misturado com ela, lhe rompe a homogeneidade absoluta e cria espaço, no seu corpo [ejaculação de estilhaços], para o outro, para o que não é apenas memória. O nascimento da Musa/do Canto supõe mesmo que o corpo da Memória seja violentado pelo poder que introduz nele o elemento estranho que a fará fecundar. Nesse exato momento em que se estilhaça a inteireza da

AS RAZÕES DA MÁQUINA ANTROPOFÁGICA 221

Memória é que creio que podemos situar a gênese da epopeia [...].
(Brandão, 1990, p.8)

Há, em *AMMR*, muito da epopeia, porém, no Canto III, o estilhaçamento da memória é mais contundente, as visões do eu-poético se fundem e se dissolvem, *fulcro de cristal em movimento*, como sugere o poema haroldiano citado no Canto I. Da física a Abraão, do Gênesis à *Odisseia* aglutinam-se as perguntas em torno do Big Bang, sublime e ruína, como aponta Pécora (2005). Do Canto III, a gênese da epopeia de *AMMR* ecoa em direção ao caminho que ficou para trás, de Dante a Einstein; nos demais cantos, a epopeia talvez seja radiação cósmica fundida ao barroquismo do texto, já discutido. Será isso mesmo, ou é o percurso de leitura aqui apresentado que engendra esse movimento e não outro?

Se for isso, depois da viagem pela linguagem do poema, em que o *humano demasiado humano* se manifesta, chegamos ao Hades: daqui, do Canto III, vê-se o passado e o futuro (do poema), veem-se os rastros fantasmagóricos dos companheiros de viagem deixados para trás, mas amalgamados à terceira parte do poema pela mobilidade das metáforas e pela manutenção da dicção alegórica, épica, barroca, enfim, do eu-poético. No imaginar, um pouco de rosa, um pouco de Rosa; um pouco de pedra (das calçadas de Itabira), um pouco de Euclides; um pouco de Homero; um resquício do engenho de Camões e um Dante às avessas, velho, agnóstico; com quantos *quanta* se desfez um Einstein? Hades, ou apenas o retrospecto da leitura, que surge labirinticamente.

Como estamos em um labirinto, devemos voltar às estrofes 90-94, nas quais o mito judaico-cristão é, nas palavras de Haroldo de Campos, também retomado pelo uso do infinitivo substantivado (*do ejacular, no começar, no encabeçar*), como se fosse possível um *flash-back* sintático (Campos, 2000, p.27). Devemos também perceber que há uma visão da física coincidente com esse mito. A hipótese de dinamismo e expansão do universo pressupõe que este, nos momentos iniciais, era extremamente denso (como as imagens de *AMMR?*) e quente. À medida que se expandia, ia resfriando – *cristais*. Essa é

a visão que "se configura/ao olho mente quase um telefilme" para
o eu-poético que *no imaginar* se finge – finge e forja o mesmo tom
de infinitivo substantivado que citamos acima. Insiste no Big Bang:

95) sem mais especular sigo: a figura
vermelho extrema de um (diz-se) desvio
espectral da luz surge da lonjura

96) de galáxias perdidas como envio
da memória estelar revivescente:
essa inflexão resulta do resfrio

97) da radiação primeira e da crescente
expansão do universo pós-*big-bang*
aval (em *flash back*) do íncipit fervente

98) do cosmos a partir de um ponto estanque
de um máximo adensar – instância aléfica
de cujo rebentar tudo se expande

99) – mas depois do depois que vem? uma épica?
desastre dos astros? lapso de gigântea
(super) estrela azul? dançante poética?

100) do universo? inestática vibrância?
ocaso de escarlate supernova
ora estrela de nêutrons em vacância

101) a esvanecer-se quando posta à prova
de resistência de gravidade e à negra
voragem sucumbindo? o que essa cova

102) famélica produz pronto encarcera
(até a mesma luz quando esta o invade
o furo opaco a deslumina anegra)

AS RAZÕES DA MÁQUINA ANTROPOFÁGICA   223

O poeta continua seu caminho. Sem especular, descreve apenas o que vê do alto do mirante, como, por exemplo, a *figura vermelho--extrema, desvio espectral da luz*, resíduo da explosão primeira. Nesse trecho, há referência a uma importante descoberta de Einstein, que o levou, mais tarde, à formulação da teoria do encurvamento do espaço e da relatividade geral. Trata-se do seguinte: as fontes de radiação eletromagnéticas têm seus comprimentos de onda afetados em campos gravitacionais intensos, ou seja, a luz proveniente da superfície solar tem comprimento maior do que a luz gerada na Terra, porque o campo gravitacional do Sol é mais intenso. Ocorre que a cor vermelha possui o maior comprimento de onda, por isso, esse fenômeno passou a ser conhecido como desvio gravitacional para o vermelho.

Mais do mesmo: a voz do poeta parece também, insistentemente, ser ruído de fundo da grande explosão, pois é em torno do *big-bang, instância aléfica*, que se desenrolam as estrofes 97 e 98. O eu-poético volta a falar do adensamento da matéria, do momento inicial, "o ponto a partir do qual o espaço e o tempo apareceram e as leis da física deixam de funcionar (o 'aleph' de Jorge Luis Borges?)" (Gleiser, 2006, p.366), e, para tanto, relembra o conto borgiano, também lembrado por Gleiser.[7] Por fim, o adensamento da matéria, citado na estrofe 98, tanto pode estar se referindo à explosão inicial quanto ao processo de formação de estrelas, ou ao poema. A instância aléfica, *de cujo rebentar tudo se expande*, parece também orquestrar as explosões estelares/poemáticas.

Na estrofe 99, cansado do admirar do Big Bang, o eu-poético instaura uma interessante pergunta, que o faz refletir sobre outro instigante fenômeno astronômico: o *nascemorre* estelar. Durou pouco o caminho sem especulações, como indicam as perguntas

---

7 Haroldo citaria o *Aleph* de qualquer forma, já que a imagem descrita no conto borgiano corresponde imensamente ao *bang* inicial; todavia, é interessante notar que Gleiser, outra referência usada por Haroldo em seu poema, cita-o: todos os caminhos levam a Borges, ou melhor (ou pior?): ao labirinto. O aspecto labiríntico de *AMMR* é, mais uma vez, sublinhado nessa passagem do texto.

no início da estrofe; como indica a conjunção adversativa "mas", sinalizadora da persistência da curiosidade: *mas depois do depois que vem? uma épica? desastre dos astros?* Às duas primeiras perguntas, pode-se tentar atribuir respostas – depois do depois surge o universo em constante expansão; quanto à épica, ela está no depois do depois da origem do poema, entendido aqui como universo: corresponde ao próprio desenrolar, ou melhor, ao tecer do poema--novelo-viagem, como mencionamos anteriormente. Resta o *desastre dos astros*, que, afinal, não é desastre, e sim geração contínua: nascimento de estrelas azuis.

Quando uma estrela nasce é azul. Nesse período de sua vida, a jovem estrela é muito turbulenta e energética, pois possui muita massa. A estrela a que se refere o poeta, "gigântea (super) estrela azul", pertence a uma categoria de estrelas que possuem, em média, 10 a 50 vezes o tamanho do Sol e seu raio pode chegar a 25 vezes o tamanho do Sol.[8] Por causa de tais características, o poeta menciona a *dançante poética do universo* e a *inestática vibrância*. É muito poética e, ao mesmo tempo, avassaladora a vida das estrelas: *ocaso de escarlate supernova/ora estrela de nêutrons em vacância.*

Uma estrela vai se expandindo ao longo de sua vida, com o passar do tempo e devido a reações físicas, por vezes, as expansões tornam-se bruscas. Quando isso acontece, a estrela esfria rapidamente e a pressão gravitacional de seu núcleo torna-se maior do que a pressão térmica. A estrela, então, se contrai muito e colapsa. No processo, há perda do equilíbrio e, pela explosão, a estrela ejacula sua matéria brilhante. A essa explosão dá-se o nome de supernova; ela marca a morte de uma estrela muito maciça. A luminosidade dessa explosão é um bilhão de vezes a luminosidade do Sol.

Depois da explosão, a massa estelar remanescente se concentra muito e há elevação acentuada da pressão no seu interior, o que faz com que só os nêutrons dos átomos constituintes sobrevivam. Há, então, um pulsar de nêutrons nos polos da estrela, que vai dis-

---

8 A esse respeito, cf. os sítios eletrônicos da USP/São Carlos, UFRGS, UFC indicados nas referências bibliográficas.

AS RAZÕES DA MÁQUINA ANTROPOFÁGICA **225**

parando matéria luminosa de nêutrons, ou seja, libera neutrinos. Essas estrelas são nomeadas, então, estrelas de nêutrons. Voltemos ao poema.

As questões propostas pelo eu-poético entre as estrofes 99 e 102 referem-se à existência das estrelas. Em primeiro lugar, a jovem e intempestiva estrela azul, que dança poeticamente no universo; depois, o amadurecimento dessa estrela, que envelhece e explode maravilhosamente: supernova. A supernova indica a morte da estrela, ou, poeticamente, seu ocaso, palavra que faz figurar o céu tingido de escarlate pela grande explosão, irruptora das estrelas de nêutrons, as quais podem "esvanescer" se forem também colocadas à prova da gravidade, uma vez que não podem resistir à *negra voragem* – famélica.

Negra voragem faz referência aos buracos negros que se formam quando uma estrela morre e torna-se buraco negro, assim chamado porque passa a absorver toda a radiação que nele incide – nenhuma fonte de luz o atravessa. Por isso o eu-poético refere-se à *cova famélica seduz pronto encarcera*.

A descrição da vida das estrelas é carregada de metáforas, como, por exemplo, o ejacular de matéria brilhante, termo recorrente em mais de um texto científico relativo a esse assunto. É também em tom apaixonado que os cientistas descrevem a existência estelar – lindo espetáculo que acaba com uma imensa explosão de grandes proporções –, aspectos que mostram como a arte da palavra invade as demais áreas do conhecimento. Tal dicção torna tentadora a perspectiva de seguir caminho análogo e tomar emprestados termos da ciência para pensar em alguns processos de *nascemorre* na literatura. Aliás, a *AMMR* é inspiradora para isso. Pensemos, pois, nas estrelas e nas vanguardas.

As vanguardas começam com uma explosão do tipo supernova – arrebatam tudo o que está ao redor, estilhaçando o centro do cânone, jorrando sêmen de novidade pelo espaço artístico-criativo. Alguns elementos da tradição, todavia, resistem bravamente à explosão, porque se deixam permear por ela, concentrando-se como os nêutrons da estrela moribunda acima descrita. Esses nêutrons da tradição continuam a espalhar sua matéria brilhante (neutrinos) em pulsantes vibrações, "ruído de fundo": permanecem estrelas, frutos, é verdade, da reconfiguração imposta pela explosão vanguarda-supernova. A atualização sincrônica da tradição articula esse processo.

Dizendo melhor: da mesma maneira que a vanguarda seleciona do cânone elementos que permanecerão, porém com nova roupagem, a estrela que explodiu ainda permanece nas estrelas de nêutrons, como ruído de fundo, como memória, se é que se pode arriscar essa conclusão; pode-se dizer, seguramente, que a estrela envelhecida explodiu e que foi *a explosão* que gerou a estrela de neutrinos. É o impulso ruptor da vanguarda que reorganiza o cânone, cuja permanência é engendrada pela própria ruptura, que o restaura sincronicamente. Também é importante ressaltar que, se mantida a analogia com a supernova, deve-se entender que a vanguarda não "surge do nada", mas em decorrência de um esgotamento das formas cristalizadas, tanto quanto a explosão da supernova ocorre em decorrência do fim do hidrogênio, que, por deixar de existir, não transforma mais o hélio do interior do núcleo estelar, ocasionando a explosão.

Outro aspecto interessante é imaginar que as vanguardas, como são supernovas, ao irromperem já testemunham o início de sua "morte" – é de um fôlego só que desestabilizam o universo a seu redor; este, aos poucos, passa a conviver com os buracos negros da parcela da tradição que se dissipou, reorganiza-se nas estrelas de nêutrons nascentes e se reconfigura a partir das novas estrelas que surgem, azuis e azougues: agitadas, intempestivas, mas fadadas a envelhecer, a trocar a coloração azul por outras, até explodirem pelo esgotamento do "hidrogênio", novas supernovas, *ad infinitum*. Evidentemente, assim como nem todas as explosões de estrelas são supernovas, nem todas as mortes de movimentos literários ou obras desencadeiam movimentos de vanguarda. Algumas coisas simplesmente vão deixando de importar; outras, como os textos evocados em *AMMR*, têm vocação solar – serão sempre o centro e acabarão quando o Sol, como estrela que é, também explodir, levando con-

AS RAZÕES DA MÁQUINA ANTROPOFÁGICA **227**

sigo a vida na Terra. Mas, e se o homem, até a explosão solar, descobrir uma alternativa para salvá-lo? Nesse caso, Homero, Dante, Camões, Rosa, Galileu, Kepler, Newton, Einstein durarão para sempre.

É porque no imaginar se finge, ao colar o olho às lentes do telescópio, que o eu-poético pode ver o grande universo científico e, primordialmente, literário: já que as constelações do poema são "poeira de estrelas-palavras", tudo se torna, no texto, literatura, inclusive a ciência. O grande e imaginário telescópio tira o aleph do porão e o projeta, galáxias, no céu, revelando-o incrivelmente instigante, ou inevitável, como diria Borges. É, também, incrivelmente belo, pois é sempre o céu do poeta que tem mais estrelas, ou o seu sertão que tem mais veredas: o fragmento de céu visto pelas lentes do telescópio é espelho; ao mirar-se nele, o poeta vê-se e revê a viagem, portanto, retorna. O leitor retorna com ele.

103) – retorno então à estreita via (quem há-de
esquecê-la e ao sertão de entreveredas
por onde ela se enfia?) – faz-se tarde

104) no meu tempo terráqueo: três estrelas
(não mais as feras) anãs – a rubra a albina
a nigra – me vigiando: sentinelas

105) aziagas em esgares letais – sina-
sentença minha sendo o perseguir
a reflexão sem cura – dom? estigma?

O poeta retoma seu árduo caminho: a via é estreita, como sugere a assonância do /i/, contundente e aguda, a esfingir, mais uma vez, o poeta no entardecer do seu tempo terráqueo – *estreita, via, enfia, albina, nigra, vigiando, sentinelas, aziagas, letais sina, perseguir, estigma*. O caminhar lento marca-se pela aliteração em /t/, que soa como o tique-taque de um relógio: *retorno, estreita, entreveredas, tarde, tempo, terráqueo, três, estrelas, sentinelas, letais, sentença, es-*

tigma. É interessante pensar aqui que, como o eu-poético drummondiano, depois de avistar a máquina do mundo, o eu-poético de *AMMR* prossegue pela estreita via que pode muito bem equivaler ao sertão e/ou à estrada de Minas, o som dos seus sapatos ecoam o /t/ de um quiçá relógio (do Rosário), marcando seu tempo terrestre, vigiado por estrelas. Ecoam também as pedras no meio do caminho, ou um resquício de vibração das explosões, em especial, em: *entreveredas, três, estrelas e nigras*.

É natural que as estrelas não sejam as feras, pois as feras impedem a passagem, mas as estrelas, anãs, conforme apontadas no poema, sugerem o fim da vida – uma estrela anã encaminha-se para a morte. As estrelas anãs representam a saturnina e aziaga melancolia de quem está se sentindo em direção ao fim, sem condições de processar, no âmago, a energia reatora que assegure o brilho. As estrelas anãs são pequeninas, sua energia esvai-se, gradativamente, e elas vão se tornando vermelhas, marrons e, posteriormente, negras. Tais estrelas não formam explosões de supernovas – não há energia para tanto.

Note-se aqui o tom saturnino; como fogo-fátuo, o brilho estelar (do poeta) parece estar se extinguindo pela sibilação em *estreita, sertão, esquecê-la, se, faz-se, três, estrelas, mais, feras, anãs, sentinelas, aziagas, esgares, letais, sina, sentença, sendo, perseguir, sem estigma*. A atmosfera melancólica aproxima mais as estrelas das virtudes teologais, que surgem no *Purgatório* de Dante, do que das feras propriamente ditas, que se referem aos vícios. As virtudes aparecem na forma de três mulheres: uma ruiva, uma verde e outra branca, e representam a fé, a esperança e a caridade. Como *"faz-se" tarde no tempo terráqueo do poeta*, a esperança é trocada pela sombria anã negra, que absorve toda luz e não a refletirá mais; é possível dizer também que as virtudes teologais místicas são trocadas por características intelectuais, conforme aponta Pécora (2005, p.105):

> [...] em vez das três mulheres de Dante surgem-lhe "3 estrelas" (rubra, albina e negra), que anunciam o "dom" ou o "estigma"

AS RAZÕES DA MÁQUINA ANTROPOFÁGICA   **229**

da "reflexão sem cura"; de modo que, é fácil perceber, as virtudes teologais, essencialmente místicas, tornam-se aqui basicamente intelectuais, ainda que possam produzir excessos como os que levem à busca de "pêlo em ovo" ou de "chifre na cabeça/do cavalo".

As virtudes marcadas de intelectualidade produzem excessos justamente porque são marcadas pelo jogo da *cosa mentale*. Albina é uma brancura exacerbada; rubra é um vermelho vivo e sanguíneo. Procurar pelos em ovos ou chifres em cavalos é o sucumbir à reflexão labiríntica, levá-la à fronteira do absurdo, ou, simplesmente, do barroquismo, diante das *aziagas em esgares letais*, carrancudas estrelas, soturnas sentinelas que dotam o poeta de uma curiosidade infinita.

> 106) — que me faz questionar e perquirir
> o pêlo no ovo o chifre na cabeça
> do cavalo e me impele ao ver-ouvir

> 107) de uma agônica estrela que esmaeça
> quiçá uma estrela fênix ígnea bola
> gestando um novo bangue de onde cresça

Quem é dotado de curiosidade infinita está, também, consequentemente, destinado a ter esperanças de encontrar respostas. Assim, mais do que excessos, o pelo em ovo e o chifre na cabeça de cavalo são buscas impossíveis e, por isso, corajosas: impelem o poeta a acreditar na possibilidade de uma *estrela fênix* que renasça das cinzas e se torne um novo *bangue*.

O renascimento do universo a que o eu-poético se refere parece estar relacionado à poesia. Ao aproximar o universo da poesia, como faz Mallarmé, Haroldo de Campos ensina, em *AMMR*, que não há esgotamento das formas poéticas. Haverá sempre uma supernova a surgir, a desencadear um novo bangue; o pelo no ovo e o chifre na cabeça do cavalo não deixam de ser a *busca rebuscada* e barroca, na acepção da ouvesaria já discutida: "invertendo sua conotação inicial a palavra [barroco] [...] designa o que é elaborado, minucioso, a aplicação do ourives [...] o rigor, a construção paciente: *barroco*, figura do silogismo – obra de joalheira mental" (Sarduy, p.25).

Pelos em ovos e chifres em cavalos – apenas a curiosidade, movida por espírito inquiridor e minucioso, poderá encontrá-los. Só a curiosidade é capaz de ver, nas estrelas, a flor e misturá-la ao acaso – flor cadente, pólen que se espalha aleatoriamente pelo universo poético.

> 108) renascente o universo: a mão esflora
> a flor cadente multiplica-a o pólen
> e a esfera de marfim no feltro rola

> 109) do bilhar: deus que joga os dados? – bem...
> "viciados" dirá outro desdizendo
> o dito de Einstein (sem deixar também

> 110) de redizê-lo – quase ao mesmo tempo)
> à moira ambígua um tropo afaga: o oxímoro
> *concórdia discors* não e sim contendo

A flor cadente equivale às estrelas nascentes das grandes explosões; entretanto, é importante observar que, na estrofe 108, a flor-estrela está ao alcance da mão do poeta, que a esflora e multiplica pela disseminação do pólen (equivalente à matéria brilhante das estrelas). O acesso à flor reforça ainda mais a proximidade entre o universo e a poesia – a palavra, flor ou estrela, flor e estrela, é matéria pulsante do universo poético, revelado no poema *AMMR*, como já se destacou ao longo da leitura do Canto I. Dessa vez, essa flor nascitura faz lembrar o Manuel Bandeira, citado por Haroldo de Campos (2002, p.199), não por acaso, no ensaio sobre Mallarmé, intitulado "Caos e ordem: acaso e constelação", temas mais do que recorrentes em *AMMR*.

AS RAZÕES DA MÁQUINA ANTROPOFÁGICA   231

Preparação para a morte

A vida é um milagre.
Cada flor,
Com sua forma, sua cor, seu aroma,
Cada flor é um milagre.
Cada pássaro,
Com sua plumagem, seu voo, seu canto,
Cada pássaro é um milagre.
A memória é um milagre.
A consciência é um milagre.
Tudo é milagre.
Tudo, menos a morte.
– Bendita a morte, que é o fim de todos os milagres.

Como aponta Haroldo de Campos, há boa dose de ironia no poema de Bandeira; mas adiemos um pouco a discussão da morte, do fim, que surgirá no final deste Canto, para concentrar a atenção especialmente na flor e na memória como milagres, afirmação da vida e de sua continuidade, já que a memória pereniza os acontecimentos. Tanto uma quanto a outra permeiam a *AMMR*: a primeira como metáfora da poesia e da tradição por ela reinventada; a segunda, como mecanismo que as engendra. Flor e memória, porém, estão sujeitas ao acaso. O poeta parece não se esquecer disso e nas estrofes 108 e 109, além dos dados, apresenta-nos a bola branca (*esfera de marfim*) do bilhar.

Mais uma vez a perturbação sintática filia-se ao significado do verso; a inversão da ordem natural da frase parece indicar o movimento da bola branca sobre o feltro verde: *caos e ordem, acaso e constelação*. A bola branca, como se sabe, não vale nada em si, mas é aquela que deve atingir a bola visada, provocando o deslocamento desta até o local desejado, por exemplo, a caçapa, ou ainda, deve fazer com que a bola visada atinja outra, enfim – a *esfera de marfim*, como uma estrela cadente, vai esbarrando nas outras estrelas e movimenta o universo do jogo. É a bola branca quem dá o tom da par-

232 DIANA JUNKES BUENO MARTHA-TONETO

tida e todos os seus movimentos dependem da perícia do jogador, mas também do acaso, que tanto pode contribuir para que a branca acerte as bolas adequadas quanto pode representar o "suicídio", que é o seu encaçapar acidental, causador de perda de pontos.

Assim, a bola branca perfaz o movimento criativo da partida. Se o poema é jogo, e o poeta é o jogador, a página é o feltro verde, e cada palavra é a bola branca, ou, mais poeticamente, *esfera de marfim*, que articula outras palavras, *outras esferas*, permitindo a existência da partida: sua duração depende da luta contra o acaso (o poema é a luta contra o acaso). Ainda na estrofe 109, o poeta retoma o aforismo de Einstein, para dizer que os dados de Deus são viciados, ou seja, joga dados, mas abole o acaso e *desdiz* Einstein.

O fato é que o acaso ocorre regularmente, como se houvesse mesmo uma "lei" do acaso (Peirce, 1992, p.77-8). A casualidade permite que toda singularidade aleatória signifique, como acontece no universo, de acordo com o que já foi dito sobre entropia, geração de estrelas, *nascemorre* de diferentes processos etc. Também Heráclito fala sobre isso – "das coisas lançadas ao acaso, o arranjo mais belo, o cosmo" (apud Campos, H., 2002a, p.200). Em outras palavras, é a desordem que provoca a beleza. *Caleidocosmos*, para usar expressão de Haroldo de Campos. A desordem, ao articular a beleza, gera ordem. Este é o oxímoro que afaga a moira, *não-e-sim contendo – varredura do acaso/belo/cosmos* (ibidem id.).

111) o meu rumo desruma: evento síngulo?
(as leis da física ali não se aplicam)
reconcentrado no seu imo efêmero

112) e a repetir-se em sempiterno ciclo
de expansão e de nova contração?
em anos – trinta bilhões? – é o currículo...

113) mas se em vez de fechado aberto então
for o universo? Estrelas morituras
numa cadaverosa escuridão

AS RAZÕES DA MÁQUINA ANTROPOFÁGICA 233

114) frios rastros de astro e furos-sepultura
desconsolada a gesta assim termina?
no fim do fim o que há? o que futura

115) no anteinício do início e o ilumina?
– vou seguindo perplexo a minha senda
que de reolho o nada me escrutina...

O eu-poético mantém-se na estreita via, como sugere o fechamento das vogais na estrofe 111, cuja persistência se verifica até a
115, acentuando a circularidade eterna das explicações para a gesta
universal que, nesse trecho, parecem delinear o próprio rumo do
poeta, ao fazê-lo avançar até alguma explicação que o faz retroceder
à máxima positivista: há uma origem. Sua angústia é, justamente,
marcada pelo desejo de esfacelar tanto a origem quanto o fim – *anteinício do início e fim do fim*. Dito de outro modo, o poeta sabe-se
no intervalo desse processo. O fechamento do universo, já discutido
antes, a partir do próprio poema, acaba por estimular esse tipo de indagação, porque, se é fechado, deve ter um início; quanto ao fim, sabe-se que é vago, pois o universo, conforme já discutimos, é infinito.

Esses paradoxos reforçam a impossibilidade de certezas absolutas, apontada nesse trecho pela pergunta: "mas se em vez de
fechado aberto então/for o universo?". A essa indagação, imagens
tenebrosas surgem no imaginar do eu-poético: *estrelas morituras,
cadaverosa escuridão, frios rastros de astro, furos-sepultura*. É a per-
plexidade diante de tamanha impotência para achar as respostas
que dá ao eu-poético a sensação de que é o *nada* que o *escrutina*...

Talvez fosse possível associar *o nada*, mencionado pelo poeta de
AMMR, na estrofe 115, *ao vazio lucreciano*. Segundo Wolff (2005,
p.68), Lucrécio (99-55 a.C) foi o maior poeta materialista da Antiguidade e, como Epicuro (342/41-323 a.C.), era um filósofo "mé-
dico", isto é, acreditava que a filosofia deveria trazer conforto para
os sofrimentos. Nessa perspectiva, a religião e sua ideia de imortalidade eram prejudiciais, posto que a promessa de vida eterna legava
à terrena o segundo plano. Para Lucrécio, o universo é infinito e,

234   DIANA JUNKES BUENO MARTHA-TONETO

nele, tudo se resume a corpo e vazio; no vazio, os átomos vagueiam e podem associar-se compondo corpos.

As descrições lucrecianas são orientadas por uma *visão de mundo* – é aquilo que se vê que determina o pensamento sobre as coisas; é a percepção do mundo pela visão que atribui sentido a ele (ibidem, p.73-4). Para Lucrécio, o que existe, verdadeiramente, é matéria do acaso, o qual, no tempo e no espaço, deu origem ao mundo ordenado. Acaso e ordem, mais uma vez. Em Lucrécio, o *nada e o acaso significam*, a partir do momento em que abrigam todas as possibilidades de composição dos corpos materiais de qualquer espécie. Conforme aponta Wolff (ibidem, p.75), o mundo lucreciano poderia ser comparado à Biblioteca de Babel (de novo, Borges!). E é em relação a esse ponto, especificamente, que o *nada a escrutinar* do eu-poético haroldiano mais se "corporifica" como matéria composta da tradição literária.

As letras, como os átomos existentes no vazio, podem se combinar para formar todas as palavras possíveis, de todas as línguas possíveis, desde que respeitem as leis da composição. Essas palavras juntam-se e formam os livros, dispostos em uma imensa biblioteca. Um leitor, ao acaso, percorrendo essa biblioteca, seleciona um livro e acha incrível que o mesmo, sendo tão interessante, tenha sido obra do acaso. Não percebe que, ao atribuir sentido, em determinado momento do tempo e do espaço, *abole o acaso* e organiza as possibilidades, transformando um caos latente (o livro não lido) no cosmos potencial a que o livro estava predestinado a se tornar.

Em *AMMR*, vagando pela sua estreita via, o poeta está na imensa Biblio-Babel, aqui aproximada das considerações de Wolff (op. cit.), embora o universo lucreciano seja infinito e a "casa dos livros", finita. Enquanto o eu-poético caminha, pela via pedregosa, tropeçando nos significantes do sertão que se entreveram, ou perdendo-se ao seguir os ecos do ruído de fundo da tradição, que ecoa desde o *bang* inicial, o nada o inspeciona: as perguntas sem respostas mostram a dimensão do grande vazio a ser preenchido, ao acaso.

Talvez seja por isso que o eu-poético, logo após constatar a presença do nada, erga os braços para uma das prateleiras da estante

AS RAZÕES DA MÁQUINA ANTROPOFÁGICA **235**

da Biblioteca labirinto de Borges e se apodere de Dante e Camões, conforme mostram as estrofes subsequentes – o Dante que significa aqui, em *AMMR*, é aquele que o eu-poético, ao acaso, passeando entre livros, seleciona e a ele atribui sentido; mas atribui sentido a ele, paradoxalmente, porque algo nele deixa de ser acaso e passa a ser uma coincidência controlada pela própria preferência do eu--poético-leitor. Daí a ideia lucreciana de que não importam outros mundos a não ser este, que oferece corpos e vazio. Dante e Camões só significam pelo valor atribuído a eles pelas diferentes leituras.

À medida que caminha pelas estreitas vias da biblioteca (a esta altura do poema, o próprio universo), ouve o ruído de fundo de tudo quanto (ou)*viu* ao longo de sua jornada – não nos esqueçamos do rugido das feras, do ruído das pedras, do rumor do Big Bang –, e sabe que o eco é também sua própria voz, *seu ur canto, borborigmando*, diluído ao ruído de fundo. Como Narciso, é sua imagem que quer (sempre) encontrar. Para o poeta de *AMMR*, o espelho d'água está nos livros literários, científicos ou religiosos que procura; não procura *ao acaso*, porque é o seu rosto que quer observar, conforme atestam os versos da estrofe 36, do Canto I, os quais demonstram que o poeta vê seu rosto refletido na máquina do mundo:

> – e todos: Camões Dante e palmilhando
> seu pedroso caminho o itabirano
> viram no ROSTO o nosso se estampando

A visão do próprio rosto também está no Aleph: "[vi] na terra outra vez o Aleph, e no Aleph a terra, vi meu rosto e minhas vísceras, vi teu rosto" (Borges, 2001, p.171). Ver o rosto do outro e procurar o seu próprio, ou ainda, ver o rosto do outro e encontrar o seu próprio: esta é a recompensa que a tradição oferece ao poeta, por isso, ele se volta, mais uma vez, a Dante, Camões e Drummond:

> 116) – dante acedeu ao cosmos sem emenda
> de beatrice sua musa teologal
> que sabia ser doce e ser tremenda:

236 DIANA JUNKES BUENO MARTHA-TONETO

117) certo o exprobou ao surgir como um tal
porte e esplendor que envolta em chama ardente
parecia em seu carro triunfal

118) (um grifo de asas de ouro e alvinitente-
– fulvo corpo leonino o conduzia) –
mas grau a grau dispôs-se em ascendente

119) escala a guiá-lo céu acima (e ria
a luz no seu semblante) até a rosácea
e à trina-e-una visão que resplendia

Aqui o eu-poético retoma os cantos XXIX e XXX do *Purgatório*, ponto a partir do qual Beatriz surgirá para guiar Dante. As imagens do carro triunfal e do grifo são também apresentadas por Dante e simbolizam a Igreja guiada por Cristo:

Havia, no espaço entre eles ajustado,
um carro de duas rodas, triunfal,
que do colo de um Grifo era puxado. (*Purgatório, XXIX*, 106)

O grifo tem corpo de leão, *fulvo corpo leonino*, e asas de águia, *asas de ouro alvinitente*, ou seja, o grifo é um ser em que prevalece a dualidade; segundo Chevalier e Gheerbrant (1994), representa tanto o lado humano quanto o divino de Jesus Cristo. Ou seja, o grifo é a tentativa de conciliação do humano e do divino. Outro aspecto interessante a destacar é que o carro triunfal puxado pelo grifo surge, em Dante, acompanhado das virtudes teologais há pouco invocadas pelo poeta de *AMMR*, sob a forma das estrelas anãs.

O leitor do poema de Haroldo de Campos tem a sensação de que as imagens, as metáforas, os jogos paronomásticos acabam por desencadear, no eu-poético, processos mnemônicos que o levam de um a outro ponto do tabuleiro percorrido elipticamente, de modo que ora um foco desse movimento elíptico é revelado, ora outro. A deformação elíptica contribui para a significação.

AS RAZÕES DA MÁQUINA ANTROPOFÁGICA **237**

Se as estrelas moribundas da estrofe 104 remetem a Dante, transformando a luz das virtudes teologais em anúncio de morte, supernovas, simultaneamente, levam o poeta a questionamentos e, também simultaneamente, os questionamentos levam-no a rememorar a chegada de Dante às portas do *Paraíso*. Todo esse processo é concomitante, mas expresso linearmente, como ensina o Borges narrador de *O Aleph*: "O que viram meus olhos foi simultâneo; o que transcreverei sucessivo, pois a linguagem o é" (Borges, 2006, p.169).

Aliás, essa concomitância é notadamente forte no Canto III, desde o momento em que o eu-poético cola os olhos às lentes do gigante telescópio, como ao longo da estreita via, à qual retorna, revendo sua jornada: o que vê e ouve, no Canto III, parece não passar diante de seus olhos sucessivamente, como quadros e flashes dos Cantos anteriores, mas como imagens e sons sobrepostos e rotacionais. Por isso, enquanto vê Dante, vê Camões.

> 120) – camões ao bravo gama todo-audácia
> a máquina do mundo fez abrir –
> não desdenhou o nauta dessa graça

> 121) e seguiu deleitoso a descobrir
> o que não pode ver a vã ciência
> dos ínferos mortais: por um zefir

> 122) pôs-se a descortinar na transparência
> o ptolomaico engenho de onze esferas
> que na terra tem centro e pertinência

> 123) quem rodeia este centro e circunsfera
> é deus mas o que é deus ninguém o entende
> a fé inspira o bardo e ele assevera

> 124) que a tanto a mente do homem não se estende:
> enquanto ao gama essa lição ensina
> da fé ao arco tênsil curva e tende

238 DIANA JUNKES BUENO MARTHA-TONETO

125) gratificado o capitão fascina-se
– o peregrino dante e o almirante
extasiados à luz que os ilumina

Na estrofe 124 há alusão, mais uma vez, ao texto bíblico: *da fé que ao arco tênsil curva e tende*. São inúmeras as ocorrências da palavra arco na *Bíblia*, este elemento simboliza a aliança com Deus, fundamentalmente. Como os demais diálogos estabelecidos encontram-se no Gênesis, talvez o verso acima referido esteja fazendo menção à descrição da fé de José, filho de Jacó: "os arqueiros o irritam, desafiam e atacam. Mas seu arco fica intacto e seus braços se movem velozes, pelas mãos do Todo-Poderoso de Jacó, do Pastor e Pedra de Israel" (Gênesis 49:23-25). Há, ainda, um trecho do livro dos Reis, em que o profeta Eliseu ensina ao rei como usar as armas que Deus dá a ele: "Segure o arco [...] Atire" (II Reis 13:16-23).

Em qualquer um dos casos citados acima, o arco é a medida da fé, curva-se o homem diante de Deus, mas não se curva diante das situações em que sua coragem é sustentada pela sua fé: parece ser este também o caso de Vasco da Gama. A lição de fé ensinada a Vasco da Gama vem pelas mãos do bardo Camões. A estrofe 125 reafirma o êxtase da revelação da luz divina provocado no eu-poético da *Comédia, o peregrino Dante*, e em Vasco da Gama.

Por fim, vale destacar que, nas estrofes 122 e 123, descreve-se o modelo ptolomaico, centrado na Terra. O eu-poético retoma, mais uma vez, a visão da máquina por Vasco da Gama e sublinha o fato de este não ter se recusado a contemplá-la; talvez esse aspecto seja destacado porque, nas estrofes seguintes, surgirão Drummond e sua acídia, seu recalcitrar:

126) se deixam levar de ânimo radiante
só o itabirano recalcitra e embora
sabendo o que perdia segue adiante

127) a guardar na retina a pedra sóbria
que antes se atravessara na de minas
estrada pedregosa que ele outrora

AS RAZÕES DA MÁQUINA ANTROPOFÁGICA **239**

Em seguida surgirá outro aporte dialógico, neste ponto mencionado explicitamente: Mário Schenberg (1914-1990), o grande físico brasileiro:

128) já percorrera – e afasta-se entre cinzas
difidente do prêmio intempestivo
– paro aqui: penso em mário – nessas mínimas

129) partículas neutrinas que o seu vivo
transfinito olho azulverde enfocara
pondo em relevo o impacto decisivo

130) que no processo têm de onde dispara
a perda da energia astral – enorme –
veloz como roleta que não pára

131) "urca" (ao processo é gamow que dá nome) –
pois se o neutrino dura outras instáveis
partículas se criam e se consomem

132) como os anjos que exsurgem e voláteis
por um instante (apólogo rabínico)
louvam a FACE e morrem de inefável

O eu-poético volta à física e às explicações da origem. Segundo alguns físicos, dentre eles Gamow, os vários elementos químicos devem ter se originado após o Big Bang, a partir da densidade da matéria e das altas temperaturas, pela organização de prótons e nêutrons, formando novos elementos. Mário Schenberg trabalhou com Gamow, conforme relata Roland Campos (2003, p.70):

O físico brasileiro Mario Schenberg chegou a trabalhar com Gamow no início dos anos de 1940. Certo mecanismo nuclear que estudaram alude ao Cassino da Urca, pela analogia entre as vorazes e velozes perdas, no jogo e no referido processo, onde neutrinos levam embora uma grande quantidade de energia (Gamow e Schenberg, 1940). O efeito Urca tem aplicação nas explosões de supernovas, geradas pelo esgotamento do combustível nuclear em estrelas muito densas (Gamow e Schenberg, 1941).

A citação acima explica, portanto, o processo descrito pelo poeta de *AMMR* nas estrofes 129, 130 e 131 e abre algumas vias para a compreensão da comparação feita pelo eu-poético entre o processo "urca", que leva à morte (explosões de supernovas ou perda dos recursos financeiros na mesa de jogo, já que é impossível o domínio do acaso) e a visão da FACE divina pelos anjos, mortos pelo deslumbre.

A menção de Mário Schenberg é, sem dúvida, fruto da admiração que Haroldo de Campos devotava ao físico, para quem poesia e física andam unidas, pelo ritmo, conforme o poeta paulista escreve em sua homenagem:

Hieróglifo para Mário Schenberg

o olhar transfinito de Mário
nos ensina
a ponderar melhor a indecifrada
equação cósmica

cinzazul
semicerrando verdes
esse olhar
nos incita a tomar o sereno
pulso das coisas
a auscultar
o ritmo micro-
macrológico da matéria
a aceitar
o *spavento della matéria* (ungaretti)
onde kant viu a cintilante lei das estrelas

AS RAZÕES DA MÁQUINA ANTROPOFÁGICA 241

projetar-se no céu interno da ética
na estante de mário
física e poesia coexistem
como as asas de um pássaro –
espaço curvo –
colhidas pela têmpera absoluta de volpi

seu marxismo zen
é dialético
e dialógico

e deixa ver que a sabedoria
pode ser tocável como uma planta
que cresce das raízes e deita folhas
e viça
e logo se resolve numa flor de lótus
de onde
               – só visível quando nos damos conta –
um bodisatva nos dirige seu olhar transfinito

Sem demorarmo-nos no poema acima, podemos mencionar que as imagens evocam a harmonia entre o homem e a natureza, típica do budismo. Esse aspecto é reforçado pela caracterização de Mário como um bodisatva, que é, para os budistas, aquele que deseja ser Buda e, para tanto, ultrapassa todas as limitações, realiza todo o seu potencial. Também surge no poema a descrição do bonito olhar do físico, iluminado, *cinzazul semicerrando verdes*, ou, simplesmente, *azulverde* como surge em *AMMR*. Nos dois poemas, o olhar é transfinito – ou seja, vai além do infinito, como se pudesse dele adivinhar os segredos. Um olhar que é capaz de ver a FACE do desconhecido que a ciência revela. Isso também é *inefável deslumbre*.

133) deslumbre: é o que se lê num benjamíneo
      midrash (se bem recordo) – aquela vez
      no templo de palenque onde no ecrínio

134) da rocha penetrada por través
– jacente o maia em posição fetal
de estranhos (quando o túnel todo-fezes

135) de morcego e fuligem no final
do descenso a luz se abre) o contemplar
permite: eu – pela escada parietal

136) voltando ao sol de fora e a respirar
desopresso – já pronto quase tinha
o poema que ofertei ao sábio (o ar

137) tropical afogueado endemoninha
e inspira com seu sopro de ouro) – eu via
como um maia – um astrólogo – avizinha-se

138) e na mirada azul do Mário ia
dissolvendo-se e logo um pintor chim
– topázio em flor! a mesma travessia

139) refaz estrelas pondo em céu setíneo
mas um tremor de terra na região
(fraco embora) me fez voltar a mim

140) e imaginar-me em plena escuridão
do túnel onde a lápide do rei
guardava seu segredo – e ao repelão

141) do tremor submetido me aterrei
(pós-fato como em transe): cessa o excurso
e torno agora ao ponto em que parei

A estrofe 133 dá continuidade ao deslumbramento dos anjos e introduz novos elementos ao texto. O cerne da estrofe é a palavra *midrash*. Palavra do hebraico que significa interpretação ou indaga-

AS RAZÕES DA MÁQUINA ANTROPOFÁGICA   243

ção e que se aplica à atividade hermenêutica desenvolvida em torno da *Bíblia*; os *midrashistas* podem, também, ser compreendidos como aqueles que buscam captar os jogos de palavras, a elucidação de um texto por meio de outros procurando:

> [...] captar os ecos recíprocos dos vocábulos nas Escrituras, desenvolvendo, assim, uma surpreendente "interpretação dialógica", no entrejogar fonossemântico das palavras bíblicas, à busca de "novas fontes de entendimento" [..] Se é assim, se tudo é citação – tecer e entretecer – na literatura bíblica, então como novos *midrashistas* leigos, não falta cabimento aos tradutores e comentadores modernos do Eclesiastes, quando, com uma visada sincrônico-retrospectiva, comparam o Qohélet [com outros textos]. (Campos, 2000b, p.109-10)

O eu-poético destaca na estrofe 132 a importância do trabalho interpretativo em relação dialógica; também o leitor de *AMMR* deve ser um tanto *midashista* para dar conta de perceber os "ecos" "os ruídos de fundo", o "entrejogar fonossemântico" de todos os autores e obras evocados no poema haroldiano. Além disso, a lição tradutória de Haroldo de Campos, acima mencionada, encoraja o leitor a comparar *AMMR* a outros poemas e obras, sempre com visada sincrônico-retrospectiva.

A presença da palavra *midrash* e os inúmeros aportes ao texto bíblico dão ao Canto III o caráter de reorganizador do discurso do poema, pois indicam que esse texto cifrado, marcado pela parábola, como já se discutiu, requer um trabalho interpretativo que parta do exercício hermenêutico, que leve à revelação da escritura da tradição pelo poeta e leve à revelação da escritura do poema pelo leitor.

É claro que esse exercício interpretativo já foi considerado diversas vezes neste trabalho, porém, associá-lo ao trabalho dos *midrashistas* é orientar-se por um modo de leitura que visa à decifração, de um lado; de outro, à recriação, uma vez que a leitura dos *midrashistas* propunha-se, também, à apreensão dos aspectos estéticos criativos dos textos. A crítica criativa, mais do que explicar, cria novos significados. De certo modo, o hermetismo de *AMMR* pode ser rompido por esse tipo de leitura que se configura não como "interpretação", mas como o prazer da palavra: no *midrash*, a compreensão também está na própria busca.

Talvez por isso, pelo prazer da busca, o poeta desloque-se para outra grande civilização, a maia, e visite o sarcófago de Pakal, rei maia. O acesso a sua tumba, descoberta apenas em 1952, é árduo. Trata-se de uma escada descendente, levando a um túnel que cheira a fezes de morcego – depois vem a tumba propriamente dita, com as imagens que simbolizam o mundo dos mortos: uma árvore, o universo e um pássaro celestial. O importante é ressaltar a descida do eu-poético à tumba do rei, sua passagem: *no final do descenso à luz se abre*; o túnel que leva à luz é o nascimento.

O tom desse trecho lembra algumas passagens do *Guesa* e das *Harpas Selvagens* de Sousândrade, notadamente a viagem pela América e a alusão ao *topázio em flor*, presente também em "Sousândrade: rascunho para uma urna" de *Xadrez de estrelas*:

> signição
> de signos
>
> hino!   discorde
>   harpiscórdio
>
>   topazion-flor!
>
>
> sinos
> desacordes
>
>   sina
>   inciso
>   sinal

Refazendo a travessia do *Guesa sousandradino*, o poeta, incansável, não para de trazer ao seu texto outros pares, outros poetas com

AS RAZÕES DA MÁQUINA ANTROPOFÁGICA   **245**

quem possa dialogar, outros espelhos em que sua imagem possa estar refletida. O fragmento acima, marcado pela sibilação, ecoa em *dissolvendo-se, travessia, refaz, estrelas, céu setíneo, fez, escuridão, segredo, submetido, cessa, excurso*. No trecho de *AMMR* destacado há pouco, a sibilação mescla-se ao tremor de terra, típico do México, e atua como *sina, inciso, sinal*. Topázio em flor é o Sol a quem Mário Schenberg dirige o olhar, e leva o eu-poético a fazer o mesmo, para que receba o influxo divino: *voltando ao sol de fora* (Pécora, 2005, p.106).

No Canto III, Mário Schenberg guia o eu-poético e faz as vezes de Beatriz; mostra o caminho correto – não o da religião e talvez não o da ciência, mas o caminho do constante inquirir, que é, afinal de contas, a força espiral-movente da travessia do eu-poético em *AMMR*. Subitamente, um tremor de terra, o *repelão do tremor*, trará o eu-poético à realidade e o *ar tropical que inspira com seu sopro de ouro* será substituído pelo medo do tremor, por imaginária que seja a possibilidade de o eu-poético estar na tumba do rei.

O tímido tremer da terra *(fraco embora)* é, portanto, para o eu-poético, muito mais do que um terremoto, mas um movimento sísmico intenso vindo do âmago da terra, ou do poema, ou de si próprio – que o fará parar; é chegada a hora de pôr termo ao maquinar, faz-se tarde no tempo terráqueo do poeta e *estudo demais entristece a carne*, como se pode ler em Qohélet.

De fato, a partir da estrofe 141, acentua-se o caráter de ritual iniciático empreendido pelo eu-poético. Depois de deslumbrar-se com o cânone e depois de investigar os dilemas da física, ou seja, depois de ter experimentado as experiências alheias, fazendo-as também dele, em ritual sincrônico e antropofágico, o eu-poético atinge um estágio de conhecimento (místico, poético, científico) que o aproxima da revelação: desce ao túnel e depois vem à luz. As mais diferentes culturas usam essa simbologia para representar a passagem, a *travessia*, a transcendência. Pode-se retomar aqui, mais uma vez, o sentido do aleph borgiano, que o poeta hiper-reconstrói, a partir de múltiplas referências. Talvez não seja tanto o conto borgiano que venha à tona a todo o momento, mas o "aleph", a letra fundadora, dona de um poder cósmico.

246 DIANA JUNKES BUENO MARTHA-TONETO

Para a cabala hebraica, as explicações cosmogônicas podem ser estruturadas a partir das letras do alfabeto.[9] No caso do aleph, a ponta para cima indica a sabedoria e a ponta para baixo, a mãe que amamenta o filho; ou ainda, a parte superior, o começo, a sabedoria; e a parte inferior, a ciência, filha do intelecto, fim da evolução – o aleph é a origem e o fim de toda vida superior, é o caminho para a transcendência, ou, em termos rosianos, para o infinito, para o vazio quântico – nonada, que aqui pode ser entendido como o espaço-tempo em que este eu-poético de *AMMR* encontra-se com o que viveu antes[10] e, paradoxalmente, vive o vivido como novidade.

Como os heróis do romance grego antigo, o destino do eu-poético é regido pelo acaso e pela busca de aventura, a busca do novo – *Týkhe philókainos*; como *Odisseia*, o percurso de *AMMR* é a síntese da *personae* do poeta, o poeta e sua busca coincidem.

A busca do eu-poético haroldiano assemelha-se muito àquela empreendida pelos heróis dos romances antigos de viagem, derivados da Odisseia: "é porque o traço principal da personagem [do romance antigo] é sua curiosidade que ele, de certo modo se recolhe para se entregar plenamente à tarefa de testemunhar *paradóxa*, isto é, coisas ou fatos extraordinários" (Brandão, 2005, p.234).

O recolhimento do poeta de *AMMR* aproxima ainda mais sua jornada de um ritual iniciático: é a fé em uma instância maior do que si mesmo, *o verbo, a palavra*, que desencadeia a evocação de Abraão (o aventureiro), e do denso discurso bíblico, em especial do Gênesis. Essa aproximação, além de desencadear uma tensão, dada a agnose do poeta, explicitamente declarada, também demonstra que não apenas a palavra como representação (*mimese*) importa, mas a palavra como criação (*poiésis*) primeira; o discurso do eu-poético reflete a postura haroldiana:

---

9 Cf. Chevalier, Gheerbrant (1994).

10 "Vivo no infinito [...] creio já ter vivido uma vez. Nesta vida, também fui brasileiro e me chamava João Guimarães Rosa. Quando escrevo, repito o que vivi antes. E para essas duas vidas um léxico apenas não me é suficiente" (Rosa apud Lorenz, 1983, p.72).

AS RAZÕES DA MÁQUINA ANTROPOFÁGICA **247**

A ideia de estudar um idioma semítico responde, no meu caso, a uma concepção de poesia que tem, na curiosidade permanente, um constante motor de instigação, e na operação tradutora, um dispositivo privilegiado de "nutrição do impulso". Estudar uma língua nova é estudar uma nova poesia enquanto fazer diferenciado. *Estudar o hebraico significou, ademais, começar pelo começo: pela poesia bíblica e, nesta, pelo Gênese* (Bere'shith). (Campos, 2000b, p.17, grifo meu)

Depois de encerrar a glosa dos dois primeiros cantos, a experiência extraordinária irá se acentuar, porque o poeta segue do ponto em que parou, sozinho e numa tentativa de encontrar, de fato, a origem: cada "personagem" da tradição, visitado em sua jornada, encontrou suas respostas – nele, no eu-poético, a tormenta da dúvida persiste. Não desce ao *Inferno* dantesco, mas sozinho, ao sarcófago de Pakal; não vislumbra o *Paraíso* de Dante, mas guiado por Mário, o guia de sua escolha, deslumbra o céu setíneo de estrelas. A travessia do eu-poético assumirá ares ainda mais transcendentes pela figuração de outros elementos da cabala hebraica; não foi por acaso, portanto, o surgimento do *midrash*.

142) nem ao antes pré-antes o percurso
nem a névoa que o após-do-fim esfria
me conduziu: estou qual no antecurso

143) na véspera de entrar na estreita via
do meu desígnio estava – duas panteras
aquela mais leopardo esta (eu diria)

144) mais lince em salto elíptico – duas feras
na ponta do ultrafim e na do início
aquém-do-início as duas estatelam-se

145) retidas no ar bordando o precipício
da dúvida que nem sequer a dúbia
pergunta sabe pôr como exercício

248   DIANA JUNKES BUENO MARTHA-TONETO

O eu-poético está no vazio quântico; nem antes do antes, nem depois do depois, mas no límen de um caminho que não pode conduzi-lo nem ao início nem ao final, posto que ambos estão unidos, delineando uma elipse: *a ponta do ultrafim e na do início/aquém do início*. Perfazendo o movimento elíptico, duas feras, um leopardo e um lince, estatelam-se; entretanto, retêm-se no ar *bordando o precipício da dúvida*. Segundo Pécora, o lince representa "a vista arguta que visa a penetrar enigmas ainda mais altos" (Pécora, 2005, p.106). Talvez pudéssemos dizer que não necessariamente mais altos, porém, mais profundos, porque farão referência ao eu-poético, aliás, o próprio lince metaforiza a visão de longo alcance do poeta, direcionada ao passado e ao futuro, a todas as áreas do conhecimento – tudo é presa prestes a ser antropofagicamente devorada.

A outra fera, o leopardo, surge em mais de um poema de Haroldo de Campos; em um deles, entretanto, há um leopardo que parece evocar, sutilmente, alguns dos elementos já levantados ao longo desta análise:

um
leopardo
um
leopedra
um
cactus-leão
comendo
pedra

O leopardo de *AMMR* pode ser lido a partir do poema acima, uma vez que se está admitindo aqui que, a todo instante, a retomada de obras anteriores de Haroldo de Campos. Assim, o leopardo é a imagem condensada do leão e da pedra – um leão devorador de pedra: esta, a própria poesia; e o leão, nesse contexto, pode ser o poeta.[11]

---

11 O poeta Haroldo de Campos nasceu sob o signo de Leão, segundo a Astrologia. É claro que não se pode fazer aqui uma avaliação astrológica do significado do leão para o poema, mas é preciso, sim, considerar que o leão pode significar para Haroldo de Campos muito mais do que conseguimos apreender.

AS RAZÕES DA MÁQUINA ANTROPOFÁGICA 249

A associação entre leão e leopardo no poema é inevitável, não apenas pela aproximação ortográfica, semântica, fonética, mas porque tal associação revela não apenas o caráter solar, de força e pulsão criativa do leão, como o aspecto lunar, caçador e ativo do leopardo, marcadamente voltado para a intelectualidade.[12] Portanto, essa imagem condensada do leopardo, cactus-leão, que tem o sertão entreverado em si, ao surgir em *AMMR*, leva-nos a pensar na ambiguidade das indagações do poeta voltadas tanto para a ciência quanto para a religiosidade.

Como aponta Gatto (1998), tais informações que se sobrepõem e sobrepõem signos que se condensam e se dilatam, configurando metonímias que se entrelaçam, além de metáforas, antíteses, paronomásias que se correlacionam, configuram a anamorfose barroca. Mais uma vez pinceladas barrocas tingem de ambiguidade o texto haroldiano. Na anamorfose predomina a instabilidade, a indecidibilidade, as probabilidades ou, se quisermos, o vazio quântico que é o *topos* propício à proliferação dos sentidos. A anamorfose é o espaço da dúvida que nem sequer a *pergunta sabe pôr em exercício*; como dúvida, tem em potência a resposta, mais perguntas ou a intensificação da própria dúvida:

Anamorfose

[...]
sem dúvida
                sombra
na sombra
                dúvida
na dúvida
                sem sombra
hora de dúvida
                fora de sombra
[...]

---

12 A esse respeito do leopardo, cf. Chevalier, Gheerbrant (1994, p.544).

250   DIANA JUNKES BUENO MARTHA-TONETO

O poema acima, publicado em *Xadrez de estrelas*, reforça a ideia dos últimos versos da estrofe 145 e prepara o leitor para a sequência de interrogações que virá até o final do poema.

146) do mero perguntar – tudo se turva!
é um zero nitescente no seu zênit?
na roda sefirótica é o que ofusca

147) sol-central a gloriar-se da perene
(kéter – áurea coroa) luz que o cinge?
ou é o *bereshit* – o primo gene –

148) imbuído em *elohim* e que se ex-tringe
manifesto e emanado? me enceguece
a ascese dessa agnose que me tinge

149) a razão de uma cor que entenebrece
um plúmbeo-fosco uma não-cor expulsa
do espectro em desespero de íris: desce

Nada parece solucionar a agnose do poeta, que pode ser aplicada tanto à religiosidade quanto à ciência, já que nenhuma das duas instâncias conseguiu resolver o turbilhão de dúvidas que acabam por se tornar *mero perguntar*; não há mais perguntas a fazer sem repetir os mesmos questionamentos. Assim é que ele, "preenchido" pelo vazio quântico, como se disse, vê o zero (que tem uma forma elíptica afinal) resplandecer no seu zênite – ou ainda, vê a refração entre o *nadir*, ponto que está mais profundo, abaixo dos pés do observador da esfera celeste, e o zênite, ponto mais alto dessa esfera, situado sobre a cabeça desse mesmo observador: nadir e zênite, inferno e céu – "o primeiro metáfora retrocessiva do segundo" (Lombardi in Campos, H., 1998).

Se no Paraíso há explosão de luz, esta só pode refletir-se no *Inferno*, ricocheteando depois – um é reverso do outro, o movimento

AS RAZÕES DA MÁQUINA ANTROPOFÁGICA   251

da luz feito do zero ao zênite é um reflexo, portanto. O que ofusca é o grande sol-central que aqui pode ser entendido tanto como Deus quanto como o Sol, centro do Sistema Solar, ou ainda, o poema. Roda sefirótica refere-se à máquina do mundo; o termo é um elemento central da cabala hebraica, e surge associado à árvore. Na árvore sefirótica são vistas várias regiões do universo, bem como a representação da vida circulante em toda criação. Estende-se do alto para baixo e o sol a ilumina por inteiro.

De um lado, a presença da árvore retoma a árvore encontrada no sarcófago de Pakal, que a esta altura pode ser entendida como antecipação da imagem cabalística da sefirótica; de outro, a permanência de símbolos cabalísticos merece que se destaque o que afinal significa a cabala e por que ela se entrelaça à postura do eu-poético diante do caminho que percorreu.

Cabala quer dizer transmissão e recepção de conhecimentos, simultaneamente. O termo cabala pressupõe um sujeito diante do objeto que quer apreender e que, ao final dessa conjugação, o objeto estará integrado ao ser. A árvore sefirótica representa o Homem Cósmico e a sabedoria, mas, ao mesmo tempo, como símbolo do povo de Israel no exílio, representa aquele que perdeu sua pátria celeste.

Desamparado, portanto, o eu-poético transforma a árvore (e suas supostas raízes) numa roda, a máquina do mundo, a máquina do poema, que vagueia pelo éter, resplandecendo, como apontam os significantes fechados de: *ofusca-luz*; *tudo-turva, nitescente e zênit*, que se espelham e abertos de *roda-sefirótica*; *sol central a gloriar-se*. De fato, o zênite nitescente é uma questão central para Haroldo de Campos, desde a década de 1950, revelada nos poemas da série o *â mago do ô mega*, mencionados no início deste trabalho. Assim sendo, a questão da origem do universo, tratada nos primeiros poemas constelares (como já foi dito) e em *AMMR*, se reitera de modo que podemos pensar no zero como "zero significante" (Campos, 2002, p.70), antecipador, talvez do Big Bang – em termos de criação divina, científica e, fundamentalmente, poética.

O poeta cogita ver o primo gene, impregnado do espírito divino, *elohim*, que o toca levemente,[13] ou que o oprime, mas sua agnose ascética tinge-lhe a razão *de uma cor que entenebrece*; o que era luz e ofuscava tornou-se *plúmbeo fosco, não cor* (a ausência, o nada?), *espectro em desespero de íris.*

A repetição dos fonemas /e/ e /s/, associados, espelhados ou em eco, transforma-se em pictograma sonoro, representativo da ex--centricidade do eu-poético que não encontra a origem, o ponto primeiro, o núcleo ou o centro: *se, ex, manifesto, enceguece, entenebrece, espectro, desespero.* Essa paronomásia também assume função ideogramática, icônica, ao indicar o esfacelamento das perguntas sem respostas, que vão se aglutinar nas estrofes seguintes, refletindo a pulsão de conhecer por meio da palavra poética, que movimentou sempre o poeta Haroldo de Campos, cosmonauta das velhas novas formas de pensar o mundo, por meio de sua poesia.

> 150) do sol incinerado a sombra e pulsa
> – umbra e penumbra – em jogos de nanquim
> sigo o caminho? busco-me na busca?

> 151) finjo uma hipótese entre o não e o sim?
> remiro-me no espelho do perplexo?
> recolho-me por dentro? vou de mim?

> 152) para fora de mim tacteando o nexo?
> observo o paradoxo do outrossim
> e do outronão discuto o anjo e o sexo?

As imagens da estrofe 149 atuam como ideogramas sintetizadores do estado de alma do eu-poético: *cor que entenebrece, plúmbeo--fosco, espectro em desespero de íris.* Tais ideogramas desenham--se em jogos de nanquim. Os hipérbatos continuam a perturbar a

---

13 Do latim *stringere*, que pode significar tanto tocar de leve o ânimo, ferir levemente, ou comprimir, apertar.

AS RAZÕES DA MÁQUINA ANTROPOFÁGICA 253

ordem, porém, mais importante do que isso é perceber que o plano de expressão parece caligrafar, na síntese ideogramática dos pictogramas sonoros, um triste haicai:

jogos de nanquim
do sol incinerado a
sombra desce e pulsa

À beira do indecidível e do inominável, o poeta hesita e diz o que a nosso ver resume magistralmente a tônica do poema: *sigo o caminho? busco-me na busca?* Era isso, então, o tempo todo? O que sugerimos ao longo da análise parece ser confirmado pela indagação: busco-me na busca? O eu-poético surpreende-se, então, ao descobrir que o que talvez estivesse buscando fosse a si próprio, ou ainda, a matriz de sua escritura: *remiro-me no espelho do perplexo? recolho-me por dentro? vou de mim?* Da mesma maneira que o herói do romance grego antigo, o poeta recolhe-se e, simultaneamente, sai de si para vivenciar a experiência extraordinária da aventura a que se dispôs, navegando o mar da tradição e da novidade com a poesia barco a rasgar galáxias ou com a poesia espaçonave, que singra oceanos de inventividade e ancestralidade extremas.

Vale observar a ressonância, ou rumor, dos pronomes oblíquos me e mim em: *nanquim, caminho, finjo, sim, remiro-me, recolho--me, mim, outrossim,* que sugerem a dissolução do eu-poético ao longo do caminho percorrido, pois se misturou a Dante, Camões, Drummond, Rosa, Homero, Borges, Calvino, Mallarmé, Cabral, Newton, Einstein, Mário Schenberg, Maxwell, Abraão, *midrashistas.* Enfim, dissolveu-se como se tivesse se misturado definitivamente à historicidade e poeticidade construídas no texto e, nesse ponto, deve-se sublinhar, mais uma vez e insistentemente, que o eu-poético e sua busca estão amalgamados ao poeta Haroldo de Campos e ao seu processo criativo em *AMMR.*

A dissolução aqui está sendo entendida no sentido químico. Por exemplo, ao dissolver açúcar em água, em quantidades corretas, sem exageros de uma ou outra substância, tem-se uma solução doce. Depois de feita a solução, engendrada pela dissolução do açúcar em água, não há mais retorno – a água será doce permanentemente, pois não há reversão nos processos entrópicos, ou seja, se houvesse necessidade de retirar o açúcar da água, seriam necessárias novas substâncias, e, portanto, novos processos entrópicos. Dessa forma, o eu-poético misturou-se à matéria da poesia presente em *AMMR* de modo que a escritura visitada passa a ser a própria escritura sincrônica do poema e reflete as escolhas criativas de Haroldo de Campos.

O ecoar do *me* e do *mim*, compreendido como ruído de fundo, também sugere um outro tipo de transformação, a fusão. Cientificamente, a fusão faz referência à passagem de uma substância em estado sólido para o estado líquido, pela ação do calor; nesse caso, poderíamos dizer que o eu-poético, ao resgatar a tradição, cristalizada pelos anos, "aquece-as" e as liquidifica. Em estado líquido, pode misturar-se a ela, dando origem a uma nova substância – esta é outra maneira de ver a poética sincrônica, ao resgatar a tradição em seu texto, Haroldo de Campos reaquece-a e a coloca em condições de misturar-se à novidade.

Uma outra forma de fusão é a nuclear, em que os núcleos de substâncias leves reagem para formar outro mais pesado, com grande desprendimento de energia, processo que ocorre, por exemplo, nas estrelas. Do ponto de vista de *AMMR*, talvez esse seja o aspecto mais interessante: elementos nucleares da escritura haroldiana fundem-se a elementos nucleares da tradição (selecionados por Haroldo de Campos, como *paideuma*) e dão origem a uma nova matéria poética, que libera muita energia – como as estrelas.

As estrelas de *AMMR* aglomeram-se em constelações poéticas que são fruto, portanto, das escolhas que o poeta faz e do modo como as incorpora em seu próprio *paideuma*, para repensar a máquina do mundo que é a máquina do poema. Em qualquer uma das analogias feitas, Haroldo de Campos cria seus precursores, por isso, o resultado da dissolução ou da fusão caracteriza-se pelas idiossincrasias de mão dupla que surgem resplandecentes em sua máquina: as suas e as de seus precursores.

As considerações acima parecem resolver alguns aspectos da leitura do poema, mas as indagações do eu-poético extrapolam-nas, posto que prosseguem na estrofe 152. O fato é que, ao supor que *se busca na busca* e que *se recolhe e se remira* diante do espelho, o eu--poético dá-se conta de que sua epopeia equivale à construção do poema – *vou de mim/para fora de mim tacteando o nexo* é procurar, na imensa biblioteca da tradição já mencionada, as conexões entre si e tudo o que o espelha e espelha a sua palavra poética. Mas a busca também era, não nos esqueçamos, uma tentativa de encontrar a origem para perceber que esse encontro não se justifica, não se coloca como factível: *observo o paradoxo do outrossim/e do outronão discuto o anjo e o sexo?*

Há outra questão crucial configurada pelos questionamentos do eu-poético: se ele se busca na busca e se a busca é, ao mesmo tempo, voltar-se ao passado e tentar, por meio das teorias físicas, apreender o futuro, sua luta é contra o tempo, como se um paradoxal agora, denso o suficiente para reunir tanto passado quanto futuro, impedisse o direcionamento da flecha do tempo: o paradoxal agora só pode ser um, o poema, *A máquina do mundo repensada*.

Como aponta Roland Campos (2003, p.104), no poema *AMMR*, o oxímoro existente entre forma poética antiga (*terza rima*) e terminologia cosmológica contemporânea resolve o paradoxo do tempo. Esse oxímoro estrutura-se a partir da perspectiva sincrônica de abordagem da história literária, estendida à abordagem da física e se transforma em experiência extraordinária, possível no *claro enigma* da poética em ação operante no texto, desconstrutora da linearidade temporal.

Ao duplicar a focalização das verdades religiosas e científicas, por meio de seu discurso elíptico e barroco, o poeta rompe com a totalização do tempo, da religião, da ciência, determinando a ex--centricidade do eu-poético e de sua palavra épica diante da tradição; é porque sai de si que o poeta pode ver-se revelado nas inúmeras "subdivisões prismáticas" dos temas apresentados, como se estes, ao desenvolverem sua órbita elíptica em torno da linguagem do poema, formassem um caleidoscópio a partir dos significantes.

256 DIANA JUNKES BUENO MARTHA-TONETO

Sobre a linguagem, vale aqui o que Derrida (2002, p.244-5; negrito nosso, itálico do autor) diz:

> Se então a totalização não tem mais sentido, não é porque a infinidade de um campo não pode ser mais coberta por um olhar ou um discurso finitos, mas porque a natureza do campo – a saber, a linguagem e uma linguagem finita exclui a totalização: este campo é, com efeito, o de um *jogo*, isto é, de substituições infinitas no fechamento de um conjunto finito. Este campo só permite estas substituições infinitas porque é finito, isto é, porque em vez de ser demasiado grande, lhe falta algo, a saber, um **centro** que detenha e fundamente o jogo das substituições [...] este movimento do jogo, permitido pela falta, pela ausência de centro ou de origem, é o movimento da *suplementaridade*. Não se pode determinar o centro e esgotar a totalização porque o signo que substitui o centro, que o *supre*, que ocupa o seu lugar na sua ausência, esse signo acrescenta-se, esse signo vem a mais, como *suplemento*.

Substituindo o centro indefinidamente, revelando e velando cada um dos focos da elipse por meio da linguagem, o poeta faz com que, em *AMMR*, o barroco seja mais do que um estilo de época para se tornar um método de escrita[14] em que são enfatizadas, sobremaneira, a função poética e a metalinguística, dominantes e determinantes da construção do poema. Diz Haroldo de Campos (1989, p.33):

> [No Barroco impera] a autorreflexividade do texto e a autotematização inter-e-intratextual do código ([...] citação, paráfrase e tradução como mecanismos plagiotrópicos de dialogismo literário e desfrute retórico de estilemas codificados). Não cabe o Barroco, "estética da superabundância e do desperdício", como definiu

---

14 Cf. a interessante discussão do barroco na obra de Haroldo de Campos feita por Gatto, 1996.

AS RAZÕES DA MÁQUINA ANTROPOFÁGICA   257

Severo Sarduy [...] servir de veículo a uma informação – a linguagem barroca se compraz no suplemento, na demasia e na perda parcial de seu objeto.

Se há perda parcial do objeto, o qual, no caso de *AMMR*, é a compreensão da alegoria da máquina do mundo e sua transformação em máquina do poema, posto que este equivale ao universo, é natural que as perguntas não se esgotem; haverá sempre algo infinitamente perdido no espaço finito do poema, pois o acaso, subitamente, impõe-se. Entre o zero e o zênite, em sua relação especular, não há identidade, mas diferença, não há origem, só rasuras. Conforme repensa a máquina do poema (do mundo), o poeta mostra que a busca de sua origem e de sua palavra não existem tanto quanto não existe uma origem definida para a nossa literatura, sua matriz primeira:

> Nossa literatura, articulando-se com o Barroco, não teve infância (in-fans, o que não fala). Não teve origem "simples". Nunca foi in-forme. Já nasce adulta, "formada", no plano dos valores estéticos, falando o código mais elaborado da época. Nele, no movimento de seus "signos em rotação", inscreveu-se desde logo, singularizando-se como diferença. O "movimento da diferença" (Derrida) produz-se desde sempre: produz-se desde sempre: não depende da "encarnação datada de um LOGOS auroral, que decida da questão da origem como um sol num sistema heliocêntrico [...] Nossa "origem" literária, portanto, não foi pontual, nem "simples" (numa acepção organicista, genético-embrionária). Foi "vertiginosa", [...]. (Campos, 1989, p.64)

Mais de uma vez foi comentado o caráter abissal do poema haroldiano ora analisado; abismo este coincidente com o caráter vertiginoso que Haroldo de Campos atribui a nossa própria literatura. É inevitável que, ao chegar ao final do Canto III, a busca do poeta pela origem do universo amalgame-se mais ainda, a busca da origem da palavra poética original (e isso reforça a evocação da *Bíblia*, "no princípio era o verbo") da nossa própria literatura vista aqui como o sertão que se entrevera no poeta, como espaço infinito, vazio quântico, carregado de potencialidades, nonada. Sertão equivalente ao universo, resumido na coda:

153. O nexo o nexo o nexo o nex

Como um enigma, este último verso assinala a rasura na origem e a indefinição, ao mesmo tempo, seu final impulsiona a leitura para o início, como tentativa de completar-lhe o sentido. Em latim *nex* é fim, morte violenta, interrupção súbita; *nexus*, que originou nexo em português e significa atadura, forte laço, elo, conexão – entre o que rompe e o que conecta, situa-se o *jogo* empreendido pelo eu-poético no poema tabuleiro. Ao leitor cabe o preenchimento dos significados, não pela necessidade da interpretação, mas pelo prazer que o jogo poético do texto propicia; nada mais é importante quando o que se busca é a busca.

Antes de concluir a análise é preciso dar voz a algumas explicações para a enigmática coda. Vejamos: para Roland de Azeredo Campos (2003, p.105), o último verso significa:

> Conforme se vê, é justamente o arremate que injeta o imprevisto, a surpresa na regularidade anterior, desenhando uma ruptura imediata, resolutamente icônica. O artigo o [...] evapora-se no final. E este "o" admite ser lido alternativamente como "zero", ou visto ainda como um pequeno círculo, a sugerir um recomeço. Aí estão expostas as opções terminais para o cosmos: a expansão indefinida com o falecimento por dispersão, ou então o vaivém cíclico das multividas e multimortes, em permutas sucessivas e conexas. Resolve-se então, na recorrência do "fininício", o conflito aparente entre o velho e o novo – nos horizontes do universo e da linguagem –, que se reconciliam, por derradeiro. "Nexo radiocaptado".

Segundo o físico Roland Campos, "o nexo /nex o O" é o ruído de fundo da conexão estabelecida ao longo de todo o poema entre o

AS RAZÕES DA MÁQUINA ANTROPOFÁGICA   259

velho e o novo, para fazer a novidade emergir da ancestralidade; o movimento sugerido pelo último verso espelha o processo de nasce-morre estelar e dispara o estopim da probabilidade da existência de uma grande explosão, que é aguardada pela interrupção do verso. A coda é, então, o Big Bang em potência. Sobre seu próprio poema, diz Haroldo de Campos (2002a, p.69-70):

> Parodiando Guimarães Rosa [...], o efeito grafemático do O (em maiúscula e negrito) que inicia a incompleta (uma só linha), "terzina" terminal, recolhendo em modo retroativo o "o" final, rei-teradamente rasurado, da palavra "nexo" (o nexo o nexo o nex), se superpõe, em meu percurso textual, ao "Zero ao zênit/nitescendo/ ex-nihilo" do poema final do ciclo "O â mago do ô mega", impresso em branco estelar sobre fundo negro noturno, antecipatório do "zero significante" [que resume] o conceito sânscrito-búdico de sunyata (vazio pleno).

O zero significante haroldiano é rosiano. Em *Grande sertão: veredas*, Pedro Xisto nota o O como referência ao diabo, o fim do fim, a negação absoluta, o máximo de significado vinculado a um mínimo significante:

> E neste sinal, que já se fecha em si próprio, encerra-se uma atmosfera rarefeita de denotações e conotações. Na simplicidade total e totalizadora deste O (o nada de "letrismo") a concentração específica e suprema da Poesia (Dichtung), a tragédia irremissível, o "círculo"derradeiro, no fundo, no profundo, do vórtice infernal, o centro grave da terra [...].
> E, aí, sob o peso de todo o Bem integrado pela Justiça, o Impera-dor do Mal, preso em si mesmo. Veja-se ainda: Esse O pode ser sim-bólico: uma letra, algebricamente; ou um zero. Pode ser alegórico: o último círculo do Inferno dantesco; ou o círculo central, imóvel de Plotino [...]. Mas "o O" vale só por si, como letra-palavra. Apre-senta (e não apenas representa) algo, quando sua presença demarca – fazendo com que, reciprocamente, se excluam – o nominável e o

inominável. Um ponto – o O – por onde a Poesia, superando, igualmente, a tentação do inefável e a do nefando, cede lugar ao silêncio que paira sobre os abismos [para muitas coisas faltam nomes]. A poesia, além do mais, é uma lição de humildade. Ou melhor, de tranquila coragem. Para o fim.

No fim, o herói luta consigo mesmo – a quem descobre e clama. O épico da grande aventura humana. O homem dantesco que, em si, cruza o tempo e o espaço, a criação e o destino, a vida e a poesia.

O verdadeiro poeta revela-se quando revela. Ele não joga nenhum véu sobre a realidade. Ele não precisa disto, já que lhe assiste a correalidade poética. (Xisto in Coutinho, 1983, p.133)

A longa citação de Pedro Xisto parece dizer tudo sobre o "O"; quando um poeta fala de outro poeta, a poesia eleva-se ao quadrado, resta ao crítico a reflexão silenciosa. Sim, mas arriscaremos uma continuidade porque, no poema de Haroldo, assim como no *Grande sertão*, além do O, há o nexo. O herói de *AMMR* luta consigo mesmo pela manutenção da sua viagem: não é o fim do fim que encerra o poema, mas a possibilidade de que *AMMR* seja apenas a penúltima viagem do eu-poético, que não descobriu suas respostas, ou que não se satisfez com as respostas encontradas, porque para ele, assim como para Haroldo de Campos, a poesia é sem limites, é ilimitada pela urgência de ultrapassar o signo. Para um eu-poético viajor e cosmonauta, movido pela curiosidade e pelo desejo de aventura, cada viagem é, no máximo, a penúltima:

Penúltima
          – é o máximo a que se aspira
tua penúria de última
Tule.   Um postal do Éden
com isso te contentas.

Açuladas sirenes
cortam teu coração cotidiano.
(*Sobre finismundo a última viagem*)

AS RAZÕES DA MÁQUINA ANTROPOFÁGICA 261

O "O", vazio e significante, é apenas uma etapa na travessia do eu-poético de *AMMR*, pois ele é movido pelo desejo fáustico do saber; é seduzido pelos mais profundos enigmas relativos à origem, como Édipo – daí talvez sua tragicidade, revelada, em especial, nos últimos versos, feitos de perguntas sem respostas; busca a compreensão da sua existência [que é a existência da palavra poética do poema, posto equivalerem-se] na permanência das palavras da tradição. Para o eu-poético, as palavras, sejam proferidas pelos homens da fé, da ciência ou pelos poetas, são o SOL que ele mesmo centra e descentra em sua busca incessante que se basta a si mesma (e a ele). Como objeto circulante nesse O, a palavra do eu-poético se transforma em nexO. O último verso do poema é a última etapa do labirinto a que o leitor tem acesso; ao chegar à coda, o leitor (des)cobre-se e retira de si as amarras que uma leitura canônica da poesia poderia impor – não há referência absoluta para ler o poema de Haroldo de Campos, multíplices são os caminhos que conduzem *aos nexos* ou *ao nex* do poema, isso porque o derradeiro verso faz perceber que todo o fio de Ariadne que se acreditava ter percorrido era fio de Ariacne. Numa belíssima teia, de fazer inveja aos deuses, o discurso-canto do eu-poético enreda o leitor, porque este, como parceiro de jogo, assume também a postura sincrônico--antropofágica do poeta. Lançando assim os seus dados, como um devorador crítico, o leitor terá chance de enfrentar o Minotauro, ou, quiçá, uma grande aranha de tentáculos de cristal que pode estar esperando no *nex*, no fim do caminho, na Praça do Rosário, talvez, quem sabe.

Não há, porém, necessidade desse enfrentamento; não importa descobrir o caminho, importa menos enfrentar as feras, elas são os óbices do poeta; não cabe ao leitor descer ao *Inferno*, nem ascender ao *Paraíso*; a antropofagia apreendida ao longo da leitura sincrônica serve para suprir de historicidade e de poeticidade a postura *midrashista* que este leitor urge assumir diante da máquina do poema que se abre: rosa, alcachofra, O. Apoteótico, o último verso é obscuro e parece estabelecer uma ruptura com as metáforas luminosas apresentadas ao longo do poema: falta fulgor; como um fogo-fátuo, evapora-se o "O", disse Roland Campos. Mas é na volatilidade do O evaporado que os rastros de *noigandres* exalam seu perfume de flor, cujo olor afasta o tédio. Cabe, então, um repensar dos questionamentos e da tragicidade apontada acima. Sim, há tragicidade no eu-poético, mas, além dela, perceptível em um primeiro nível de leitura, há uma ironia profunda (*discuto o anjo e o sexo?*) percorrendo todo o texto. O prazer deste eu-poético *midrashista* não está na resposta e sim no perguntar daquele que *ao saber porém se entrega*. Como barroco que é, pela ironia e pelo lúdico encanta-se, dá-se a chance do acontecimento extraordinário.

Não há, para Haroldo de Campos, uma fonte primeira de inspiração, a origem da origem. O poema mostra, desde os versos iniciais, que predominam, nele e na obra haroldiana que ele espelha, um jogo de *différance* e um movimento sincrônico, suplementar. O *nex* pode ser entendido, então, como a iconização da sincronia haroldiana: ao mesmo tempo, a imperfeição elíptica, o impulso para que o sentido seja sempre preenchido e, consequentemente, o retorno, a volta. O *nex* é a poesia à espera de que seu sentido seja completado e a redução da entropia, porque o nexo fica reduzido ao *nex*; se é redução da entropia, equivale ao inesperado.

Labiríntico, o nexo convertido em *nex* mostra que o "O" perfeito e indeformável, equivalente ao universo, terá de ser continuamente procurado: no próprio verso, se a leitura voltar ao seu início; no poema, pelos rastros e nexos cósmicos espalhados na matéria significante, ou nos outros poemas da obra do poeta. Nesse último caso, *AMMR* é o último elo de uma corrente criativa que permanecerá, para além da vanguarda e da terzina, haroldiana, sempre.

Longe de ler o *nex* como fim, embora isso seja possível, talvez ele mereça ser lido como continuidade e simultaneidade. Em resumo: o *nex* mostra que a sincronia é *meio* e não *fim* para entender o caráter *intervalar* da obra de Haroldo de Campos, sempre edificada pela tensão entre o manter a tradição e garantir a inovação, sustentada pela *travessia*, não pela chegada ou pela partida. É por compreender a sincronia como o grande orientador de leitura de *AMMR* que lhe serão dedicadas as considerações da terceira parte deste trabalho.

AS RAZÕES DA MÁQUINA ANTROPOFÁGICA   263

Pode-se dizer que Haroldo de Campos é um poeta herdeiro da modernidade, na medida em que incorpora, em suas atividades de poeta, crítico e tradutor, uma concepção de arte que nasce em meados do século XIX, embora já estivesse em processamento desde os românticos alemães (e, infinitamente, naqueles que os antecederam) e que culmina em Mallarmé, o Mestre haroldiano, seu barqueiro, o que o leva a atravessar a ponte da máquina do tempo; aquela em que um passo em direção ao passado equivale a um outro em direção ao futuro. A abordagem haroldiana incorpora a necessidade de um repensar da história da literatura, da ciência, da religião, da palavra em termos estético-criativos.

Nesse sentido, ou seja, em termos do repensar da palavra estética e criativamente, poder-se-ia dizer que o *nex* é um fractal. Um fractal é uma estrutura caótica que apresenta uma organização interna, ou seja, é um sistema que apresenta ordem, embora sugira desordem; suas perturbações têm um sentido intrínseco e significam. A coda do poema sugere uma desorganização, uma ruptura e uma desordem na repetição da palavra nexo; por outro lado, o fato de haver interrupção reforça ainda mais a ideia de que há uma organização que deve ser preenchida pelo leitor.

Por sua recursividade e multidimensionalidade, o *nex*, que se repete ao longo do verso, atua como os *quanta*: sua repetição causa tanto a surpresa quanto a dominação das probabilidades e, portanto, incerteza. O *nex* é um fractal porque torna visível uma terceira dimensão da palavra e do sentido, nem o antes nem o depois, mas o intervalo que a interrupção final do verso assegura A densidade do *nex* é dada não apenas por seu valor significante no poema, mas por seu significado como elemento que reúne as ideias de resgate à tradição e impulso à novidade, tensão motriz da palavra poética de Haroldo de Campos.

CONSIDERAÇÕES FINAIS

Creio que o percurso deste trabalho demonstrou que Haroldo de Campos foi um grande poeta; portanto, um grande pensador. O que isso significa? Nos termos de Paul Valéry (1999, p.193), significa que não se pode separar poesia e pensamento abstrato; ou seja, implica que o poeta tem uma forma de pensar o mundo e que é a partir de sua relação com a poesia que podemos tentar definir sua obra. No caso de Haroldo de Campos, essa forma de pensar o mundo situa a poesia como ponto de partida e também de chegada. Poesia como porto que abriga os navios criativos, tradutórios e críticos; poesia como o oceano que obriga o rumo desses navios, seu percurso-pensamento.

Para Haroldo de Campos, a poesia é o mundo: nele cabem sertões, constelações, galáxias, máquinas: "o prazer da palavra e a escrita justa" (Lafer, 2005, p.113), marcados pela materialidade da palavra e pela reflexão que resgata a poeticidade ao longo da história, por meio dos diálogos entre o passado e o presente, sincronicamente articulados, como se discutiu na segunda parte deste trabalho. Esse aspecto é fundamental para a compreensão do alcance das contribuições haroldianas como exercício rigoroso de pensamento (poético) presente em todas as atividades que desenvolveu. Portanto, a discussão sobre a obra de Haroldo de Campos deve ancorar-se no estabelecimento das relações entre poesia e pensamento e, por conseguinte, no estabelecimento dos determinantes do pensamento do poeta. Se o poema é uma espécie de máquina e o poeta um arquiteto de poemas, é porque há um trabalho construtor responsável pela articulação das palavras marcadas de poeticidade. Ao longo da introdução chamou-se atenção para o fato de o poeta ser o enxadrista, articulador de jogadas-verso. Ora, a metáfora do xadrez parece ser bem adequada às operações de racionalização do trabalho poético de Haroldo de Campos, marcado por certo hermetismo cultista e conceptista que percorrem a sua obra. Fazendo uso de um termo de Affonso Romano de Sant'Anna (2000), dir-se-ia que o poema de Haroldo de Campos (e sua obra de um modo geral) vai do quadrado (renascentista) à elipse (barroca), e abre-se, como a máquina do mundo, ao leitor que se dispuser, também como um pensador, a enfrentar sua obra.

A poesia não é a resposta, mas a indagação do poeta diante de sua própria (e frágil) humanidade. Portanto, a relação entre a poesia e o pensamento não reside na proposição de ideias por parte dos poetas, mas na apresentação de matrizes (ou matizes?) de ideias, cuja reconstrução o leitor pode buscar em seu percurso pelo poema. O poema é o lugar por excelência de encontro entre a poesia e o pensamento e, justamente por isso, "as articulações entre poesia e pensamento se dão no concreto da própria composição poética" (Barbosa, 2000, p.11).

Isso significa que a composição poética revela o desafio da articulação que o pensamento engendra e *faz palavra*; mais: palavra poética. Essa instância da palavra não é aquela dos usos práticos, que para Valéry desfaz-se rapidamente, porque "vive" e exerce sua função, ao possibilitar compreensão. A palavra poética é aquela que oferece resistência, "que se vinga" e que não se deixa definir, desafiando o leitor (e seu pensamento) a reconstituir-lhe o percurso, fazendo, por meio dessa reconstituição, oscilar um pêndulo entre poesia e pensamento. Essa resistência da palavra poética é intensa em *AMMR*, já que a refacção de seu percurso exige não só seguir os rastros deixados por Haroldo de Campos, como também significa o abandono de muitas veredas, cuja apreensão fugiu da percepção e

AS RAZÕES DA MÁQUINA ANTROPOFÁGICA   267

do pensamento desta leitora. De qualquer modo, mais do que refletir sobre a recepção da máquina do poema, vale a reflexão sobre as operações de pensamento que a ela deram "origem".

Retomando: a linguagem é um percurso do pensamento para que nos façamos entender, e se desfaz após o uso; no poema, entretanto, a linguagem deixa de ser meio e se torna fim, fundam-se as coisas pelas palavras. Se no poema as coisas são fundadas pela palavra, se o pensamento também é fundante, a linguagem do poema é pensamento. Em Haroldo de Campos, o vínculo entre poesia e pensamento se faz pelo jogo da linguagem: "a poesia do pensamento complementa-se pelo pensamento da poesia" (Nunes, 2005, p.112). Toda obra do poeta orienta-se nesse sentido, desde os primeiros textos até *AMMR*; e, se assim é, retoma-se a afirmação inicial deste capítulo: Haroldo de Campos é um poeta, portanto, um pensador. E um poeta-pensador herdeiro da modernidade, o que traz outras implicações para sua obra e para a construção de *AMMR*, especificamente.

Diante da densidade desse poema-pensamento, de tantas e divergentes formas de repensar o mundo, a sensação que se tem é de que ainda falta muito para ler. Diálogos deixaram de ser considerados, alguns não foram sequer notados. Isso significa que o poema é instigante o suficiente para continuar estimulando pesquisas, mesmo depois de todo o *movimento de leitura* que ele impôs e que foi se construindo dos rastros deixados pela voz do eu-poético, nos labirintos poéticos do texto, aqui e ali: ur-canto, ruído de fundo.

Há uma sensação de vazio preenchendo o que antes eram caminhos de pesquisa; mas de vazio significante, quântico. Não o zero, e sim o reflexo do zênite. Percorrer o poema ao lado do eu-poético significou ceder à palavra; buscar a escrita justa, inatingível para o poeta, que dirá para o leitor. Por isso, fazer algumas considerações finais sobre a leitura de *AMMR* não é simples, haverá sempre, no signo poético, algo que nos escapa, que antecede, inclusive, a escolha do poeta e sua consciência da linguagem. Como diz Baldan (1994), não há ubiquidade na língua e o signo poético guarda, portanto, a memória da não escolha, do acaso preso ao talvez do céu noturno mallarmeano.

268   DIANA JUNKES BUENO MARTHA-TONETO

A dimensão do que ainda poderia ter sido dito sobre o poema advém dele próprio; a cada verso, uma pétala da rosa se abre, uma estrela nascemorre, algum grande pensador é trazido à luz pelo eu-poético, Orfeu, ou ainda, Odisseu em constante retorno ao Hades, em busca de espelhos e cantos que refratem sua imagem cindida e ecoem sua voz nas vozes dos companheiros de viagem. A leitura do poema *A máquina do mundo repensada* é também, como o próprio poema, um ritual de passagem, a descida aos infernos à procura de Tirésias, do passado e do futuro para garantir a perenidade do presente no corpo da escritura, máquina, jogo, partida: poema.

A cada verso, um dilema esfinge o eu-poético e o leitor, seu parceiro, ambos permanentemente regidos pela atmosfera saturnina dúbia: do zero ao zênite, das mãos pensas à coragem para arrostar o mar bravio, da acídia ao desejo de inquirir. Não há palavra limítrofe para dar conta das fronteiras da poesia sincrônica que Haroldo de Campos construiu em *A máquina do mundo repensada*. Como um universo em expansão, o poema é fechado, mas in-finito, há tempo para tudo e, no poema, tudo é tempo, porque é também o espaço da conversão da linguagem em medida do tempo poético, histórico, científico, humano. É pela travessia da linguagem poética em ação no texto, é por sua corporalidade, que a palavra pode dizer o indizível e percorrer os labirintos do sertão entreverado tanto no eu-poético quanto no leitor, ainda que seu significado escape na totalidade. A palavra poética de *AMMR* é sempre um depois que sugere um antes e, portanto, é prenhe de significados (*quanta*) possíveis: como um dado lançado, flutua no feltro-página do poema e é acaso e não acaso, xadrez de estrelas. O movimento de leitura desenvolvido, diante desse jogo e da elíptica rede de significações do texto, procurou converter, acompanhando o texto, o passado em presente; e este, em futuro pulsante, de modo a garantir que a análise apresentada possa ancorar novas viagens pelo mesmo poema e pela obra haroldiana.

A tradição é viva em Haroldo de Campos, sua voracidade para descobrir e pulsão para criar revelam-se, em *AMMR*, de modo contundente, sintetizando suas experiências poéticas passadas e

AS RAZÕES DA MÁQUINA ANTROPOFÁGICA   269

abrindo frentes para múltiplos estudos de sua obra. O poema termina com interrogações; de fato, não termina, posto ser ele inteiro uma interrogação acerca da origem do universo e do universo poético, ambas desnecessariamente apreensíveis, uma vez que esta compreensão da origem é a própria busca, como tanto se assinalou ao longo da leitura, e como o eu-poético, apesar de suas indagações, ou por meio delas, faz perceber.

O *nex* é dissolução do sentido e, ao mesmo tempo, sua condensação. Pode ser a reafirmação de Saturno acrimonioso, mas vejo-o promissor e desafiador pela imposição da continuidade da busca, sinalizada pela interrupção da palavra nex - o. O último verso do poema indica que há sempre preenchimento de sentido possível, quando se trata da poesia constelar de um poeta que a cada poema vai reunindo sua própria história. Em outras palavras, a leitura de *AMMR* realizada pressupôs uma leitura da obra do poeta e de como ele criava seus precursores; só por meio dessa leitura suplementar à leitura do poema é que se pôde concluir que o *nex* é um impulso, é um adiante e um retorno, jamais um ponto final.

A consideração da obra haroldiana como um todo permite colocar o poema *AMMR* no lugar merecido: mais do que se situar no límen do milênio, o poema situa-se no límen dos signos e no límen da experimentação poética de Haroldo de Campos, que não deve ser mais associada apenas à fase concretista. Ultrapassar os signos pela leitura de *AMMR* é impossível, mas aceitar o convite da máquina do poema haroldiana para fazê-lo torna a leitura alguma coisa regida por *týkhe philókainos*, acaso e busca de aventura. Desse modo, o mundo revelado pelo poema é espetáculo, marcado pela potencialidade da ocorrência de acontecimentos extraordinários, os quais, dada a autorreflexividade da mensagem poética haroldiana, são frutos da exacerbação dos signos, palpáveis e autônomos, lastreados pela escritura do poeta, parábola.

E essa é uma grande lição de *AMMR*. A obra haroldiana não é feita, a meu ver, de fases, mas é um projeto de poesia que reflete o pensamento e as convicções do poeta no que concerne ao fazer poético, sempre reunião de poesia, tradução e crítica. Há uma lógica

270 DIANA JUNKES BUENO MARTHA-TONETO

paradoxalmente cartesiana na postura desconstrutora de Haroldo de Campos; ele é fiel ao projeto que se inicia com *Noigandres* e se propõe a afastar o tédio das concepções diacrônicas da história literária, fazendo o absolutamente novo e reinventado permanentemente a tradição, segundo um mesmo projeto inicial da sua poesia, nascido em 1950.

O que a leitura de *AMMR* faz perceber, à medida que o percurso de análise estrofe a estrofe é feito, é que esse projeto se sistematiza ao longo do tempo, amadurece a cada obra, sempre marcado de novidade pela incorporação de novos elementos ao sistema, e emerge do poema em metáforas, associações, *travelings*, configurando, por isso mesmo, a parábola da escritura haroldiana. O poema é síntese porque é em sua linguagem que a convergência de diferentes perspectivas de trabalho de um poeta que foi sempre o mesmo "pesquisador do prazer da palavra e da escrita justa" pode ser estabelecida. Ou seja, a síntese da obra haroldiana precisa, como tudo o que se refere a seu respeito, convergir para concretude da palavra poética, valorizada pela perspectiva sincrônica de abordagem da história literária.

Dessa forma é que se pode diferenciar, por exemplo, a reunião de textos apresentada em *Crisantempo*, lindo mosaico de uma obra constelar, e a reunião de textos numa só dicção, a do poema *A máquina do mundo repensada*. Ao contrário do mosaico de *Crisantempo*, *AMMR* é um caleidoscópio dotado da mobilidade típica dos grandes textos haroldianos como *Galáxias* e *Finismundo*: é o velho fazendo o novo, continuamente, em movimentos espiralares, mas condensados a um só corpo, um só poema.

No limite da *hýbris* experienciada por uma palavra poética que é vanguarda e é ancestralidade, situa-se o poeta viajor de *AMMR*. Confunde o leitor com a mistura de guias, mas, ao final, pode-se perceber que são o saber alto e profundo dos insondáveis mistérios da física e a palavra bíblica cifrada que estimulam sua busca, que o fazem revisitar a tradição e sua obra, incorporando a elas os novos aportes que Mário Schenberg e os *midrashistas* emprestam-lhe, como seus guias.

AS RAZÕES DA MÁQUINA ANTROPOFÁGICA 271

"Estudo demais entristece a carne", diz o texto de Qohélet, e eu diria que ela se entristece, agora, porque é preciso estabelecer alguns parâmetros para a conclusão desta etapa da viagem, que o estudo, não necessariamente seu excesso, mostrou ser impossível, pois o texto joga a *diferença* e não se presta aos portos e às marinas, mas ao mar e às estrelas, aos barcos e às espaço(tempo)naves. Se o poema termina com o indecidível, ou seja, se não há fim, porém infinitas possibilidades de nexos a serem estabelecidos, a leitura de *A máquina do mundo repensada* acompanha essa indecidibilidade; termina quando poderia continuar, mas não continua porque a viagem exige seus regressos para que não se perca a memória do vivido e porque é preciso parar, colar os olhos às grandes lentes do telescópio e observar o universo do poema não na totalidade, mas na medida exata do que os olhos e os ouvidos podem radiocaptar. Continuar é preciso. Sempre. E, nesse caso, terminar a leitura é fixar os mecanismos da continuidade, regressar à estreita via. Prosseguir significa considerar, de agora em diante, o poema porto, memória e bagagem; a própria obra haroldiana impõe o desafio de novas viagens, tendo sempre em mente que essas viagens são a visita ao projeto de poesia haroldiano.

Haroldo de Campos é fiel às suas propostas da juventude até o seu último verso criativo. Como um rochedo se curva diante da erosão, também o poeta de campos e espaços experimentou a ação do tempo, mas sua palavra não se fossiliza, antes, vive resplandecente, porque é a mesma e infinitamente outra, sempre. Não se fossiliza, porque não é apenas dele, é nossa, de seus leitores, é também minha, ao menos neste momento.

Pelo sim, pelo não, entre o outronão e o outrossim, volto ao verso 1 e de novo sigo o percurso do poeta, *quisera como Haroldo em via estreita* extraviar-me nas constelares explosões de supernovas que cada canto-origem, tríplice empreita revela; no límen do poema, às margens do texto, vou de mim, para fora de mim – só consigo tactear o nexo porque os significantes são palpáveis e há ruído de fundo; na volta, naufragam minhas hipóteses de leitura. Felizmente, cada estilhaço do naufrágio pode nitescer, do zero ao zênite, se houver luar sobre o poema oceano, afinal os estilhaços refletem nosso rosto, o meu, o do poeta. João Alexandre Barbosa tinha razão: diante de um texto de Haroldo, navegar é preciso.

REFERÊNCIAS BIBLIOGRÁFICAS

Haroldo de Campos

CAMPOS, H. *Auto do possesso*. Clube de Poesia: 1950.

_____. *Servidão de passagem*. São Paulo: Editora Noigrandes, 1962.

_____. *A arte no horizonte do provável*. São Paulo: Perspectiva, 1969.

_____. *Morfologia do Macunaíma*. São Paulo: Perspectiva, 1973.

_____. *A operação texto*. São Paulo: Perspectiva, 1976a.

_____. *Ruptura dos gêneros na literatura latino-americana*. São Paulo: Perspectiva, 1976b.

_____. *Xadrez de estrelas*. São Paulo: Perspectiva, 1976c.

_____. *Signantia: Quase Coelum = Signância: Quase Céu*. São Paulo: Perspectiva, 1979.

_____. *Deus e o diabo no Fausto de Goethe*. São Paulo: Perspectiva, 1981.

_____. *A educação dos cinco sentidos*. São Paulo: Brasiliense, 1985.

_____. *O sequestro do barroco na formação da literatura brasileira*: o caso Gregório de Matos. Salvador: Fundação Casa de Jorge Amado, 1989.

_____. *Poetas de Campos e Espaços*. São Paulo: TV Cultura, [199-].

_____. *Finismundo:* a última viagem. Ouro Preto: Tipografia do Fundo de Ouro Preto, 1990.

_____. *Metalinguagem e outras metas*. São Paulo: Perspectiva, 1992.

_____. *Hagoromo Zeami*: o charme sutil. São Paulo: Estação Liberdade, 1994a.

_____. *Ideograma*: lógica, poesia e linguagem. São Paulo: Edusp, 1994b.

_____. *Mênis*: a ira de Aquiles: São Paulo: Nova Alexandria, 1994c.

_____. *Sobre Finismundo*: a última viagem. Rio de Janeiro: 7 Letras, 1996a.

_____. Entrevista ao programa *Roda Viva*. TV Cultura. São Paulo: 1996b.

_____. *O arco-íris branco*. São Paulo: Imago, 1997.

_____. *Crisantempo*: no espaço curvo nasce um. São Paulo: Perspectiva, 1998a.

_____. Entrevista sobre *Crisantempo*. *Revista Cult*, São Paulo, 1998b.

_____. *Pedra e luz na poesia de Dante*. Rio de Janeiro: Imago, 1998c.

_____. *A máquina do mundo repensada*. São Paulo: Ateliê Editorial, 2000a.

_____. *Bere'Shith: a cena de origem*. São Paulo: Perspectiva, 2000b.

_____. Comentários e notas. In: VIEIRA, T. *Ilíada de Homero*. vol. 1. São Paulo: Mandarim, 2001a.

_____. Serafim: um grande não livro. In: ANDRADE, O. *Serafim Ponte--Grande*. São Paulo: Globo, 2001b.

_____. *Depoimentos de Oficina*. São Paulo: Unimarco, 2002a.

_____. Comentários e notas. In: VIEIRA, T. *Ilíada de Homero*. vol. 2. São Paulo: ARX, 2002b.

_____. Brasil é automaticamente underground. Conversa entre Haroldo de Campos e Hélio Oiticica. *Folha de S. Paulo*, São Paulo, 24 ago. 2003a, p.E3.

_____. Caderno Mais! Número especial sobre Haroldo de Campos. *Folha de S. Paulo*, São Paulo, 14 set. 2003b.

_____. Entrevista à *Revista E*, São Paulo, abr. 2003c, p. 5-10

_____. Entrevista com o poeta e tradutor Haroldo de Campos. *Revista Sibila*, São Paulo, ano 3, n.5, 2003d, p.158-75

_____. Entrevista – Do concretismo à concretude. *Diário Oficial de São Paulo*, jun. 2004a.

_____. *Galáxias*. 2.ed. São Paulo: Editora 34, 2004b.

_____. *Qohélet – o que sabe*. São Paulo: Perspectiva, 2004c.

_____. *Éden: um tríptico bíblico*. São Paulo: Perspectiva, 2005.

_____. *Odisseia de Homero*: fragmentos. In: CAMPOS, I.; TÁPIA, M. (Org.). *Odisseia de Homero*: fragmentos. Apres. T. Vieira. São Paulo: Olavobrás, 2006. p.5-6.

CAMPOS, H. *Auto do possesso*. São Paulo: Perspectiva, 2008.

CAMPOS, H.; BERNARDINi, a. *Ungaretti: daquela estrela a outra*. São Paulo: Ateliê Editorial, 2003.

CAMPOS, H.; CAMPOS, A. *Os Sertões dos Campos*: duas vezes Euclides. Rio de Janeiro: 7 letras, 1997.

AS RAZÕES DA MÁQUINA ANTROPOFÁGICA 275

_____. *Re-visão de sousândrade*: textos críticos, biobiografia. São Paulo: Perspectiva, 2002.

CAMPOS, H.; CAMPOS, A.; PIGNATARI, D. *Teoria da poesia concreta*. São Paulo: Invenção, 1965.

_____. *Cantares de Ezra Pound*. São Paulo: Hucitec, 1983.

_____. *Entrevista sobre Poesia Concreta*. Caderno Mais!, *Folha de S. Paulo*, São Paulo, 8 dez. 1996.

_____. *Panorama do Finnegans Wake*. São Paulo: Perspectiva, 2001.

_____. *Mallarmé*. São Paulo: Perspectiva, 2002.

CAMPOS, H.; CAMPOS, A.; SCHNEIDERMAN, B. *Poesia russa moderna*. São Paulo: Perspectiva, 2001.

_____. *Poemas de Maiakóvski*. São Paulo: Perspectiva, 2002.

CAMPOS, H.; CAMPOS, A.; XISTO, P. *Guimarães Rosa em três dimensões*. São Paulo: Conselho Estadual da Cultura, 1970.

CAMPOS, H. et. al. Vanguarda em questão. *Tempo brasileiro*: vanguarda e modernidade, n.26-27, Rio de Janeiro, 1971, p.20-35.

CAMPOS, H.; PAZ, O. *Transblanco*. São Paulo: Siciliano, 1994.

Obras consultadas

ACHCAR, F. *Carlos Drummond de Andrade*. São Paulo: Publifolha, 2000.

AGUILAR, G. *Poesia concreta brasileira:* as vanguardas na encruzilhada modernista. São Paulo: Edusp, 2005.

ALIGHIERI, D. *A divina comédia*. Trad. Ítalo Eugenio Mauro. São Paulo: Editora 34, 2004.

ANDERSON, P. *O fim da história*. Rio de Janeiro: Jorge Zahar Editor, 1992.

ANDRADE, C. D. *Claro enigma*. Rio de Janeiro: Record, 2006.

_____. *A rosa do povo*. Rio de Janeiro: Record, 2007.

ANDRADE, M. Prefácio interessantíssimo. In:_____. *Poesia completa*. São Paulo: Martins, 1974.

ANDRADE, O *Serafim Ponte-Grande*. São Paulo: Editora Globo, 1990.

_____. *Pau-Brasil*. São Paulo: Editora Globo, 2000.

ARISTÓTELES; HORÁCIO; LONGUINO. *Poética clássica*. São Paulo: Cultrix, 1997.

AUERBACH, E. *Figura*. São Paulo: Ática, 1997

_____. *Mímesis*. São Paulo: Perspectiva, 2004.

ÁVILLA, A. *O lúdico e as projeções do mundo barroco.* São Paulo: Perspectiva, 1994.

AZEVEDO, F. *A cultura brasileira.* Brasília: UNB; Rio de Jnaeiro: UFRJ, 1996.

BALDAN, M. L. O. G. *Entre o som e o sentido:* aspectos da poética de Roman Jakobson. São Paulo, 1994. Tese (Doutorado em Letras) – Faculdade de Filosofia, Ciências e Letras da Universidade de São Paulo.

BARBOSA, J. A. *A metáfora crítica.* São Paulo: Perspectiva, 1974.

_____. Um cosmonauta do significante: navegar é preciso. In: CAMPOS, H. *Signantia: Quasi Coelum: Signância Quase Céu.* São Paulo: Perspectiva, 1979.

_____. *As ilusões da modernidade.* São Paulo: Perspectiva, 1986.

_____. *A leitura do intervalo.* São Paulo: Iluminuras; Secretaria Municipal da Cultura, 1990.

_____. Poesia e pensamento concreto. *Cult,* São Paulo, ano IV, n.39, 2000, p.10-2.

_____. *Alguma crítica.* São Paulo: Ateliê Editorial, 2002.

_____. *A biblioteca imaginária.* São Paulo: Ateliê Editorial, 2003.

BARBOSA, F. A tradição do rigor e depois. In: COSTA, H. (Org.) *A palavra poética na América Latina:* avaliação de uma geração. São Paulo: Fundação Memorial, 1992.

BARROS, D. L. P.; FIORIN, J. L. (Orgs.). *Dialogismo, polifonia, intertextualidade.* São Paulo: Edusp, 1999.

BANDEIRA, J. (Cur.). *A arte concreta paulista.* São Paulo: Cosac Naify; USP Maira Antonia, 2002.

BARROS, L.; BANDEIRA, J. A. (Cur.). *A arte concreta paulista – Grupo Noigandres.* São Paulo: Cosac Naify; USP Maria Antônia, 2002.

BASTOS, A. *Poesia brasileira e estilos de época.* Rio de Janeiro: 7 Letras, 2004.

BAUDELAIRE, C. *Escritos sobre arte.* São Paulo: Edusp, 1991.

_____. O pintor da vida moderna. In: CHIPP, H.B. *A modernidade na literatura francesa.* São Paulo: Ática, 1996.

BENJAMIN, W. *Obras escolhidas – Volume I.* São Paulo: Brasiliense, 1986.

_____. *Rua de mão única.* São Paulo: Brasiliense, 2000. (Obras Escolhidas II)

_____. *Charles Baudelaire:* um lírico no auge do capitalismo. São Paulo: Brasiliense, 2000. (Obras Escolhidas III)

_____. *A origem do drama trágico alemão.* Lisboa: Assírio e Alvim, 2004.

AS RAZÕES DA MÁQUINA ANTROPOFÁGICA   **277**

BÍBLIA SAGRADA. Edição Pastoral. São Paulo: Paulus, 1990.

BIGNOTTO, N. A condição humana. In: NOVAES, A. *Poetas que pensaram o mundo*. São Paulo: Companhia das Letras, 2005, p.83-111.

BITARÃES NETO, A. *Antropofagia osvaldiana*: um receituário estético e científico. São Paulo: AnaBlumme, 2004.

BONVICINO, R. Algumas tensões na figura de Haroldo de Campos. *Revista Sibila*, São Paulo, 2003, ano 3, n.5, p.179-87

BORDIEU, P. *As regras da arte*. 2.ed. São Paulo: Companhia das Letras, 2005.

BORGES, J. L. Kafka y sus precursores. In: _____. *Prosa completa*. Buenos Aires: Bruguera, 1982, v.2.

_____. *Esse ofício do verso*. São Paulo: Companhia das Letras, 2000.

_____. *O Aleph*. São Paulo: Editora Globo, 2006.

BOSI, A. (Org.). *Leitura de poesia*. São Paulo: Ática, 1996.

_____. *O ser o e tempo da poesia*. São Paulo: Companhia das Letras, 2000.

_____. *Céu, Inferno*. São Paulo. Companhia das Letras, 2003a.

BRANDÃO, J. L. *A invenção do romance*. Brasília: UNB, 2005.

_____. Primórdios do épico: *A Ilíada*. In: APPEL, M. B.; GOETTEMS, M. B. (Orgs.). *As formas do épico*. Porto Alegre: Ed. Movimento/ UFRGS, 1992, p.41-55

_____. Do *épos* à epopeia: gênese dos poemas homéricos. *Textos de Cultura Clássica*, Belo Horizonte, Sociedade Brasileira de Estudos Clássicos, n.12, nov. 1990.

BRIK, O. Ritmo e sintaxe. In: TOLEDO, D. *Círculo linguístico de Praga*: estruturalismo e semiologia. Porto Alegre: Editora Globo, 1975.

BROCKMAN, J; MATSON, K. *As coisas são assim*: pequeno repertório científico do mundo que nos cerca. São Paulo: Companhia das Letras, 2003.

BRODY, D.E.; BRODY, A. *As sete maiores descobertas científicas da história*. São Paulo: Companhia das Letras, 2006.

BURGER, P. *Teoria da vanguarda*. Lisboa: Vega, s.d.

CALVINO, I. *Seis propostas para o próximo milênio*. São Paulo: Companhia das Letras, 1988.

_____. *As cosmicômicas*. São Paulo: Companhia das Letras, 1992.

_____. *Por que ler os clássicos*. São Paulo: Companhia das Letras, 1993.

CAMILO, V. *Drummond*: da Rosa do Povo à Rosa das Trevas. São Paulo: Ateliê Editorial, 2005.

CAMÕES, L. V. *Os Lusíadas*. Introd. Silvério Augusto Benedito. Notas de Antônio Leitão. Lisboa: Biblioteca Ulisséia de Autores Portugueses, 2002.

278   DIANA JUNKES BUENO MARTHA-TONETO

_____. *Os Lusíadas*. Notas de Emanuel Paulo Ramos. Porto: Porto Editora, 1980.

CAMPOS, A. *Poesia, antipoesia, antropofagia*. São Paulo: Cortez e Moraes, 1978.

_____. Um lance de dês no Grande Sertão. In: COUTINHO, E. F. *Guimarães Rosa*. Rio de Janeiro: Civilização Brasileira, 1983, p.321-49.

_____. *A margem da margem*. São Paulo: Companhia das Letras, 1989.

_____. *Despoesia*. São Paulo: Perspectiva, 1994.

_____. *Rimbaud livre*. São Paulo: Perspectiva, 2002.

_____. *Invenção*. São Paulo, ARX, 2003.

_____. Haroldo, Irmão Siamesmo. In: MOTTA, L. T. *Céu acima:* para um "tombeau"de Haroldo de Campos. São Paulo: Perspectiva, 2005, p.29-33.

CAMPOS, I.; TÁPIA, M. (Org.). *A Odisseia de Homero*. Trad. Haroldo de Campos. São Paulo: Olavobrás, 2006.

CAMPOS, R. A. A estética científica revisitada. In: MOTTA, L.T. *Céu acima*: para um "tombeau" de Haroldo de Campos. São Paulo: Perspectiva, 2005, p. 169-82

_____. *Arteciência*. São Paulo: Perspectiva, 2003.

CANDIDO, A. *Na sala de aula – Caderno de análise literária*. São Paulo: Ática, 1985.

_____. Literatura e subdesenvolvimento. In: _____. *A educação pela noite e outros ensaios*. São Paulo: Ática, 1989, p.140-63

_____. Inquietudes na poesia de Drummond. In: _____. *Vários escritos*. São Paulo/Rio de Janeiro: Duas Cidades/Ouro Sobre o Azul, 2004, 1995, p.67-99

_____. *Formação da literatura brasileira*. 2 vols. Belo Horizonte: Itatiaia, 1993.

_____. *Estudo analítico do poema*. São Paulo: FFLCH-USP, 1996.

CARVALHO, C. *Para compreender Saussure*. Petrópolis: Vozes, 2002.

CELAN, P. *A morte é uma flor*: poemas de espólio. Lisboa: Cotovia, 1998.

CESAR, A. C. *Crítica e tradução*. Ática: São Paulo, 1999

CHAUÍ, M. *Convite à filosofia*. São Paulo: Ática, 1995.

CHIAMPI, I. *Barroco e modernidade*. São Paulo: Perspectiva, 1998.

COHEN, J. *Estrutura da linguagem poética*. Lisboa: Publicações Dom Quixote, 1976.

COMPAGNON, A. *Os cinco paradoxos da modernidade*. Belo Horizonte: UFMG, 2003.

COUTINHO, E. *Guimarães Rosa*. Rio de Janeiro: Civilização Brasileira, 1983. (Coleção Fortuna Crítica)

AS RAZÕES DA MÁQUINA ANTROPOFÁGICA 279

DANIEL, C. *Jardim dos camaleões.* São Paulo: Iluminuras, 2004.

DERRIDA, J *Torres de babel.* Belo Horizonte: UFMG, 2002.

———. *Gramatologia.* São Paulo: Perspectiva, 2004.

———. *A escritura e a diferença.* São Paulo: Perspectiva, 2002.

DIAS, M. H. M. *Rotações poéticas da "Máquina do Mundo":* de Camões a Haroldo de Campos. São José do Rio Preto: Unesp. (mimeo)

DIAZ, E.O. *Góngora.* Barcelona: Editorial Orozco, 1953.

DISCINI, N. *O estilo nos textos.* São Paulo: Contexto, 2003.

ECO, U. *Sobre literatura.* Rio de Janeiro: Record, 2003.

———. *Tratado geral de Semiótica.* São Paulo: Perspectiva, 1997.

ELIOT, T. S. *Tradição e talento individual.* Fotocópia, [S.l.; s.d.]

———. *A função social da poesia.* Fotocópia. [S.l.; s.d.].

FAUSTINO, M. *De Anchieta aos concretos.* São Paulo: Companhia das Letras, 2003.

———. *Artesanatos de poesia:* fontes e correntes da poesia ocidental. São Paulo: Companhia das Letras, 2004.

FRANCHETI, P. *Alguns aspectos da teoria da poesia concreta.* Campinas: Editora da Unicamp, 1993.

———. *A máquina do mundo repensada.* Resenha. *O Estado de S. Paulo,* São Paulo, 24 set. 2000.

FRANCO JR., H. *Dante:* o poeta do absoluto. São Paulo: Ateliê Editorial, 2000.

FREITAS, M. T. Romance e história. *Uniletras,* Ponta Grossa, n.11, dez. 1989, p.109-118.

FRIEDRICH, H. *Estrutura da lírica moderna.* São Paulo: Duas Cidades, 1978.

FRYE, N. *Fábulas de identidade.* São Paulo: Nova Alexandria, 2000.

FULTON. A. *Fractal amplfication: writing in three dimensions.* [mimeo].

GATTO, S. M. G. *Barroquização do signo:* universo entrópico de Haroldo de Campos e a obra constelar. São Paulo, 1998. Dissertação (Mestrado Comunicação e Semiótica) – Pontifícia Universidade Católica de São Paulo.

GENETTE, G. *Figuras.* São Paulo: Perspectiva, 1972.

GLEISER, M. *O fim da terra e do céu.* São Paulo: Companhia das Letras, 2002.

———. *A dança do universo.* São Paulo: Companhia de Bolso, 2006.

———. *Cientista Pop. Revista Época,* São Paulo, 7 out. 2006, p.78

GOMES FILHO, J. *Gestalt do objeto.* São Paulo: Escrituras, 2000.

GREIMAS, A. J. *Da imperfeição.* São Paulo: Hacker, 2002.

280 DIANA JUNKES BUENO MARTHA-TONETO

GULLAR, F. *Cultura posta em questão*: vanguarda e subdesenvolvimento. Rio de Janeiro: José Olympio Editora, 2002.

HANSEN, J. A. A máquina do mundo. In: NOVAES, A. *Poetas que pensaram o mundo*. São Paulo: Companhia das Letras, 2005, p.157-98

_____. *Alegoria*: uma teoria interpretativa da metáfora. Campinas: Hedra, 2006.

HATHERLY, A. *A casa das musas*. Lisboa: Editorial Estampa, 1995.

HOBSBAWUM, E. *Sobre a História*. São Paulo: Companhia das Letras, 2000.

_____. *A era das revoluções*. Rio de Janeiro: Paz e Terra, 1989.

HOLANDA, S. B. A difícil alvorada. In: HOLANDA, S. B. de. *O espírito das letras*. v.2. São Paulo: Companhia das letras, 1996, p.389-92.

HOMERO. *Odisseia*. São Paulo: Cultrix, 1980.

_____. *Odisseia*. *Fragmentos*. Trad. Haroldo de Campos. São Paulo: Olavobrás, 2006.

HUGO, V. *Do grotesco e do sublime*: tradução do prefácio a Cromwell. São Paulo: Perspectiva, 2004.

HUIDOBRO, V. *Altazor*. Santiago: Editorial Andrés Bello, 2007.

ISER, W. O jogo do texto. In: LIMA, L. C. (Org.). *A Literatura e o leitor*: textos de Estética da Recepção, 2002.

IVANOV, B. *Contemporary physics*. Moscou: Peace Publishers, [s.d.].

JAKOBSON, R. *Linguística e comunicação*. São Paulo, Cultrix, 1999.

_____. O que é Poesia? In: TOLEDO, D. (Org.). *Círculo linguístico de Praga*: estruturalismo e semiologia. Porto Alegre: Editora Globo, 1978.

_____. A dominante. In: LIMA, L.C. *Teoria da literatura em suas fontes*. v.1 Rio de Janeiro: Francisco Alves, 1983.

_____. *Language in literature*. Harward: Belkna. p, 1987.

_____. El Metalinguaje como problema linguístico. In: *El marco del lenguaje*. México: Fondo de Cultura Económica, 1988.

_____. *Poética em ação*. São Paulo: Perspectiva/EDUSP, 1990.

_____. *Verbal art, verbal sign, verbal time*. Minneapolis: University of Minnesota Press, 1985.

_____. *Seis lições sobre o som e o sentido*. São Paulo: Moraes, 1977.

_____. POMORSKA, K. *Diálogos*. São Paulo: Cultrix, 1985.

JAUSS, H. R. O prazer estético e as experiências fundamentais da *poiésis*, *aisthesis* e *kaiharsis*. In: LIMA, L. C. (Org.) *A literatura e o leitor*: textos de Estética da Recepção, 2002.

JIRMUNSKI, V. As tarefas da poética. In: LIMA, L. C. *Teoria da literatura em suas fontes*. Rio de Janeiro: Francisco Alves, 1983.

AS RAZÕES DA MÁQUINA ANTROPOFÁGICA 281

JUNQUEIRA, I. *Baudelaire, Eliot, Dylan Thomas*: três visões da modernidade. Rio de Janeiro: Record, 2000.

KHOURI, O. *Poesia visual brasileira: uma poesia na era pós-verso*. São Paulo: PUC, 1996. Dissertação de Mestrado.

LAFER, C. O prazer da palavra e a escrita justa. In: MOTTA, L.T. (Org.). *Céu Acima*: para um "tombeau" de Haroldo de Campos. São Paulo: Perspectiva, 2005.

LARANJEIRA, M. *Poética da tradução*. Edusp/Fapesp: São Paulo, 2003.

LAUSBERG, H. *Elementos de retórica literária*. Lisboa: Fundação Calouste Gulbekian, 1993, 4ª ed.

LEITÃO [?]. Anotações de leitura de *Os Lusíadas*. In: CAMÕES, L. V. *Os Lusíadas*. Introd. Silvério Augusto Benedito. Notas de Antônio Leitão. Lisboa: Biblioteca Ulisseia de Autores Portugueses, 2002.

Lima, L. C. O Multiplicador. In: MOTTA, L.T. (Org.) *Céu acima*: para um "tombeau" de Haroldo de Campos. São Paulo: Perspectiva, 2005.

_____. *Teoria da literatura em suas fontes*. Rio de Janeiro: Francisco Alves, 1983.

_____. *Mimesis e modernidade*. Rio de Janeiro: Graal, 1980.

_____. *Mímesis*: desafio ao pensamento. Rio de Janeiro: Civilização Brasileira, 2000.

_____. Explorações no sertão cósmico In: *Cadernos PUC*, Rio de Janeiro, n.11, out 1972.

_____. O leitor demanda (d) a literatura. In: LIMA, L. C. (Org.). *A literatura e o leitor*: Textos de Estética da Recepção, 2002.

LIMA, J. L. *A dignidade da poesia*. São Paulo: Ática, 1996.

LIMA, S. F. *Galáxias: o processo criativo de Haroldo de Campos*. São Paulo, 1994. Dissertação (Mestrado Comunicação e Semiótica) – Pontifícia Universidade Católica de São Paulo.

LOMBARDI, A. Transumanar, transcriar. In: CAMPOS, H. *Pedra e luz na poesia de Dante*. Rio de Janeiro: Imago, 1998.

LOPES, E. *A identidade e a diferença*. São Paulo: Edusp, 1997.

LORENZ, G. Diálogo com Guimarães Rosa. In: COUTINHO, E. F. *Guimarães Rosa*. Rio de Janeiro: civilização Brasileira, 1983, p.62-97. (Coleção Fortuna Crítica)

MACIEL, M. E. *Conversation with Haroldo de Campos on Octavio Paz*. In: *Nossa America/Nuestra America*: São Paulo, Memorial da América Latina, n.12, 1995.

MALLARMÉ, S. *Propôs sur la poésie*. MONDOR, H. (Org.). Paris: Éditions du Rocher, 1953.

282 DIANA JUNKES BUENO MARTHA-TONETO

_____. *Poesias*: poesias e estudos críticos. Ed. Bilíngue. Trad. Haroldo de Campos et al. São Paulo: Perspectiva, 2002. Suplemento Especial *Um Lance de Dados*.

_____. *Crise de vers*. Disponível em: <http://www.mallarmé.net/Crise_de_vers>. Acesso em: set. 2007.

MANGUEL, A. *A biblioteca à noite*. São Paulo: Companhia das Letras, 2006.

MANDELBAUM, E. Tradução e des-tradução na Bíblia de Haroldo de Campos. In: MOTTA, L.T. (Org.). *Céu acima*: para um "tombeau" de Haroldo de Campos. São Paulo: Perspectiva, 2005

MARCHEZAN, L. G. O sertão no interior da máquina do mundo. *Revista de Letras UFG*, Goiânia, dez. 2006, p. 10-20.

MELO NETO, J. C. *Obra completa*. Rio de Janeiro: Nova Fronteira, 1997.

_____. *O artista inconfessável*. São Paulo: Alfaguara, 2007.

MENEZES, P. *A trajetória visual da poesia de vanguarda brasileira*. São Paulo, 1987. Dissertação (Mestrado Comunicação e Semiótica) – Pontifícia Universidade Católica (PUC-SP).

MEYER, A. O estilo é o homem. In: *Ensaios escolhidos*. Rio de Janeiro: José Olympio Editora, 2007.

MONEGAL, E.R. *Borges: uma poética da leituran*. São Paulo: Perspectiva, 1980.

_____. Em busca de Guimarães Rosa. In: COUTINHO, E.F. *Guimarães Rosa*. Rio de Janeiro: Civilização Brasileira, 1983. (Coleção Fortuna Crítica)

MONTANARI, M. E. *O poema canto gerado na dialética*. São Paulo, 1980. Dissertação (Mestrado) – Pontifícia Universidade Católica de São Paulo.

MORICONI, I. *Os cem melhores poemas do século*. Rio de Janeiro: Objetiva, 2002.

MOTTA, L. T. (Org.). *Céu acima*: para um "tombeau" de Haroldo de Campos. São Paulo: Perspectiva, 2005.

_____. *Sobre a crítica literária brasileira no último século*. São Paulo: Imago, 2002.

NASCIMENTO, E. Uma poética da tradu/ição. Teoria e Crítica na poesia concreta. In: NASCIMENTO, E. *Ângulos*: literatura e outras artes. Juiz de Fora: UFJF; Chapecó: Argos, 2002.

NASCIMENTO, E. et. al. *Literatura em perspectiva*. Juiz de Fora: Editora da UFJF, 2003.

AS RAZÕES DA MÁQUINA ANTROPOFÁGICA 283

NÓBREGA, T. M. *Sob o signo dos signos: uma biografia de Haroldo de Campos*. São Paulo, 2005. Tese (Doutorado Comunicação e Semiótica) – Pontifícia Universidade Católica de São Paulo.

NOVAES, A. *Poetas que pensaram o mundo*. São Paulo: Companhia das Letras, 2005.

NOVELLO, M. *Os sonhos atribulados de Maria Luísa*. Rio de Janeiro: Jorge Zahar, 2000.

NOVELLO, M.; FREITAS, L. R. Crítica da razão cósmica. In: NOVAES, A. *A crise da razão*. São Paulo: Companhia das Letras, 1996.

NUNES, B. Encontro em Austin. In: MOTTA, L. T. *Céu acima*: para um "tombeau" de Haroldo de Campos. São Paulo: Perspectiva, 2005.

OLIVEIRA, L. A. Caos, acaso, tempo. In: NOVAES, A. *A crise da razão*. São Paulo: Companhia das Letras, 1996.

OLIVEIRA, A. M. Metamorfoses do engenho cosmopoético: de Dante a Haroldo de Campos. In: _____. (Org.). *Linhas de fuga*. Rio de Janeiro, Sette Letras, 2004, p.40-55.

OLIVEIRA, M. C. C. O tradutor Haroldo de Campos e a (dês)leitura da tradição. In: NASCIMENTO et.al. *Literatura em perspectiva*. Juiz de Fora: UFJF, 2003, p.93-107.

PAZ, O. *O arco e a lira*. Rio de Janeiro: Nova Fronteira, 1982.

_____. *Os filhos do barro*. Rio de Janeiro: Nova Fronteira, 1984.

_____. *Traduccion:* literatura y literaridad. 3.ed. Tusquets: Barcelona, 1990.

_____. *Signos em rotação*. São Paulo: Perspectiva, 1996.

_____. *Conjunções e disjunções*. São Paulo: Perspectiva, 1979.

PÉCORA, A. Big Bang, sublime e ruína. In: MOTTA, L. T. *Céu acima*: para um "tombeau" de Haroldo de Campos. São Paulo: Perspectiva, 2005, p. 101-6.

PEDROSA, C.; CAMARGO, M. L. B. *Poéticas do olhar e outras leituras de poesia*. Rio de Janeiro: Sete Letras, 2006.

PEIRCE, C.S. *Semiótica*. São Paulo: Perspectiva, 1972.

PEREIRA, C. haroldo de Campos: a *hýbris* de um viajante. In: IX CONGRESSO NACIONAL DE LINGUÍSTICA E FILOLOGIA. *Cadernos do CNLF – De Gregório de Matos a Jorge Amado*, 2005, v.IX, n.7. Disponível em: <http://www.filologia.org.br/ixcnlf/7/03.htm>. Acesso em: set. 2007.

Perloff, M. *O momento futurista*. Trad. Sebastião Uchoa Leite. São Paulo: Edusp, 1993.

284 DIANA JUNKES BUENO MARTHA-TONETO

_____. *Concrete prose*: Haroldo de Campos *Galáxias* and after. Disponível em: <http://www.ubuweb.com/111/>. Acesso em: jun. 2004.

PERRONE-MOISÉS, L. *Altas literaturas*. São Paulo: Companhia das Letras, 2003.

_____. *Inútil poesia*. São Paulo: Companhia das Letras, 2004.

PIGNATARI, D. *Semiótica e literatura*. São Paulo: Ateliê Editorial, 2004.

_____. *Comunicação poética*. São Paulo: Marco Zero, s.d.

PIRES, A. D. A máquina do poema repensa a máquina do mundo. In: FERNANDES, M. L. O, BALDAN, M. L. O. G. *Estrelas extremas*: ensaios sobre poesia e poetas. Araraquara: Laboratório Editorial da FCL, 2006, p.109-35.

_____. *Cosmopoesia e mitopoesia no Recado de Rosa*, 2007. (mimeo)

_____. *Pela volúpia do vago*: o poema em prosa nas literatura portuguesa e brasileira. Araraquara, 2002. Tese (Doutorado em Estudos Literários) – FCL/Unesp.

PLATÃO *A República*. São Paulo: Nova Cultural, 1999.

POE, E. A. *Poemas e ensaios*. São Paulo: Editora Globo, [19/?].

Pomorska, K. *Formalismo e futurismo*. São Paulo: Perspectiva, 1972.

POINCARÉ, *O valor da ciência*. Rio de Janeiro: Contraponto, 1995.

POUND, E. *Literary essays of Ezra Pound*. London: Faber, [s.d.].

_____. *ABC da literatura*. Trad. Augusto de Campos et al. São Paulo: Cutrix, 1970.

PRIGOGINE, I. *O fim das certezas*. São Paulo: Unesp, 1996.

PÜSCHEL, R. S. *A ensaística palimpséstico-civilizatória de Haroldo de Campos*. São Paulo, s.d. Tese (Doutorado Comunicação e Semiótica) – Pontifícia Universidade Católica de São Paulo.

ROBAYANA, A. S. A micrologia da elusão. In: CAMPOS, H. *Signantia quasi coelun, signância quase céu*. São Paulo: Perspectiva, 1979.

ROSA, J. G. *Grande Sertão: Veredas*. 37.ed. Rio de Janeiro: Nova Fronteira, 1986.

_____. *Manuelzão e Miguilim*. Rio de Janeiro: Nova Fronteira, 1984.

SANTAELLA, L. Transcriar, transluzir, transluciferar: a teoria da tradução de Haroldo de Campos. In: MOTTA, L. T. *Céu acima*: para um "tombeau" de Haroldo de Campos. São Paulo: Perspectiva, 2005.

_____. *Convergências*: poesia concreta e tropicalismo. São Paulo: Nobel, 1986.

SANT'ANA, A. R. *Barroco*: do quadrado à elipse. São Paulo: Rocco, 2000.

SANTIAGO, S. *Camões e Drummond*: a máquina do mundo. Belo Horizonte: Minas Gerais, Suplemento Literário, *Diário de Minas Gerais*, 17 jun. 1967.

AS RAZÕES DA MÁQUINA ANTROPOFÁGICA 285

SILVA, D.C.S. *Um coup de dês: do caos ao cosmo*: a poética "desconstrutora de Mallarmé". (mimeo)

SARDUY, S. *Escrito sobre um corpo*. São Paulo: Perspectiva, 1979.

_____. Rumo à concretude. In: CAMPOS, H. *Signantia quasi coelun, signância quase céu*. São Paulo: Perspectiva, 1979.

_____. *Barroco*. Lisboa: Veja, [s.d.].

SCHENBERG, M. *Pensando a física*. São Paulo: Brasiliense, 1984.

SCHÜLER, D. *Um lance de nadas na épica de Haroldo*. Ponta Grossa: UEPG; Museu Arquivo da Poesia Manuscrita, 1997. (Coleção Mapa)

_____. *Grande sertão: veredas* – estudos. In: COUTINHO, E. F. *Guimarães Rosa*. Rio de Janeiro: Civilização Brasileira, 1983. (Coleção Fortuna Crítica)

SERRES, M. *O nascimento da física no texto de Lucrécio*. São Paulo: Unesp; Edufscar, [s.d.]

SISCAR, M. Estrelas Extremas: sobre a poesia de Haroldo de Campos. In: FERNANDES, M. L. O et. al. *Estrelas extremas*: ensaios sobre poesia e poetas. Araraquara: Laboratório Editorial da FCL, 2006.

_____. O galo. *Inimigo rumor*, Rio de Janeiro-São Paulo, n.15, 2003.

_____. A desconstrução de Jaques Derrida. In: BONNICI, T.; ZOLIN, L. O. *Teoria literária*: abordagens históricas e tendências contemporâneas. Maringá: UEM, 2003.

_____. *Poetas à beira de uma crise de versos*. In: VIII Seminário de Pesquisa do Programa de Estudos Literários. Araraquara, set. 2007. Palestra proferida. (mimeo).

SIMON, I. M. Esteticismo e participação: as vanguardas no poéticas no contexto brasileiro (1954-1969). *Novos Estudos Cebrap*, São Paulo, n.26, mar. 1990.

TAVARES, H. *Teoria literária*. Belo Horizonte: Itatiaia, 2002.

TELES. G. M. *Vanguarda europeia e modernismo brasileiro*. 9.ed. São Paulo: Vozes, 1986.

TINIANOV, I. O ritmo como fator constitutivo do verso. In: LIMA, L. C. (Org.). *Teoria da literatura em suas fontes*. Rio de Janeiro: Francisco Alves, 1983.

TODOROV, T. Teorias da poesia. In: _____. *O discurso da poesia*. Lisboa: Livraria Almedina, 1982.

TOLEDO, D. *Círculo linguístico de Praga*: estruturalismo e semiologia. Porto Alegre: Editora Globo, 1975.

TOMACHEVSKI, B. Sobre o verso. In: TODOROV, T. (apres). *Teoria da literatura*: os formalistas russos. Lisboa: Edições 70, 1989.

286 DIANA JUNKES BUENO MARTHA-TONETO

UNGARETTI, G. *A invenção da poesia moderna:* lições de literatura no Brasil (1937-1942). São Paulo: Ática, 1996.

VALÉRY, P. Poesia e pensamento abstrato. In: _____. *Variedades.* São Paulo: Iluminuras, 1999, p.193-210.

VICENTE, A. L. *Poesia e vanguarda.* Araraquara: Unesp, 2004. (Anotações de aula -- mimeo)

VIEIRA, A. Sermão da Sexagésima. In: _____. *Sermões.* São Paulo: Difusão Europeia do Livro, 1968.

VIEIRA, B. V. G. *Haroldo de Campos:* um paradigma tradutório greco--romano em construção. Semana de Letras, UFPR, out. 2003. (mimeo)

VIÑUELA, A. *Recursividad em literatura.* (mimeo)

WELLEK, R.; WARREN, A. *Teoria da literatura e metodologia dos estudos literários.* São Paulo: Martins Fontes, 2003.

WIENER, N. *Cibernética e sociedade:* o uso humano dos seres humanos. São Paulo: Cultrix, 1968.

WILSON, E. *O castelo de Axel.* São Paulo: Companhia das Letras, 2004.

WISNIK, J. M. Drummond e o mundo. In: NOVAES, A. *Poetas que pensaram o mundo.* São Paulo: Companhia das Letras, 2005.

WOLFF, F. Tudo é corpo ou vazio. In: NOVAES, A. *Poetas que pensaram o mundo.* São Paulo: Companhia das Letras, 2005.

XISTO, P. À busca da poesia. In: COUTINHO, E. F. *Guimarães Rosa.* Rio de Janeiro: Civilização Brasileira, 1983. (Coleção Fortuna Crítica)

ZWEIG, A. *O pensamento de Spinoza.* São Paulo: Livraria Martins, [s.d].

Dicionários

BULFINCH, T. *Bulfinch's complete mythology.* Londres: Spring Books, 1989.

CHEVALIER, J.; GHEERBRANT, A. *Dicionário de símbolos.* Rio de Janeiro: José Olympio Editora, 1994.

CRETELLA JR., J.; CINTRA, G. U. *Dicionário latino-português.* São Paulo: Companhia Editora Nacional, [s.d.].

DUCROT, O.; TODOROV, T. *Dicionário enciclopédico das ciências da linguagem.* São Paulo: Perspectiva, 2001.

HOLANDA, A. B. *Dicionário Aurélio da língua portuguesa.* Rio de Janeiro: Nova Fronteira, 1999.

HORNBY, A. S. *Oxford advanced learner's dictionary of current English.* Oxford: Oxford University Press, [s.d.]

MENARD. R. *Mitologia greco-romana*. São Paulo: Fitipaldi Editores, [s.d.]

PARLAGRECO,C.; VALLARDI, A. *Dizionario Italiano-Portuguese*. Milão: Antonio Vallardi Editore, 1974.

MOISÉS, M. *Dicionário de termos literários*. São Paulo: Cultrix, 1982.

SIGNER, R. *Dicionário brasileiro*: Francês-Português/Português-Francês. 2.ed. São Paulo: Oficina de Textos, 1999.

Endereços eletrônicos

<www.iag.usp.br/sinae98/universo/evolucao.htm>. Acesso em: 30 nov. 2007

<http://cdec.sc.usp.br/cda/sessa/astronomia/2007/cores-estrelas>. Acesso em: 30 nov. 2007

<www.seara.ufc.br/especiais/fisica/estrelas/estrela5.htm>. Acesso em: 30 nov. 2007

<www.if.ufrgs.br/~thaisa/fis2004/br.htm>. Acesso em: 30 nov. 2007.

SOBRE O LIVRO

Formato: 14 x 21 cm
Mancha: 23,7 x 42,5 paicas
Tipologia: Horley Old Style 10,5/14
Papel: Off-set 75 g/m² (miolo)
Cartão Supremo 250 g/m² (capa)
1ª edição: 2013

EQUIPE DE REALIZAÇÃO

Coordenação Geral
Marcos Keith Takahashi

Impressão e Acabamento:

℘ psi7

Printing Solutions & Internet 7 S.A